Le Vénérable P. Claude COLIN

Le Vénérable Jean-Claude COLIN
Fondateur de la Société de Marie
(1790-1875).

Chanoine **MULSANT**

Le Vénérable

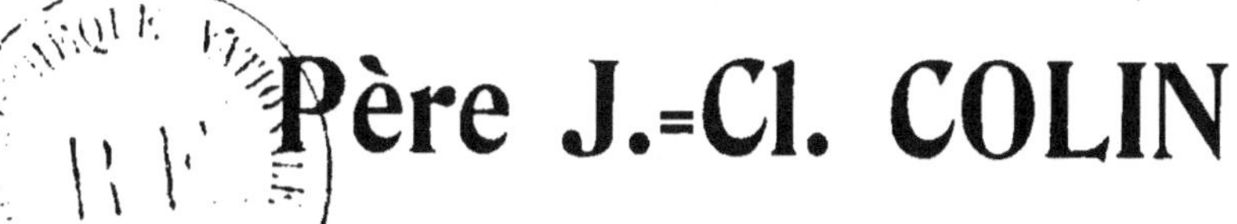

Père J.=Cl. COLIN

Fondateur de la Société de Marie

LIBRAIRIE CATHOLIQUE EMMANUEL VITTE

LYON { *3, place Bellecour, 3* | *5, rue Garancière, 5* } PARIS
SIÈGE SOCIAL | *1, place St-Sulpice, 1*

1925

Avant-Propos.

C'est pour répondre à un désir du T. R. P. Raffin, de
vénérée mémoire, que nous donnons aujourd'hui cet
essai de biographie sur le Vénérable Père Colin, fondateur
de la Société de Marie.

Il souhaitait vivement, nous disait-il, un ouvrage où
l'on pût admirer, sous une forme abrégée, la physionomie du Saint Fondateur.

Il lui semblait qu'il y avait œuvre utile à faire en propa-
geant la mémoire de ce grand Serviteur de la Très Sainte
Vierge.

Pour les membres de sa famille religieuse, ce serait
une consolation de posséder le portrait de leur père.

Pour les autres, dans le monde où l'on s'intéresse aux
gloires de l'Église, quel profit n'y aurait-il pas à connaître
cette âme vraiment mariste dont la grandeur est faite
d'humilité et de force, de zèle et de modestie?

S'il nous a été possible de répondre au désir d'un Père,
c'est qu'il s'agissait de faire une œuvre sans aucune prétention d'originalité ou de caractère littéraire. N'avions-
nous pas d'ailleurs pour nous guider le travail fondamental du R. P. Jeantin, l'Histoire malheureusement
épuisée du R. P. Gay, sans parler d'études de détail
composées par des Maîtres, M. Goyau de l'Académie
française, le R. P. Cothenet, A. Landès et l'auteur de

l'excellent volume de vulgarisation consacré à la Société de Marie (1)?

Il suffisait donc de puiser dans ces sources diverses, et nous l'avons fait sans hésiter, avec la persuasion que le meilleur moyen de composer cette histoire c'était d'interroger tour à tour ceux qui avaient le mieux connu le P. Colin. Que ses biographes reçoivent ici l'expression de notre plus vive reconnaissance. Notre travail est surtout le leur et il sera facile de s'en rendre compte.

Nous voudrions croire que cet ouvrage de propagande est susceptible de produire quelque bien. La vie du R. P. Colin renferme en elle-même de si utiles leçons, surtout pour notre époque où l'on oublie trop facilement que le bruit ne fait pas toujours le bien rêvé.

Le prêtre, l'apôtre selon le cœur de Dieu, doit rester convaincu que la vie surnaturelle est la condition indispensable du zèle. Puis, à l'exemple de notre Vénérable, il comprendra que les vertus attirantes de la Très Sainte Vierge sont le meilleur moyen de conquérir le monde à Jésus-Christ.

Le monde s'agite au milieu du tapage, mais il se laisse toujours gagner par les procédés d'un apostolat modeste.

Puisse cet enseignement se dégager des pages suivantes ! Oui, la vie du R. P. Colin, fondateur de la Société des Pères Maristes, est de nature à faire aimer davantage la Mère de Dieu, dont il fut, au XIXe siècle, le siècle de Marie, l'un des serviteurs les plus fervents. Elle peut

---

(1) *Le T. R. P. Colin Fondateur et premier Supérieur général de la Société de Marie,* par un religieux de la même Société. Lyon, Vitte. COTHENET : *L'humilité d'un fondateur.* Téqui. G. GOYAU : *Le Vénérable J. Cl. Colin.* Perrin. A. LANDÈS : *Le Vénérable Père Colin.* Comité Catholique. Paris, rue Garancière. *La Société de Marie.* Letouzey.

servir de guide aux âmes éprises de sainteté et de conquêtes apostoliques.

Que cette espérance, soit pour nous l'excuse d'avoir accepté le rôle de biographe. On est toujours heureux d'avoir à faire le portrait d'un saint, mais avec le désir que la beauté de sa physionomie fasse oublier complètement le souvenir et le nom de celui qui s'est contenté d'en réunir les traits.

PREMIÈRE PARTIE

**Naissance. — Éducation. — Sacerdoce.
Commencements de la Société de Marie (1790-1836).**

CHAPITRE PREMIER

LA FAMILLE DU VÉNÉRABLE — ENFANCE ET SÉMINAIRE

C'est à Saint-Bonnet-le-Troncy, commune du Haut Beaujolais que la Providence fixa le berceau de Jean-Claude Colin, fondateur de la Société de Marie. Il naquit le 7 août 1790.

Jusqu'à cette époque, cette paroisse avait appartenu au Diocèse de Mâcon. Mais la Constituante d'abord, puis le Concordat supprimèrent ce diocèse et, depuis ce temps, Saint-Bonnet fait partie du diocèse de Lyon. Notre Vénérable est donc en toute réalité l'une des gloires religieuses du Lyonnais. La région où fleurit avec tant d'éclat le culte de la Très Sainte Vierge est vraiment le cadre auquel appartient la physionomie si attachante du Serviteur de Marie.

Dieu se plaît à préparer de loin, et spécialement au foyer de la famille, l'âme de ses élus. Le petit Colin eut la grâce insigne d'appartenir à une race foncièrement chrétienne. Fortement attaché à la foi et à la pratique religieuse par les traditions de ses ancêtres, le père de notre Vénérable, Jacques Colin, marchand et fabricant de toiles au hameau de Barbery, était un chef de famille selon le cœur de Dieu.

Marié à Marie Gonnet, dont il avait pu apprécier, dans le même village, la piété sérieuse et les qualités solides, il vit les bénédictions du Ciel se répandre sur son foyer. Jean-Claude fut l'avant-dernier des huit enfants de la famille Colin.

L'aîné des cinq fils, Jean, âgé alors de douze ans et demi, et Claudine, l'une des trois filles, âgée elle, de dix ans et sept mois, furent le parrain et la marraine du nouveau-né ; et, détail vraiment caractéristique de cette époque de foi, le jour de la naissance fut en même temps pour lui la date même de son entrée au sein de l'Église.

Ses parents voulurent qu'à l'aube même de son existence l'enfant joyeusement accueilli fut sans retard un régénéré.

On comprend sans peine quelle formation solide de foi et de piété fut assurée au jeune Colin dans ce sanctuaire familial.

Là, il entendit parler de son grand-père paternel qui mettait sa joie à raconter devant la couronne de ses enfants et petits-enfants réunis, les histoires de la Bible. Ce vénérable aïeul récitait chaque dimanche l'office de la Sainte Vierge ; et après sa mort le livre dont il s'était servi était vénéré comme la relique d'un saint.

Là, il fut mis en contact de bonne heure avec l'âme d'un saint curé, M. Cabuchet, dont le zèle au service de ses paroissiens fut vraiment le zèle d'un apôtre. Après l'avoir vu dans l'exercice de son ministère, toujours intrépide au milieu des périls d'une situation troublée,

chacun pouvait se dire qu'il avait eu la vision du prêtre
selon le cœur de Dieu (1).

Là, il comprit sans doute, par une intuition fréquente
chez les enfants, la haute vertu de son père. On était
alors en pleine tourmente révolutionnaire. Soupçonné de
donner asile aux prêtres insermentés, ce rude chrétien
fut arrêté et conduit en prison. L'émotion fut vive au
foyer ; mais la foi l'emporta sur la douleur. Mère et
enfants, avec un sentiment de légitime fierté, préférèrent
bénir Dieu « parce que, disaient-ils, c'était souffrir pour
la bonne cause ». On s'explique mieux alors la parole et
l'émotion avec lesquelles, quinze jours plus tard, fut
accueilli le retour inespéré du chef de famille. « Vous avez
promis d'aller à la messe de l'assermenté? Il valait
mieux mourir ! » Non, il n'avait rien promis ; mais on

------

(1) Cet excellent prêtre avait eu cependant son heure de faiblesse.

Après une visite à Lyon auprès de l'évêque constitutionnel
Lamourette, il avait accepté de lire en chaire un mandement à
ses paroissiens. Alors, sous l'influence d'une émotion légitime, l'un
d'eux se mit à dire à haute voix : « Le loup est dans la bergerie,
sauvons-nous ! »

Aussitôt, dans les sentiments d'une consternation indicible,
tous se retirèrent. Saisi de remords, vraiment converti et sauvé
par la foi de ses paroissiens, le pauvre M. Cabuchet alla immédiatement se jeter aux pieds de son confrère voisin, M. Emery, curé
de Saint-Vincent de Reins. Les deux prêtres revinrent à Saint-
Bonnet pour l'office des vêpres et M. Cabuchet fit amende hono-
rable devant sa paroisse pour le scandale qu'il avait donné et qu'il
réprouvait de toute son âme. Noble et émouvante rétractation :
elle fit de ce prêtre un véritable saint. « L'abbé de Villecourt qui
l'assista à ses derniers moments (M. Cabuchet était alors archi-
prêtre de Mornant), raconte que chargé de le remplacer pendant
deux mois, il devait se lever à trois heures pour pouvoir faire ses
exercices de piété. Avant le jour, en plein hiver, il y avait déjà à
l'église quatre ou cinq cents personnes en oraison. » De si beaux
exemples attestent la vertu du pasteur.

lui avait accordé la grâce de quinze jours de réflexion pour choisir entre la mort ou l'abjuration de sa foi.

Certes sa résolution n'était point douteuse ; il avait simplement accepté cette liberté provisoire et venait embrasser sa femme et ses enfants.

La quinzaine écoulée, les gendarmes vinrent chercher le citoyen suspect. Ils ne le trouvèrent plus. Pour échapper à cette poursuite fatale, le malheureux père s'était réfugié dans les forêts voisines.

Pendant vingt-deux mois, il erra de grange en grange, au milieu des plus inexprimables angoisses. Enfin, brisé de fatigue et d'émotion, il mourut le 9 juin 1794, à l'âge de 47 ans et 4 mois.

Sa pieuse femme, si digne de lui, l'avait précédé de trois semaines dans la tombe. Elle aussi succombait aux émotions causées par la tristesse des temps. Sa mort fut celle d'une parfaite chrétienne. Elle quittait la vie avec des signes visibles de prédestination.

C'est bien un signe de ce genre que le geste de cette mère mourante réclamant une statue de la Sainte Vierge pour laquelle elle avait toujours manifesté une vénération particulière.

Alors saisie d'un transport de sainte ferveur, elle s'adressa directement à la Mère de Dieu et la conjura de servir de mère à ses enfants. Quel spectacle pour cette jeune famille, dont l'aîné n'avait pas encore seize ans et le plus jeune, quinze mois à peine !

De pareilles leçons se burinent dans l'âme. Rendues plus fortes et plus éloquentes encore par la pensée de la mort, et surtout la mort d'une mère vénérée comme une sainte, elles font germer les résolutions, capables d'enchaîner toute une vie à Dieu. En évoquant de semblables souvenirs, en songeant à la présence du petit

Jean-Claude près de la couche de sa mère, on ne peut s'empêcher de se rappeler cette parole profonde : « Les grandes vocations germent parmi les aspérités des circonstances. »

Après cette double mort la jeune famille orpheline fut confiée aux soins d'un oncle maternel et à la surveillance, pleine de sollicitude et de tact d'une vieille servante, comme il y en avait beaucoup jadis, à l'époque où les pratiques de la même religion établissaient entre maîtres et domestiques les liens d'une confiance et d'un attachement réciproques.

C'est donc dans ce milieu que nous assistons à l'éclosion des sentiments d'une piété précoce en l'âme du jeune Claude Colin.

A l'âge de quatre ou cinq ans, il avait un attrait extraordinaire pour la confession. Volontiers, il se réunissait au groupe des fidèles, convoqués en cachette dans la boutique d'un tisserand. Son tour venu, il courait avec empressement vers le ministre de la miséricorde. Scène touchante, n'est-ce pas, qui fait songer à la rencontre de Jésus et des petits enfants. N'y avait-il pas là aussi comme une attirance mystérieuse vers un exercice d'humilité, si conforme aux dispositions les plus intimes du vénéré Fondateur! « Je ne sais trop ce que je disais, racontait-il plus tard, mais les enfants aiment à être caressés. Volontiers, je me serais confessé tous les jours plusieurs fois. »

Avide surtout d'assister à la sainte messe il en concevait un désir d'autant plus ardent qu'à cette époque troublée il fallait faire preuve de courage pour être fidèle tantôt dans un endroit, tantôt dans un autre, la nuit, au rendez-vous du prêtre. On calmait souvent son ardeur en promettant de l'éveiller au moment opportun. Mais parfois aussi la promesse était de celles qu'on se fait un devoir, par prudence, de ne pas tenir, seulement cette prudence n'était point du goût de l'enfant. « Alors, disait-il en riant, lorsqu'il racontait cette histoire du passé, alors, le lendemain, je faisais du train ! »

A ces expressions, à ces détails on devine aisément qu'il avait une âme prompte à vibrer au souffle de l'émotion religieuse. C'est ainsi qu'on s'aperçut bientôt qu'il ne craignait pas de se lever la nuit pour prier. Il comprenait déjà que, plus elle impose de sacrifice, plus la prière monte efficace vers le trône de Dieu. On constata encore que, dans sa piété précoce pour la Très Sainte Vierge, il réservait une place de choix à Notre-Dame des Sept-Douleurs. La pensée des souffrances de cette divine Mère, dont l'image était spécialement vénérée à Saint-Bonnet-le-Troncy, impressionnait sans doute plus fortement que tout le reste son âme d'enfant et la faisait tressaillir d'une émotion plus vive.

Pour la sainte Eucharistie, il eut, dès son jeune âge, des élans d'une foi vraiment exceptionnelle. N'était-ce pas de lui qu'il parlait en citant plus tard à de jeunes premiers communiants le trait d'un enfant dont la piété révélait l'influence de grâces privilégiées, bien dignes de leur envie. « Cet enfant, disait-il, était heureux de pouvoir se glisser jusqu'à l'autel, de porter ses petites mains sur le tabernacle ; ou bien lorsque ses parents s'étaient approchés de la sainte table, il se faisait une joie de courir au devant d'eux, à leur retour de l'église, de se serrer étroitement contre eux et de toucher leurs vêtements avec un religieux respect. Sa foi naïve lui donnait d'étonnantes clartés sur la grandeur du mystère Eucharistique. Par une admirable intuition, il se rendait compte déjà que la présence de Dieu incarné dans une âme donne à toute la personne du communiant une dignité céleste. »

Aussi apporta-t-il à sa première communion la préparation la plus sérieuse. Déconcerté par la méthode de son confesseur, le successeur de M. Cabuchet, qui ne l'avait averti que huit jours à l'avance de préparer sa confession générale, il n'eut point de répit qu'il n'obtînt de ses parents d'être placé chez un curé voisin, à Saint-Nizier-d'Azergues, pour se préparer tout à son aise à cet acte décisif.

Dès lors il met toute son énergie d'enfant à se maintenir dans un recueillement plus habituel, il s'ingénie à trouver et à pratiquer des austérités dont il devait plus tard condamner l'imprudence et s'achemine ainsi, par cette voie du sacrifice, vers le grand jour.

Mais le bon Dieu se plaît à éprouver encore cette vertu naissante. L'enfant est terrassé par une maladie grave et doit rester captif à Saint-Bonnet-le-Troncy. Puis, nouvelle épreuve, le curé de la paroisse ne consent à l'admettre que s'il refait à lui-même sa confession générale ! C'est par ces degrés de pénitence qu'il monte à la sainte table, à l'âge de quatorze ans. Ainsi préparée, sa première communion ne pouvait être que l'acte le plus fervent d'une âme doublement heureuse de recevoir son Dieu pour se donner à lui sans mesure.

Bien que ce fût la piété d'un enfant, elle reposait sur des convictions déjà solides, et en particulier sur la juste intelligence du péché. Son appréhension d'offenser Dieu était extrême et ce qui explique cette préférence, bien rare assurément, qui le conduisait aux confesseurs sévères plutôt qu'aux directeurs trop indulgents, n'était-ce pas qu'avec les premiers on était plus fortement mis en garde contre le mal du péché? Sous l'influence de cette

même conviction, il se transformait parfois en prédicateur improvisé. Alors il montait sur une chaise pour
évangéliser ses petits camarades, ou s'il se trouvait dans
les champs, c'était du haut d'une pierre ou d'un tronc
d'arbre qu'il apostrophait son jeune auditoire.

On aime à recueillir ces traits de l'enfance ; ils composent petit à petit la physionomie de l'homme mûr.
Les vertus futures du prêtre se révèlent dans ces dispositions de ferveur, de générosité et d'apostolat. Les âmes
des jeunes ont d'admirables frémissements à travers
lesquels il est facile de pressentir les nobles aspirations
et les rêves de conquête du lendemain.

D'ailleurs on ne s'y trompait pas autour de lui Peu
après sa première communion, son Directeur lui demanda
s'il ne désirait pas imiter son frère aîné, Pierre, et le
rejoindre au petit séminaire de Saint-Jodard, où il faisait
ses études pour se préparer au sacerdoce.

Le jeune Jean-Claude accueillit avec joie cette proposition, à la condition pourtant qu'elle fût agréée de sa
famille.

Mais aussitôt se passa dans son âme un phénomène
assez fréquent dans l'histoire des vocations sacerdotales.
La crainte l'emporta de suite sur la joie : il eut peur du
fardeau qui pèse sur les épaules du prêtre et fit part à
son Directeur de cette appréhension soudaine qu'il prenait pour un changement de volonté.

Malgré cela, il conservait dans son cœur le dessein de
se retirer du monde. A son frère, alors en vacances auprès
de lui, il confia son ardent désir d'aller vivre dans les
bois, pour y rester, en ermite, seul avec Dieu. Étrange
résolution, sans doute inspirée par la lecture d'une vie
des Pères du désert ; mais quand on connaît le goût du
Vénérable P. Colin pour la solitude, quand on sait de

quelle façon, à certaines époques de sa vie, il voulut, comme plus tard le Saint Curé d'Ars, se soustraire à la mêlée du monde, on ne voit pas seulement dans cette première pensée un caprice d'enfant ; on y découvre plutôt l'apparition naissante de cette passion pour la vie cachée que le pieux fondateur s'efforça toujours de réaliser dans son œuvre essentielle, la société qu'il a fondée.

Quoi qu'il en soit, le jeune Colin entra au séminaire, moins pour être prêtre que pour exécuter son projet de quitter le monde.

C'est sous cette première forme, que s'offrait à lui l'idéal d'une vie consacrée à Dieu.

On devine ce que fut au milieu de ses condisciples le jeune séminariste. Pénétré avant tout du sentiment du devoir, il se fit admirer en particulier pour la délicatesse extrême de sa conscience : il se reprochait, comme une faute, le désir si naturel et si légitime d'avoir des prix, ou bien le moindre procédé dans lequel il n'eût pas reconnu une loyauté parfaite.

Il resta à Saint-Jodard jusqu'à la Seconde. C'est alors que sa famille, préoccupée de sa faible santé, le plaça à Alix, près de Villefranche, parce que cette maison était d'un accès moins difficile. C'est là qu'il termina ses classes de latin, pour aller ensuite au petit séminaire de Verrières près de Montbrison, où il fit sa philosophie. Situé dans un coin retiré de la Loire, loin de toute communication, le Séminaire de Verrières était resté en pleine activité, malgré l'ordonnance de fermeture de Napoléon. Monseigneur l'archevêque de Lyon, le cardinal Fesch, s'était risqué à y envoyer tous les rhétoriciens des autres séminaires. Ces deux cents jeunes gens devaient y rester deux ans pour y étudier la philosophie et les sciences.

A cause de son âge, le jeune Colin fut dispensé du cours de sciences et entra en théologie au grand séminaire de Saint-Irénée, à la rentrée de 1813.

Là, comme à Saint-Jodard, il fut l'élève exemplaire dont on a pu dire avec raison : « Son esprit de piété, sa déférence à l'égard de tous, son intelligence précoce, sa tendre dévotion envers Marie, son cœur sensible et délicat, son imagination vive le firent regarder comme un séminariste privilégié. »

Ses succès le maintenaient du reste au rang des meilleurs élèves, sans qu'il perdît jamais rien de la ferveur de sa piété. Pour lui, le devoir se bornait à bien faire toutes choses, dans un esprit de complet abandon à la volonté de Dieu.

Comme on lui demandait un jour s'il avait eu au séminaire la passion de l'étude : « Non, répondit-il, mais je « me faisais un scrupule d'employer à des études étran- « gères ou à de longs exercices de piété le temps qui devait « être consacré aux matières de la classe. Au commen- « cement et à la fin des études, je demandais toujours « la bénédiction de la Très Sainte Vierge. Lorsque j'étais « seul je faisais quelquefois des génuflexions devant son « image, et je lui rendais de petits honneurs. Je tâchais « d'être régulier, de partir comme l'éclair au premier « son de la cloche. »

Les âmes ardentes gardent difficilement pour elles-mêmes les saintes pensées qui les animent. Est-ce qu'on peut s'empêcher d'être apôtre lorsqu'on est saint ! Le pieux séminariste se plaisait donc à communiquer à d'autres, à quelques compagnons d'élite, les aspirations de sa foi. L'un de ses anciens condisciples racontait avec émotion qu'il se rappellerait toute sa vie les entretiens de Jean-Claude Colin sur Dieu et les choses de la piété.

Cette piété d'ailleurs, il l'alimentait à bonne source.

L'ouvrage de M. Boudon, intitulé *Dieu seul*, l'opuscule désigné sous le nom du *Directeur spirituel*, tiré des écrits de saint François de Sales, le livre du P. Thomas de Jésus sur les *Souffrances du Sauveur*, figuraient parmi ses livres de choix : c'était bien, selon toute la force du terme, ses compagnons, ses amis, puisqu'il porta sur lui les deux premiers pendant dix et vingt ans et qu'il les savait pour ainsi dire par cœur. Mais le *Guide des Pécheurs* de Louis de Grenade fut son ouvrage de prédilection. « Lisez, disait-il plus tard, faites lire aux jeunes gens des choses substantielles.

« Faites-leur lire le Guide de Grenade où les motifs de s'attacher à Dieu sont exposés avec tant de force, ce livre admirable dont on a dit qu'il a converti autant d'âmes qu'il contient de lettres. »

Mais au milieu de ses études, l'état de santé du jeune séminariste laissait beaucoup à désirer. On peut dire que ses indispositions et maladies successives lui rendirent plus difficile et plus méritoire qu'à d'autres le travail ininterrompu du séminaire.

Du moins lui permirent-elles de déployer toute l'énergie de sa volonté. Pour suivre le règlement de tous, il ne consentait point à céder aux premières suggestions de son mal ; c'est ainsi qu'un jour, déjà très souffrant, il voulut se lever avec les autres ; mais ne pouvant se soutenir, il dut se coucher de nouveau. Comme si cette expérience ne suffisait pas, il essaya de se relever une seconde fois, croyant que l'âme, quand elle le veut, est maîtresse de son corps. Cependant il lui fallut bien céder devant l'évidence ; et même on le jugea alors si fatigué qu'on crut sage de lui envoyer son confesseur.

Cette habitude de la souffrance le rendit toute sa vie

compatissant aux douleurs d'autrui. Comme il savait apprécier avec toute l'effusion de sa reconnaissance les soins délicats dont il était l'objet, il sut mettre tout son dévouement de père à prodiguer à ses enfants spirituels les soulagements les plus ingénieux, et à se montrer indulgent pour les faiblesses des pauvres malades. On a si grand besoin lorsqu'on souffre de se ranimer au contact d'un cœur vraiment bon ! Personne ne le comprit mieux que le saint fondateur.

Cet état de santé nous explique qu'à l'âge de dix-huit ans il fut envoyé aux eaux de Bourbon-Lancy. Au retour de sa saison, il eut même une aventure qu'on ne peut s'empêcher de rapprocher d'un incident semblable survenu à un autre séminariste, Jean-Baptiste Vianney, le saint Curé d'Ars. Comme il passait à Charolles, il fut arrêté par les gendarmes et mis en prison, au titre de réfractaire présumé. Heureusement son frère aîné, prévenu aussitôt, put venir le soir même à son secours. Le geôlier d'ailleurs avait compris bien vite qu'il n'avait point affaire à un malfaiteur.

Il ne fut pas nécessaire de plaider longuement l'innocence de l'accusé. Les deux frères se retrouvèrent donc avec des larmes de surprise et de joie et le prisonnier recouvra sa liberté. Faut-il rappeler au sujet du service militaire un acte de délicatesse du jeune Colin?

A cette époque les élèves du séminaire étaient exempts de toute conscription. Mais notre saint jeune homme se persuada qu'il n'avait pas le droit de bénéficier de ce privilège puisqu'il était très hésitant sur sa vocation. Il voulait donc partir. Heureusement, son supérieur, homme de sens pratique, dissipa ses craintes et lui dit en souriant : « Allez, vous avez bien le temps de porter le fusil. »

Il avait vingt-deux ans lorsque de Verrières il passa au grand séminaire de Lyon, en 1813. Fondé en 1669 par Mgr de Neuville, le grand séminaire de Lyon venait d'être rétabli. Situé dans une position admirable, il avait « le Rhône pour ceinture, la colline toujours verte de Saint-Sébastien pour couronnement et les Alpes pour horizon ». Plusieurs de ses directeurs étaient déjà des hommes éminents : M. Gardette, le Supérieur, confesseur de la foi ; et les deux jeunes professeurs de dogme et de morale, MM. Cattet et Cholleton. Ce dernier se distinguait par l'étendue et la sûreté de sa science, sa charité admirable envers les malades et les prisonniers, et une modestie qui lui fit refuser quatre fois l'épiscopat. Ce fut lui que le jeune Colin choisit comme directeur.

Or, chose étrange, l'affaire de sa vocation n'était point encore fixée. Toujours au fond du cœur il entretenait le désir de se cacher dans un désert et se demandait, au début de cette étape nouvelle, comment il pourrait concilier ce dessein avec le sacerdoce. On ne s'étonnera donc pas qu'arrivé au terme de sa première année et appelé à faire le pas décisif du sous-diaconat (il avait reçu la tonsure, deux ans auparavant, au séminaire d'Alix et les ordres mineurs lui furent conférés peu avant le sous-diaconat), il ait ressenti de nouveau une impression d'effroi presque irrésistible.

Alors, coup sur coup, il se rend chez son directeur, expose ses hésitations, insiste, demande en grâce de ne point avancer aux saints ordres, puis comme M. Cholleton, fatigué, lui ferme sa porte, il recourt à son supérieur, M. Gardette. Celui-ci, de guerre lasse, lui permet de faire effacer son nom de la liste des ordinands.

La joie de cette décision devait être de courte durée.

Bientôt l'inquiétude, une inquiétude angoissante,

s'empara du pauvre séminariste. « Tu as agi de toi-même, se disait-il à chaque instant. » Cette pensée le torturait. De nouveau il alla donc trouver son directeur, lui découvrit franchement le fond de son âme, et il fut bientôt décidé que son nom serait rétabli sur la liste primitive.

Heureuse décision. Elle prouve une fois de plus combien il faut à un directeur de clairvoyance et de fermeté. C'est à cette parole d'autorité persuasive que Jean-Claude Colin dut d'être sous-diacre et que l'Église est redevable de la vocation d'un prêtre qui devait être une des gloires de son diocèse et un fondateur de famille religieuse.

Le 3 juillet 1814, le saint jeune appartenait définitivement à la Milice sacerdotale. Désormais il s'acheminerait dans le calme des élus de Dieu vers les autres sommets du sacerdoce. A cette époque où les prêtres étaient rares, où les paroisses à peine reconstituées réclamaient avec instance des pasteurs pour le troupeau en détresse, on avait cru sage de réduire au strict minimum les études ecclésiastiques.

L'année suivante, Jean-Claude Colin fut donc ordonné diacre, le 22 juin 1815, par Mgr Simon, évêque de Grenoble, et après trois ans d'études seulement, il recevait le sacerdoce, dans la chapelle du séminaire, des mains de Mgr Dubourg, alors évêque de la Nouvelle-Orléans, aux États-Unis. A cette époque le chef du diocèse de Lyon, le cardinal Fesch, était exilé à Rome ; c'était à des prélats étrangers qu'était confié le soin d'assurer les ordinations régulières.

Faut-il ajouter que la Providence de Dieu veillait avec une attention toute maternelle sur les destinées de ce diocèse?

N'est-ce pas une preuve manifeste de cette sollicitude que la réunion des trois jeunes ordinands, appelés ensemble au sacerdoce et ensemble destinés à obtenir tour à tour après un apostolat des plus féconds, les titres célestes dont l'Église les honore aujourd'hui : Saint Jean-Baptiste Vianney, le Vénérable Marcellin Champagnat, et le Vénérable Jean-Claude Colin.

Ce dernier, comme ses jeunes condisciples, s'acheminait visiblement à la sainteté. Sans doute rien d'éclatant ne signale son passage de trois années au grand séminaire. Mais cependant, pour l'observateur attentif, que de signes visibles de prédestination !

Nous aimons à rappeler surtout son attachement précoce aux doctrines romaines. C'était là un des traits saillants de sa physionomie et il avait certes un double mérite à défendre aussi franchement les divines prérogatives du Pontife de Rome. A cette époque, on le sait, on était encore imbu dans le clergé des maximes gallicanes.

Les meilleurs esprits conservaient, en raison de leur éducation première, un culte très marqué pour les fameuses libertés de l'Église de France, telles que les avait proclamées l'assemblée du clergé en 1682. Certes ses maîtres et en particulier, à la tête de tous, M. Gardette, son supérieur, ancien confesseur de la foi, méritaient toute la confiance, toute l'admiration de leurs élèves. La régularité irréprochable de leur conduite, leur gravité modeste, leur zèle, leur abnégation, l'ensemble même de toutes les vertus sacerdotales, tels étaient les titres qui les recommandaient spécialement à la vénération du jeune Colin.

Loin de chercher jamais à se défendre contre ce prestige il était heureux de donner à de tels directeurs son plus respectueux attachement.

Mais, malgré cela, comme par un instinct de divination, il sut comprendre tous les droits de la vérité. Alors qu'au point de vue humain rien ne semblait le préparer à vouloir si fermement l'intégrité de la foi catholique, il donna toujours la première place dans son cœur à la doctrine romaine.

Rome lui apparut, dès cette époque, comme le foyer d'où rayonne l'infaillible lumière et il n'eut qu'à suivre les tendances de sa piété et de son cœur pour réclamer de ses fils, dans ses constitutions, le culte de cette autorité. « Que le chef de l'Église, a-t-il écrit, soit le rempart inexpugnable établi contre toutes les hérésies et tous les schismes. Nous devons nous y attacher de toutes nos forces et de toutes nos entrailles. Il est le pilote du navire de la foi, hors duquel il ne peut y avoir de salut. »

CHAPITRE II

LES PREMIERS GERMES DE LA SOCIÉTÉ DE MARIE

C'est de loin que Dieu se plaît souvent à préparer les œuvres importantes. Il met au cœur de ceux qu'il a choisis pour instruments de ses desseins une idée féconde. Ces fidèles serviteurs en conservent le germe, le développent en secondant l'action divine par leurs réflexions et leurs prières. Puis, le jour venu, la plante apparaît, s'épanouit et, sous le regard divin, porte ses fruits de bénédiction.

Il en fut ainsi pour le vénérable Jean-Claude Colin et pour son entreprise, la fondation de la Société de Marie.

Dès l'aube de sa vie sacerdotale, il en nourrit précieusement le germe et nous pouvons dire, sans exagération, que pendant l'étape même de son grand séminaire, le saint jeune homme entrevoyait nettement l'œuvre de cette fondation.

Comment, à quelle époque cette idée a-t-elle pris naissance dans son esprit? Nous en sommes réduits à n'avoir, dans cette recherche si pleine d'intérêt, que des indications incomplètes : pas d'autres documents que ceux que le fondateur a bien voulu lui-même communiquer autour de lui, dans de rares circonstances. Sa modestie et son humilité, son culte de la vie cachée lui ont toujours imposé, à ce sujet, une extrême réserve. Au moment où l'on croyait recueillir enfin quelques confidences précieuses, il s'arrêtait soudain et l'entretien tournait brusquement, sans que la curiosité de ses auditeurs fût satisfaite. Le détail de ces origines et des faveurs célestes dont elles furent accompagnées n'a été révélé complètement, croyons-nous, qu'à son frère Pierre Colin ; puis, en deux circonstances spéciales, à Mgr Devie, évêque de Belley, et à Rome au cardinal Odescalchi, à qui il avait été adressé par Sa Sainteté Grégoire XVI. Il a donc emporté son secret et la tombe s'est fermée sur lui, sans qu'il ait cru opportun de répondre au désir de ses enfants.

Quoi qu'il en soit, nous pouvons dire que la période de cette gestation mystérieuse s'ouvre à une époque très voisine de son adolescence. Un jour qu'on lui demandait s'il avait eu de bonne heure l'idée de la Société de Marie : « Oui, certes, répondit-il, bien avant d'entrer au grand séminaire. » Comme on lui demandait plus de précision : « Je ne saurais dire précisément à quelle époque, parce « que c'est une pensée et un désir de toute ma vie. »

Puis, pour donner un corps à ces révélations toujours mystérieuses, il comparait volontiers cette société « au « grain de blé qui tombe dans la terre, où il reste longtemps « sans manifester son existence ; mais quand il a germé, « il produit une plante ; on commence à apercevoir « quelque chose qui grandit, se développe et prend « corps ».

« C'était, disait-il encore, comme la vision d'Élie sur « le Carmel, une toute petite nuée qui s'élevait de la mer « et qui annonçait à la terre une pluie bienfaisante. »

Dans une autre circonstance, il se résigna à donner des indications encore plus nettes et dicta les lignes suivantes :

Cette œuvre si chère de la Société qui, toute ma vie, a fait l'objet de mes désirs et de mes efforts, eut des commencements obscurs et tout à fait cachés au monde. Assez longtemps avant que je fusse élevé à la dignité du sacerdoce, je savais que Dieu préparait déjà les instruments les plus faibles dont il voulait se servir pour donner un jour naissance à cette humble congrégation.

Ces paroles parurent encore trop vagues et incomplètes : « Eh quoi s'écrie-t-il alors, vous ne comprenez « pas ! Eh bien, oui, j'avais vu tous ceux qui devaient y « contribuer avec moi. »

Et après une courte pause, avec une expression de joie calme et recueillie, il ajouta, le sourire sur les lèvres : « Et chose curieuse, pas un n'a manqué. »

Que furent au juste ces révélations intimes, ces manifestations extraordinaires, il est difficile de le dire. Mais la droiture et la modestie indiscutées du vénérable Fondateur garantissent absolument la sincérité de ses aveux. Il est donc certain qu'avant de commencer à Lyon ses études ecclésiastiques, il avait reçu du Ciel une mission spéciale, et il n'en faudrait pas davantage pour être autorisé à dire avec le Fondateur lui-même, au sujet de son œuvre : « C'est Dieu lui-même qui a tout conduit. »

Une fois qu'il fut entré au grand séminaire, qu'advint-il de ce grand projet? Certes, nul ne pouvait soupçonner alors qu'il serait l'élu du Seigneur pour fonder une société religieuse. Il continuait là, comme auparavant, à rechercher l'obscurité, à fuir tout ce qui pouvait le mettre en évidence. La modestie était le voile virginal dont il se plaisait à entourer le rayonnement de ses vertus. « Jamais, disait-il un jour, je n'aurais eu le courage d'ébruiter cette idée. »

Or, précisément, comme par une attention de la Providence qui consentait à respecter la timidité de son serviteur, l'idée fut ébruitée au grand séminaire même et à Lyon, mais par un autre que Jean-Claude Colin.

Il y avait cette année-là, en 1815-1816, un étudiant

en théologie, M. l'abbé Courveille, originaire du département de la Loire. Ce jeune homme était estimé pour sa piété et sa dévotion spéciale envers la Très Sainte Vierge. Fut-il lui-même, comme on l'a dit, le propagateur d'un projet tracé par un Père Jésuite? il est difficile de le savoir. Mais en réalité ce fut bien lui qui jeta parmi ses jeunes confrères l'idée d'une Société de Marie dont les membres seraient appelés Maristes.

Une douzaine répondirent à cet appel, se firent inscrire comme futurs Maristes et commencèrent même à se réunir de temps en temps sous la présidence de M. Cholleton, l'un des directeurs les plus appréciés du grand séminaire.

Pour éviter que ces réunions particulières ne devinssent dans la suite un élément de trouble, M. le Supérieur dut les interdire. Mais il est vrai d'ajouter que cette pieuse initiative n'avait pas peu contribué à répandre une ferveur extraordinaire parmi les séminaristes.

Que M. l'abbé Courveille ait eu sur cette Société de Marie des vues précises à cette époque, rien ne permet de l'affirmer.

Il semble bien que son rôle se soit borné à cette manifestation extérieure, et que par un secret dessein de Dieu il ait été uniquement le précurseur chargé de préparer les voies à l'élu du ciel.

Au milieu de ce mouvement général vers une Société dotée du nom de la Très Sainte Vierge, on devine de suite l'attitude du jeune abbé Colin. Il fut ravi. « Jusque-là, « disait-il, on m'avait plusieurs fois sollicité d'entrer « tantôt dans une association, tantôt dans une autre ; « avec cette idée de la Société de Marie, rien de tout cela « ne me convenait. Mais dès que l'abbé Courveille mani- « festa le projet d'une Société de Marie, je me dis : Voilà

« qui te va   et je m'unis à eux. » Il ajoutait : « Plus tard,
« la chose étant connue, je pus m'en occuper, sans avoir
« l'air d'être créateur. »

Paroles d'une simplicité sublime. Elles renferment toute l'âme du Père Colin et traduisent d'une façon admirable sa passion de l'effacement.

A la fin de l'année, les pieux jeunes gens, avant leur séparation, voulurent confier à Notre-Dame de Fourvière leurs saintes résolutions. Par une consécration solennelle, ils s'engagèrent à se faire Maristes aussitôt que les circonstances le permettraient.

La sainte messe fut célébrée par M. l'abbé Courveille et tous les autres communièrent de sa main. Voici le formulaire que tous souscrivirent en cette circonstance et auquel l'abbé Colin donna sa signature avec un empressement facile à comprendre :

Au nom du Père et du Fils et du Saint-Esprit. Tout pour la plus grande gloire de Dieu, et pour l'honneur de Marie, Mère de Notre Seigneur Jésus-Christ. Nous soussignés, voulant travailler pour la plus grande gloire de Dieu et de Marie, Mère de Notre Seigneur Jésus-Christ, affirmons et manifestons que nous avons la sincère intention et la ferme volonté de nous consacrer, aussitôt qu'il sera opportun, à l'institution de la très pieuse Congrégation des Maristes. C'est pourquoi, par le présent acte et notre signature, nous nous dévouons irrévocablement, nous et tout ce que nous avons, autant que possible, à la Société de la Bienheureuse Vierge Marie. Et cet engagement nous le contractons, non à la légère et comme des enfants, ni pour un motif humain ou par l'espoir d'un intérêt temporel, mais sérieusement, après y avoir mûrement réfléchi, avoir pris conseil et pesé toutes choses devant Dieu, pour la seule gloire de Dieu et l'honneur de Marie, Mère de Notre Seigneur Jésus-Christ. Nous nous dévouons pour cela à toutes les peines, travaux et souffrances, et s'il le faut, à tous les tourments ; pouvant tout en Celui qui nous fortifie,

Notre Seigneur Jésus-Christ, à qui par là même nous promettons fidélité dans le sein de notre Mère la sainte Église catholique romaine, nous attachant de toutes nos forces au Chef très saint de cette même Église, le Pontife Romain, et aussi à notre très révérend Évêque ordinaire, afin que nous soyons de bons ministres de Jésus-Christ, nourris des paroles de la foi et de la bonne doctrine que nous avons reçues par sa grâce ; ayant confiance que, sous le gouvernement pacifique et religieux de notre Roi très chrétien, cette excellente institution verra le jour. Nous promettons solennellement que nous nous donnerons, nous et tout ce que nous avons, pour sauver de toutes manières les âmes, sous le nom très auguste de la Vierge Marie et sous ses auspices. Sauf néanmoins, pour tout, le jugement des supérieurs.

Louée soit la Sainte et Immaculée Conception de la Bienheureuse Vierge Marie ! Ainsi soit-il.

Malgré ce désir ainsi exprimé, de se réunir en communauté, les signataires de ce formulaire furent bientôt dispersés dans diverses paroisses du diocèse de Lyon. Sans doute l'administration diocésaine voulait, dans des sentiments d'une sagesse très opportune, éprouver la solidité de cette résolution. « La plupart d'ailleurs « oublièrent insensiblement leur projet, nous dit le « R. P. Colin lui-même dans une note importante sur ces « origines. Un petit nombre seulement fit exception, « entre autres, M. l'abbé Champagnat qui placé comme « vicaire à La Valla, département de la Loire, s'employa « immédiatement à former la branche des Frères ensei- « gnants, et M... (lui-même) devenu vicaire dans une pa- « roisse du département de l'Ain qui, plein intérieurement « d'une espèce de certitude que le projet venait de Dieu et « qu'il se réaliserait à la longue, profita des moments « libres que lui laissait le saint ministère pour en prépa- « rer le succès, en jetant par écrit les premières pensées « qui devaient servir de fondement aux constitutions. »

CHAPITRE III

LE VÉNÉRABLE COLIN A CERDON : LA FONDATION DE LA SOCIÉTÉ DE MARIE

En sortant du grand séminaire, l'abbé Jean-Claude Colin avait la satisfaction de se dire que le projet de fondation d'une Société de Marie était déjà ébruité. C'était beaucoup à ses yeux d'apôtre modeste.

Les esprits étaient ainsi préparés à cette grande œuvre.

La Providence, par des voies secrètes, avait aplani une première difficulté ; mais il restait à assurer la réalisation du projet lui-même, c'est-à-dire la fondation effective, avec une règle, avec l'approbation de l'autorité ecclésiastique et le fonctionnement des œuvres pour lesquelles la Société est voulue de Dieu. Nous allons voir dans quel cadre et au prix de quelles souffrances le Vénérable Père Colin entreprit cette réalisation.

C'est dans la petite paroisse de Salles, en Beaujolais, que le jeune prêtre célébra sa première messe, le 26 juillet 1816, fête de sainte Anne, mère de la Très Sainte Vierge. Puis, à quelques jours d'intervalle, il fut envoyé comme vicaire à Cerdon, dans le canton de Poncin, entre Pont-d'Ain et Nantua, sur la lisière du Haut Bugey. Cette paroisse, autrefois du diocèse de Belley, faisait alors partie de celui de Lyon.

Ce choix était visiblement dicté par une attention bienveillante et la Providence se plaisait ainsi une fois de plus à préparer son œuvre. C'était l'abbé Pierre Colin, nommé depuis peu curé de Cerdon, qui avait demandé son frère comme auxiliaire : on ne pouvait se refuser à une requête de cette nature. Mais l'abbé Claude, bien loin de se réjouir de cette nomination, en ressentit un vrai trouble de conscience. Est-ce que son séjour auprès de son frère aîné ne serait pas un obstacle pour l'accomplissement de ses projets?

Il ne fallut rien moins que l'intervention de M. Cholleton, son Directeur du grand séminaire, pour dissiper cette inquiétude. « Allez, lui dit le sage Directeur, quelle crainte avez-vous là? »

Puis d'un ton prophétique : « Allez, ajouta-t-il, votre frère sera votre premier compagnon. »

On comprend aisément que l'union entre le curé et le vicaire fut parfaite depuis le premier instant jusqu'à la dernière heure : ils travaillaient ensemble avec le zèle le plus surnaturel pour le plus grand bien des âmes et à l'édification de tous. La vue des deux prêtres était déjà une prédication permanente.

Dans ce cadre modeste, le Vénérable Fondateur s'initia d'abord à tous les détails de la vie paroissiale et par conséquent au ministère actif du prêtre auprès des âmes. Cette première formation dans de telles conditions, devait contribuer à l'acquisition et au développement rapide des qualités nécessaires pour le Fondateur d'une Congrégation active. Il pourrait plus tard parler d'expérience et saisir, avec un tact plus assuré, les nuances caractéristiques de chaque ministère : confesseur, directeur, prédicateur, il eut lui-même à remplir tous ces rôles et l'humble vicaire de Cerdon révéla dès la première heure la mesure de son ardente charité. Il fut, dans toute la force du terme, l'apôtre de Jésus-Christ.

Au sortir de la Révolution, dans ces paroisses longtemps déshéritées des secours spirituels, la besogne était rude pour un prêtre zélé. L'abbé Colin se dépensa sans compter auprès des enfants, auprès des malades, auprès des âmes pieuses : Congrégations, Association des Dames de charité, toutes les initiatives furent tentées dès cette époque.

Sous l'influence des deux frères, la piété refleurit bientôt sur ce sol, ardemment travaillé, et la pratique des sacrements devint aussi fervente qu'assidue. « En moins « de trois ans, nous dit-on, par leur esprit de foi, leur « piété, leur simplicité, leur activité, ils gagnèrent l'estime « et la confiance de leurs fidèles, excitèrent leur admira- « tion et transformèrent les esprits et les mœurs. »

Ils étaient loin cependant d'apporter à l'exercice de leurs fonctions les mêmes qualités, le même caractère.

On pourrait croire que le jeune vicaire, autrefois si timide, si embarrassé osant à peine ouvrir la bouche pour remercier un bienfaiteur devait représenter à la cure de Cerdon, la douceur et l'aménité. Ce rôle était au contraire celui du curé, plus incliné vers les procédés de paix et de modération. Il appartenait à son vicaire de le compléter par son zèle plus ardent et sa parole plus embrasée. C'est à cette époque en effet que s'accusèrent les deux tendances opposées de son action sacerdotale, timidité et énergie.

Réservé, modeste par nature, il ne craignit point de se montrer hardi, indomptable par devoir.

Dès lors, il annonça la parole de Dieu avec une vigueur qui n'était point pour déplaire aux hommes. Quand on le voyait monter en chaire, on chuchotait avec une joie à peine dissimulée : « C'est l'abbé, c'est l'abbé. » Le curé lui reconnaissait aisément ce mérite, et s'il y avait une impression un peu forte à produire, c'est à son vicaire qu'il demandait de le faire. Le vicaire obéissait docile- ment. Cependant il se hasarda un jour à dire à l'abbé Pierre : « Pourquoi me mettez-vous toujours en avant?

Ce serait à vous de paraître. Je ne suis pas curé, moi. — Ne vous plaignez pas, répondit celui-ci. Vous faites plus de bien que vous ne pensez. Après votre instruction, un homme qui ne s'était pas confessé depuis dix ans est venu se jeter à mes pieds pour se réconcilier avec Dieu. »

Cette hardiesse, il s'en inspirait même en face des autorités civiles, lorsqu'il s'agissait du bien des âmes. C'est ainsi qu'à l'annonce d'une fête publique dont le caractère faisait craindre de graves désordres au point de vue spirituel, il ne craignit pas d'aller trouver lui-même le préfet du département.

« Monsieur le préfet, dit-il après un ardent réquisitoire, pouvons-nous ne pas faire entendre des réclamations? »

Il redisait ainsi le *Non possumus non loqui* de l'apôtre.

En une autre circonstance, il fit preuve de la même vigueur.

Comme une vente publique s'était faite à Cerdon le dimanche, son frère crut de son devoir d'adresser des observations, bien justifiées, à ce sujet. Ce procédé déplut aux coupables qui manifestèrent hautement leur mauvaise humeur. Alors, le dimanche suivant, l'abbé Jean-Claude rappela le scandale et le flétrit avec véhémence. « Les enfants, s'écria-t-il, avec indignation, ont « oublié le respect et l'affection qu'ils doivent à un père. « Ses avertissements ont été méprisés ; on les a reçus en « se moquant et en branlant la tête ; on s'est conduit « à son égard comme les Juifs se sont conduits à l'égard « de Notre-Seigneur. » Puis, se tournant vers son frère qui, « ce jour-là, célébrait la sainte messe, il lui dit : « Et main-« tenant, ô pasteur de ces âmes, que vous reste-t-il à « faire, sinon de monter de nouveau sur la montagne « sainte, de lever vos mains suppliantes vers le Ciel et « d'intercéder pour ce peuple, afin que le bras de la justice

« divine ne s'appesantisse pas sur les coupables. Dites
« aussi à Dieu : ou pardonnez-leur ce péché, ou effacez-
« moi du livre de vie. »

A ces paroles, le curé par une inspiration subite se
lève et vient se prosterner sur le marchepied de l'autel.
Tous les assistants touchés, bouleversés, se jettent
pareillement à genoux, implorant la miséricorde de
Dieu. Le curé monta aussitôt en chaire et parla comme
un père parle à ses enfants. Le souvenir de cette scène
fut ineffaçable.

On pourrait croire que ce zèle intrépide était inspiré,
chez le jeune vicaire, par les principes d'une morale trop
rigide.

Il en fut peut-être ainsi à l'origine. Comment se dégager
de suite de la doctrine, habituellement sévère, qu'on
enseignait alors en France, pendant les années de formation ecclésiastique? Mais nous l'avons déjà dit, l'abbé
Jean-Claude avait l'instinct de la vérité complète. Il
n'eut donc point de peine, dès cette époque, à modifier
sa méthode dans la direction des âmes. La lecture appro-
fondie de la théologie morale de saint Liguori, à laquelle
on commençait à rendre en France un hommage mérité,
lui fit comprendre avec quelle modération, avec quelle
délicatesse il convient de traiter les âmes malades. Il
se rendit compte dès lors que l'examen prudent des circonstances permet d'appliquer les principes avec de sages
tempéraments.

Plus tard, les instructions de Mgr Devie, évêque de
Belley, l'encouragèrent dans ce travail de réforme personnelle. A la lumière de ces paroles doctrinales, il rectifia
quelques-unes de ses idées précédentes et sut abandonner
les théories qui n'étaient point assez conformes à la
morale des meilleurs Docteurs de l'Église.

Nous le voyons même, simple vicaire de Cerdon, étudier avec ardeur les grands théologiens dont il avait pu se procurer les ouvrages.

Par sa propre expérience, il voyait nettement la marche à donner aux études théologiques, et désormais sur ce point il ne pouvait plus avoir d'hésitation.

Ajoutons que dans les différents travaux de son ministère, il ne perdait point de vue l'idéal des vertus de la Très Sainte Vierge : elle était bien le modèle de sainteté qu'il se plaisait à étudier, avec un intérêt spécial, dans l'ouvrage important du P. Poiré, *La Triple Couronne*. Surtout elle restait son inspiratrice et son soutien au milieu de ses difficultés. « Pendant les neuf ans que j'ai « été à Cerdon, disait-il, je ne suis jamais sorti de mon « confessionnal, qui était dans la chapelle de la Sainte « Vierge, sans aller me jeter aux pieds de Marie et lui dire : « Quel ministère m'avez-vous donc confié là, ô ma bonne « Mère ! A quoi m'avez-vous exposé ! » Et comme pour être plus sûr d'être vraiment, avec son esprit de miséricorde infinie, le représentant du Divin et Bon Pasteur des âmes, il exerçait son ministère en tenant dans sa main une petite statuette de la Très Sainte Vierge.

N'est-il pas touchant de découvrir dans l'âme du vénéré Fondateur cette naïve industrie? A elle seule, elle est toute une révélation.

En même temps qu'il se livrait, avec l'ardeur de son tempérament, aux diverses entreprises de son ministère, il nourrissait avec une pieuse persévérance la réalisation de son dessein. Lui n'avait jamais varié. La consécration à Notre-Dame de Fourvière était une promesse solennelle et de cette promesse il conservait nettement le souvenir. Ainsi, dans le cadre de Cerdon, il apprenait une fois de plus à concilier les nécessités de l'action la plus absorbante avec   l'attrait et l'effacement dans la recherche de l'humilité : « Je bénis le Seigneur, disait-il alors, du goût qu'il m'a donné pour la vie cachée ; cet attrait me sert de contrepoids dans les embarras et la fièvre de la vie active. »

Oui, le jeune vicaire se sentait pressé de réaliser son œuvre : c'était l'œuvre de Dieu, il était son instrument ; l'instrument ne pouvait avoir qu'un désir, celui de répondre de toutes ses forces, de toute son âme, à l'action du Divin Maître !

Au point de vue humain, certes, l'entreprise devait apparaître difficile.

Où seraient ses compagnons et ses auxiliaires? La plupart des anciens séminaristes de Lyon, absorbés par les fonctions de leur ministère, avaient oublié leur projet primitif.

Quelle serait l'attitude de l'autorité diocésaine? Dans ce vaste diocèse, après une tourmente sans précédent, les besoins étaient d'une extrême urgence. Il était peu probable qu'on enlevât aux paroisses, pour une Congrégation naissante, des ouvriers si indispensables.

Puis, quelle serait l'autorité d'un jeune vicaire de campagne pour traiter une question de cette importance? Il était seul, inconnu, sans prestige, dénué de toutes ressources temporelles, et d'une santé qui le maintenait dans un état habituel de faiblesse et d'épuisement.

Cependant malgré tout, en dépit de ces obstacles, il fallait agir ; le moment était venu, la grâce le pressait d'une façon extraordinaire, il n'y avait pas à hésiter.

Ce fut donc la deuxième année de son vicariat qu'il mit son frère au courant de son projet. « Ah ! répondit aussitôt l'abbé Pierre, je comprends maintenant !... j'en serai ! ». Il comprenait, c'est-à-dire il s'expliquait sans doute l'expression de physionomie qui avait dû l'étonner plus d'une fois chez l'abbé Claude.

Le premier travail qui s'imposait était celui des Constitutions de la future Société. L'architecte doit avant tout tracer son plan pour le soumettre à celui qui l'appelle et l'imposer ensuite à ses auxiliaires. Ce fut donc l'œuvre importante du jeune vicaire à Cerdon.

Où puisa-t-il le fond et l'esprit de ce travail? Tout permet de croire qu'il est dû à une inspiration absolument surhumaine. Dans la même lumière où il avait vu la fin et la beauté de la Société de Marie, il avait découvert en même temps les règles suivant lesquelles elle devait agir.

Cette conviction est autorisée par les paroles mêmes du R. Père Fondateur. Lui, si porté à diminuer aux yeux des autres l'importance de son rôle, n'a pas craint de dire : « J'ai pu laisser croire que j'avais eu un cahier pour faire « nos Règles. Mais dans ma pensée, c'était le cœur de la « Très Sainte Vierge, voilà mon seul cahier. Je n'ai rien « reçu d'aucun homme, ni plan, ni cahier, rien...

« J'avais reçu l'ordre de ne voir pour faire les Règles « que la Sainte Famille et les Apôtres : point d'autre « société religieuse. Un pauvre petit vicaire, sans talents, « sans science, sans secours humain d'aucune sorte, sans « avoir lu aucune autre Règle, a fait tout cela ! N'est-ce « pas étonnant? Je ne connaissais que Rodriguez sur « l'État religieux. » Enfin au chapitre général de 1872 il fit la déclaration suivante, dont tous les termes avaient été mûrement pesés : « Je déclare hautement que je ne « reconnais d'autre fondateur de la Société que la Sainte « Vierge. Pour moi, je n'ai été qu'un instrument passif. « Je ne crains pas de l'affirmer, en présence de Dieu et «sur le seuil de la tombe : jamais je n'aurais eu la témé-

« rité d'écrire des Constitutions, si je n'y avais pas été
« forcé par une puissance supérieure à la mienne. La cir-
« constance qui m'y a déterminé est mon secret, personne
« ne la connaît que mon frère et moi ; les autres Maristes
« ne la sauront qu'au Ciel. »

Après de telles déclarations, y a-t-il vraiment de la
témérité à dire : « Le doigt de Dieu est là? »

Aussi nous adoptons de plein cœur l'affirmation suivante d'un de ses biographes : « Quand on connaît le
« P. Colin, dit le P. Gay, quand on a pénétré dans cette
« âme si simple et si modeste, quand on a vu avec quel
« ferme bon sens, avec quel esprit surnaturel, quel déta-
« chement de lui-même il parlait, il écrivait, il agissait,
« quand on songe que toute sa personne rayonnait à tel
« point la sainteté, que Rome n'a pas hésité à admettre
« l'ouverture du procès de sa canonisation, on ne peut
« soupçonner en lui ni illusion ni imposture. Il a cru
« et il a dit qu'il avait été poussé à fonder la Société de
« Marie par une intervention surnaturelle : il faut le
« croire et le dire. »

Ajoutons encore qu'il est de tradition à Cerdon que
le saint Fondateur eut plusieurs apparitions de la Très
Sainte Vierge. On montre même dans le presbytère une
chambre appelée encore la chambre des apparitions.

Ainsi donc les indications, toutes providentielles, dont
nous venons de parler lui furent données avec une abondance et une clarté extraordinaires durant les premières
années de son séjour à Cerdon. « L'humble fondateur
« les transcrivait au fur et à mesure sur un cahier assez
« volumineux, sans s'inquiéter de l'ordre des matières,
« ni même de la construction des phrases. C'est ce qu'il
« appelait dans les derniers temps de sa vie l'esprit
« primitif, les premières idées. Ce cahier ne renfermait

« pas seulement les éléments de la Règle des Pères et
« des Frères coadjuteurs, qui est aujourd'hui imprimée
« et approuvée, mais encore tous les matériaux qui
« devaient servir à chaque emploi pouvaient y trouver des
« règles particulières. »

Ces éléments, quelque précieux qu'ils fussent, restaient
encore confus ; il s'agissait de leur donner une forme
convenable. Ce fut l'objet même de sa première rédaction, tout entière puisée dans ce cahier primitif. Car
« ordre lui avait été donné, comme il disait, de ne pas
chercher ailleurs. » Il la fit en langue latine, parce que cet
idiome se prêtait plus facilement à l'expression de ses
idées.

En accomplissant ce travail, le vénéré Fondateur
semblait oublier les fatigues auxquelles il se condamnait.
Il en ressentait même une consolation et un courage
inexprimables.

Alors que plus ordinairement il était accessible à la
crainte et même à l'effroi, à la pensée des grâces dont il
était l'objet, son âme alors débordait de joie. « Vers
cette époque, disait-il, la pensée d'une Société religieuse,
sous le nom de la Mère de Dieu et toute consacrée à son
culte, faisait surabonder dans mon cœur la joie et la
consolation. Cette joie était accompagnée d'une confiance
que je puis dire équivalente à une certitude. J'étais
intimement persuadé que l'idée venait de Dieu et que la
Société réussirait. Ce sentiment de confiance sensible
dura l'espace de sept ans. »

Lui-même a expliqué plus tard dans quel sens il parlait
ainsi : « J'en ai dit assez, avoue-t-il simplement, en disant
« que j'avais une confiance équivalente à une certitude.
« Tout vient de Dieu ; je regarde la Sainte Vierge comme
« la Fondatrice. »

Cette idée lui était familière. N'est-ce pas ce qu'il traduisait sous une autre forme en disant qu'il n'avait eu d'autre secours que l'Évangile de Nazareth. « Je me plaçais au milieu de la maison de Nazareth et là je voyais tout ce que j'avais à faire. Inconnu et caché dans le monde : toute la Société et ses Constitutions m'apparaissaient dans ces paroles. »

Que de fois n'a-t-il pas répété : « Je ne suis pas maître de la matière, ces idées ne sont pas de moi... Je ne comprenais pas toujours ; mais une voix me disait : Tu comprendras plus tard... »

Tel fut ce premier travail qu'on peut bien appeler un travail audacieux. Rien ne l'y avait préparé. Il l'accomplit dans le silence, à l'écart, sans fièvre, d'un mouvement intérieur presque irrésistible, avec la conviction que la Société de Marie réussirait selon les desseins de Dieu.

La rédaction primitive des Constitutions était ainsi terminée vers la fin de 1819. Il s'agissait dès lors de les faire agréer des diverses autorités ecclésiastiques dont dépendaient les deux frères. C'est la seconde étape de difficultés que l'abbé Jean-Claude allait aborder désormais, avec le même esprit de foi et la même intrépidité.

Rien n'est captivant comme l'histoire de ces démarches, entreprises uniquement dans le but de réaliser un idéal de la vie mariste. Nous allons le voir à l'œuvre à partir de cette même année.

Le projet était mûr. Pourquoi en aurait-il retardé la réalisation?

Comme il convenait, l'humble vicaire fit les premières ouvertures aux Vicaires Généraux, administrateurs de l'archidiocèse de Lyon, en l'absence du cardinal Fesch. De ce côté, les tentatives furent sans succès ; l'opposition se traduisit par le silence ou des fins de non-recevoir prolongées.

Il n'en fut pas de même avec les Évêques des diocèses voisins.

Monseigneur l'Évêque du Puy et Mgr Simon de Grenoble firent au pieux fondateur l'accueil le plus bienveillant ; mais il fut encouragé surtout par Mgr Bigex, alors évêque de Pignerol en Piémont et plus tard archevêque de Chambéry. Ce prélat jouissait en France et surtout à Lyon de la considération la plus haute et surtout la mieux méritée. Sa piété et son savoir lui donnaient un relief qui le désignait à l'attention de tous.

Après avoir lui-même fortement approuvé l'abbé Jean-Claude Colin, il lui donna le conseil de soumettre au Pape Pie VII son projet de fondation religieuse. Le conseil fut suivi sans retard.

« Écrire au Pape, disait le modeste Fondateur, c'était bien hardi de notre part, à nous, pauvres prêtres de campagne. Nous eûmes bien la pensée d'écrire à un Cardinal, mais nous n'en connaissions point. »

Cette première lettre resta sans réponse. Elle fut suivie d'une adresse envoyée, le mois de novembre de la même année, au Cardinal Préfet de la Sacrée Congrégation des Évêques et Réguliers.

Comme ils ne recevaient toujours rien de Rome, au bout de deux ans d'attente, les deux Pères Colin écrivirent une autre supplique au Souverain Pontife lui-même. Tel était encore le conseil de l'Évêque de Pignerol. On admirera sans doute cette ténacité des hommes de Dieu. Apôtres d'une idée, dont ils se croient uniquement les dépositaires, ils savent que les obstacles cèdent en face de la persévérance. Pour faire triompher une œuvre divine, aucune difficulté n'est insurmontable.

Détail particulièrement touchant : avant d'être envoyée à Rome, cette lettre fut déposée, pendant quarante jours, sur l'autel même où le curé et le vicaire célébraient la sainte messe chaque matin.

Ce document a sa place toute naturelle dans l'histoire de cette fondation. En voici la traduction française :

Au très Saint Père et Seigneur en Jésus-Christ,
Pie VII souverain Pontife.

25 janvier 1822.

Très Saint Père.

Prosternés très humblement aux pieds de Votre Sainteté, qu'il nous soit permis de rappeler à son souvenir le projet que quelques prêtres du diocèse de Lyon, en France, ont conçu d'établir, une nouvelle Société de religieux, sous le nom de *Société de Marie*. Car, par une lettre du mois de février 1819, adressée à Votre Sainteté, et de nouveau, par une lettre du mois de novembre de la même année, adressée à son Éminence le Cardinal Préfet de la S. Congrégation des Évêque et Réguliers, nous avons eu la hardiesse d'exposer à Votre Sainteté le but, les commencements et les progrès de cette Société.

Depuis ce temps, nous n'avons cessé de travailler à notre dessein, soit auprès de plusieurs évêques, auxquels nous avons tout confié et dont nous avons obtenu l'assentiment, soit auprès des Vicaires généraux de notre diocèse de Lyon, qui, nous alléguant le défaut de prêtres, nous ont toujours exhortés à prendre patience.

A nos supplications réitérées pour obtenir la permission de vaquer plus librement à notre projet, les Vicaires généraux de Lyon ont répondu en nous priant d'attendre au moins jusqu'à la prochaine Fête de Pâques.

Nous avons donc l'espérance de soumettre bientôt à Votre Sainteté toute cette affaire. En attendant, nous osons de nouveau rappeler à Sa mémoire le but auquel tend la Société qui est en projet, si toutefois Votre Sainteté le trouve bon. Sa fin est de faire toutes choses pour la plus grande gloire de Dieu, et la prospérité de l'Église Romaine, de travailler d'abord au salut de nos propres âmes, et de plus, au salut du prochain par les Missions, tant chez les peuples fidèles que chez les infidèles, en quelque partie du monde que le Saint-Siège apostolique voudra nous envoyer ; de catéchiser les villageois et les ignorants ; de former de toute manière, l'enfance aux sciences et aux vertus ; de visiter les prisonniers et les malades dans les hôpitaux. Telles sont nos fins, assignées dans des Constitutions déjà rédigées, car nous avons ces Constitutions qui ne sont extraites d'aucun livre ni d'aucune autre Règle. Nous espérons les soumettre à Votre Sainteté et lui faire pleinement connaître d'où nous les avons.

De Votre Sainteté, les très humbles et très obéissants serviteurs.

Cette fois, le Pape Pie VII répondit par un Bref. On peut deviner l'émotion des deux abbés Colin, lorsque arriva le pli si précieux. Avant même de briser le cachet, ils tinrent à se rendre à l'église, en action de grâces ; ce n'est qu'ensuite qu'ils prirent connaissance du document, dont nous allons donner la traduction :

Pie VII, Pape

Bien-aimés fils, salut et bénédiction apostolique.

Par tout ce que vous Nous exposez, Nous avons pu connaître que le but où tend l'Institution dont vous parlez est sans doute excellent.

C'est pourquoi Nous ne pouvons que recommander vivement dans le Seigneur le projet que vous avez formé dans votre esprit.

Cependant Nous ne pouvons porter un jugement sur cette affaire, et beaucoup moins encore la confirmer par Notre autorité, sans qu'il soit auparavant prouvé, par des documents authentiques, que cette Société est bien accueillie, comme vous l'assurez, par les ordinaires des lieux, surtout par celui de Votre diocèse, et aussi, sans que les Règles de cette Société soient préalablement soumises à Notre examen.

Pour arriver plus facilement à ce résultat, il serait peut-être expédient que vous, ou l'un de vos associés, eussiez une entrevue à ce sujet avec Notre Nonce de Paris, afin que lui-même pût ensuite Nous faire un rapport sur cette question.

Telle est la réponse que Nous faisons à votre lettre du 25 janvier. Et Nous vous accordons, avec une paternelle charité, la bénédiction apostolique.

Donné à Rome, au palais de Sainte-Marie-Majeure, le 9 mars de l'année 1822, la vingt-deuxième de Notre Pontificat.

D'après les indications du Souverain Pontife, les frères Colin étaient invités à aller à Paris pour consulter le Nonce et lui soumettre aussi le projet en question. Ce désir pouvait-il être considéré autrement que comme un ordre?

Voilà donc notre jeune vicaire en route vers la capitale. Le représentant du Saint-Siège, à cette époque, était Mgr Macchi, archevêque de Nisibe, *in partibus*. Ce fut donc à lui que l'abbé Jean-Claude remit son manuscrit, et il fut invité à revenir lui-même le reprendre l'année suivante.

Une fois à Paris, l'abbé Colin, enhardi par sa première démarche, alla visiter successivement, pour leur demander conseil, l'archevêque, Mgr de Quélen, Mgr de Frayssinous, ministre des Affaires ecclésiastiques, M. Duclaux, supérieur de Saint-Sulpice, M. Besson, ancien curé de Saint-Nizier, évêque désigné de Metz, et même M. de Lamennais, dont la réputation était alors si retentissante. Ce dernier ne sut point gagner sa confiance ; mais partout ailleurs l'accueil avait été sympathique, encourageant. Seule, la question de l'enseignement religieux dans les collèges sembla effrayer Mgr de Frayssinous : « Oh ! répondit-il, c'est là une grosse affaire ; il faut aller doucement. » Puis, frappé d'une réflexion de son visiteur, il ajouta : « Vous dites que vous avez dans votre cœur un sentiment très fort qui vous porte à travailler à cette œuvre. Prenez patience, ayez bon courage, votre œuvre vient de Dieu. »

Ne faut-il pas admirer le succès providentiel de ces premières démarches? Il était la juste récompense de l'esprit de foi du modeste vicaire et certes il avait toutes raisons de se féliciter de son voyage. Le second qu'il fit, l'année suivante, pour aller reprendre son manuscrit, ne pouvait que confirmer cette impression.

Le Nonce, en lui remettant ses Constitutions, lui déclara nettement, qu'il pouvait sans attendre davantage, les soumettre à l'approbation du Saint-Siège ; c'était lui dire que son jugement personnel était des plus favorables. L'abbé Colin, certes, ne voulait point aller trop vite dans la conclusion de son œuvre. Comme toutes les âmes vraiment humbles il tenait au contraire avant d'agir, en matière si grave, à s'entourer de toutes les lumières de la sagesse surnaturelle. Aussi voulut-il avoir l'avis de M. Duclaux, ou tout au moins d'un examinateur que désignerait le vénéré Supérieur de Saint-Sulpice.

M. Boyer, prêtre expérimenté en matières ecclésiastiques, fut chargé de cet examen. Son rapport fut extrêmement élogieux : il ne se permettait qu'une critique et encore était-ce, en réalité, sous une forme indirecte, une parole de haute admiration. « Ces Règles, dit-il, semblent faites plutôt pour des anges que pour des hommes. »

L'abbé Colin termina son voyage par une visite à Mgr de Bonald désigné pour l'Évêché du Puy ; il en reçut le plus bienveillant accueil : « Mais, ajouta-t-il, je ne puis vous donner une réponse définitive avant d'être dans mon diocèse. » Ainsi commençaient sous d'heureux auspices les relations qui devaient toujours être si cordiales entre la Société de Marie et la famille sacerdotale de Notre-Dame de France.

En réalité, le vénérable Fondateur pouvait se dire, à l'issue de ces démarches, que son œuvre était « bien lancée ». Accueilli avec faveur par les plus hautes personnalités ecclésiastiques, ce projet ne rencontrait aucun obstacle. L'humble vicaire voyait nettement le but à poursuivre ; il se rendait un compte précis des fins de cette nouvelle société religieuse ; il avait même le droit de compter, s'il le voulait, sur l'approbation immédiate de la suprême Autorité, c'est-à-dire du Pontife de Rome. N'était-ce pas tout ce qu'il avait désiré et même plus qu'il n'aurait voulu. Que lui restait-il à faire?

Il lui restait à subir l'épreuve des saints, à passer par le creuset des tribulations, à donner le suprême témoignage de l'amour, en continuant à faire l'œuvre de Dieu dans la détresse d'une âme désemparée.

Au moment donc où toutes les difficultés étaient aplanies, il fut saisi par la crainte des réalités : c'est donc lui qui allait se trouver par la force des choses le fondateur d'une œuvre divine, d'une société religieuse. Il avait toujours espéré qu'il lui serait permis, suivant l'attrait de sa vie, de se retirer inconnu dans un désert. Il s'était imaginé, avec la conviction d'une humilité bien rare, que d'autres seraient appelés à réaliser ses vues. Et maintenant, il fallait bien se rendre à l'évidence, apercevoir le plan de Dieu ; c'était lui, petit vicaire de Cerdon, que le souverain Maître appelait à fonder cette famille mariste.

Alors la consolation des années précédentes disparut complètement pour faire place à l'angoisse la plus vive. Son âme fut envahie, absorbée par une répugnance, une révolte étrange contre la volonté de Dieu. Sa vie lui apparaissait désormais comme une suite inévitable de crucifiements et de morts sans adoucissement sensible. Il voyait se réaliser la parole intérieure qu'il avait entendue, alors qu'il lui était dit de se faire fabriquer « une croix sans Christ ».

Sans doute, il était trop vertueux pour repousser le Calice offert par la main de son Maître et pour se refuser de travailler à sa gloire. Mais cette opposition intérieure lui paraissait invincible et dans ce déchirement des deux volontés il souffrait un martyre inexprimable. « Mes lèvres disaient oui, mais ma volonté disait toujours non ! » s'écriait-il un jour avec larmes, au souvenir de cette époque de sa vie.

A quels motifs attribuer cet état étrange? En dehors des desseins de Dieu qui se plaît à demander l'holocauste de ses serviteurs, comme gage de leur amour, il faut y voit surtout la conséquence de son humilité.

Il se faisait de la Société de Marie l'idée la plus haute, une œuvre divine n'a-t-elle point le cachet d'une beauté toujours supérieure? Dès lors, comment la Providence pouvait-elle lui demander d'être l'instrument de cette fondation, lui si indigne, croyait-il, de cette faveur, lui qui ne rêvait toujours que solitude et désert?

Ajoutons à cela qu'il se demandait avec une inquiétude d'apparence légitime si le nouvel Évêque de Belley (1), Mgr Devie, désormais son supérieur, lui accorderait la liberté indispensable à un Fondateur. N'était-il pas à craindre que le nouveau prélat, jaloux de conserver

______

(1) L'Évêché de Belley avait été rétabli par le Concordat de 1817 et Mgr Devie y fut nommé évêque en 1823. Sa réputation de science et de vertu, l'avait désigné d'abord pour être vicaire géné-de l'Évêque de Valence. C'est de là qu'il fut appelé à l'administration du Diocèse de Belley où il resta de longues années, en rapports constants avec le P. Colin.

toutes les ressources religieuses de son diocèse, ne permît que difficilement le départ de quelques-uns de ses prêtres pour une Congrégation naissante?

Au milieu de ces angoisses, n'y pouvant plus tenir, l'abbé Colin quitta un jour le presbytère de Cerdon et prit la route de Lyon, où sans doute il voulait aller consulter un Directeur expérimenté. C'est alors que se passa un fait étrange que tous ses biographes se sont plu à signaler.

Il errait seul et pensif sur un des quais de la ville, quand tout à coup une dame respectable l'aborda et lui dit : « Monsieur l'abbé, pourriez-vous venir un instant chez moi? » Il se rendit à cette invitation. Après l'avoir fait asseoir, elle lui dit sans autre préambule : « Monsieur l'abbé, les pensées que vous roulez en ce moment dans votre esprit déplaisent singulièrement à Dieu. Sa bonté vous a fait trois grandes grâces dans votre vie. » Immédiatement, elle entra dans le détail de ces trois faveurs extraordinaires. Le pauvre vicaire voyant que cette dame connaissait si bien les choses intérieures qu'il n'avait dévoilées à personne, ne revenait pas de sa surprise. Elle ajouta : « Dieu qui vous a fait de si grandes grâces peut vous en faire de plus grandes encore ; ayez donc courage et confiance. » Enfin elle lui dit tout ce qu'il avait à faire pour répondre en ce moment à la sainte volonté de Dieu. « Voyez où j'en étais alors, s'écriait plus tard en sanglotant l'humble serviteur de Dieu, je ne lui dis ni oui ni non, mais simplement : « Merci, Madame, et je m'en allai. »

Des raisons sérieuses portent à croire que cette personne inconnue était Mlle Jaricot, fondatrice elle-même de l'œuvre de la Propagation de la Foi. Le Vénérable Colin ignorait encore que le Saint-Siège devait assigner une place à sa Société dans l'apostolat des missions. Mais ces deux âmes se rencontreront encore plus tard, et l'on sait que Mlle Pauline Jaricot aussi a laissé une réputation de sainteté.

Quoi qu'il en soit, cette rencontre le réconforta et il rentra de suite à Cerdon. L'heure décisive était arrivé : il fallait enfin soumettre à Mgr Devie le projet de cette création nouvelle.

Le jeune vicaire partit donc un matin pour aller prendre la voiture publique à Ambérieu. Or, fait étrange, il commençait à gravir la colline assez rapide de Mérignat, à vingt minutes environ de Cerdon, lorsqu'il se trouve soudain dans l'impossibilité physique de faire un seul pas en avant. Il se sent comme enchaîné par une puissance supérieure. Alors tombant à genoux, d'une foi ardente il s'adresse à Dieu : « Mon Dieu, si ce n'est pas votre volonté que j'aille à Belley, je vais rentrer à Cerdon ; mais si c'est votre volonté rendez-moi mes jambes. »

Aussitôt il se leva et comme il le raconta ensuite, il franchit la montée, « léger comme un pinson ».

Ce qui donne à cet incident de voyage une importance spéciale, c'est qu'on lui demanda plus tard « si dans cette circonstance, la Sainte Vierge ne lui était pas apparue pour le délivrer des pièges du démon ». Alors, il se mit à pleurer, en reconnaissant la réalité du fait. C'était un secret, semble-t-il, qu'on venait de lui arracher.

L'entrevue du vicaire de Cerdon avec son nouvel Évêque fut pleine de cordialité : « Ah ! le vicaire de Cerdon, qu'il vienne ! » Puis en le recevant : « Le Nonce de Paris, lui dit-il, m'a parlé de vous... Tout ira bien. »

Cette réponse était des plus significatives, d'autant plus que Mgr Devie avait alors entre les mains, par l'intermédiaire du Nonce lui-même, toutes les pièces relatives au projet de l'abbé Claude Colin, les lettres au Souverain Pontife et au Nonce, et le manuscrit des Règles.

Le retour du pieux voyageur fut encore marqué par un incident où il se plaisait à voir une nouvelle intervention de la Providence en sa faveur. Il était seul dans le coupé de la voiture publique, lorsqu'à la hauteur du lac de Tenay, elle fut tout à coup renversée et roula dans les eaux. Les voyageurs furent submergés, mais aucun ne périt. L'abbé Colin, sans qu'il pût se rendre compte de rien, se trouva étendu sur le talus placé entre le lac et la route, son parapluie à son côté : « En revenant à moi, disait-il, je m'écriai : La Sainte Vierge t'a sauvé ! »

Il revenait donc auprès de son frère, au presbytère de Cerdon, mais désormais, ce n'était plus seulement le modeste vicaire, c'était le vrai supérieur de sa communauté, la Congrégation était véritablement fondée et il pouvait s'appeler « Mariste ».

Mgr Devie, avec le pressentiment que son jeune abbé était l'instrument de Dieu pour la création d'une grande œuvre, lui avait permis de s'adjoindre un ou deux compagnons. Son choix se porta sur M. l'abbé Déclas, curé de Saint-Julien-sur-Veyle.

Les deux prêtres s'étaient connus et appréciés au grand séminaire de Lyon. Puis, à la même époque, M. Jallon, curé d'Izenave, fut autorisé à faire partie de la Société naissante et vint à Cerdon l'année suivante, en 1825. L'un et l'autre étaient des prêtres également modestes et simples. De M. Déclas le Père Fondateur pouvait même dire : « Ce n'est pas ce qu'on appelle un sujet brillant, mais il a bonne volonté ! » Il ajoutait d'ailleurs : « Il fallait des hommes, comme celui-là, pour bien imprimer l'esprit de la Société. » M. Jallon, lui, avait été brillant professeur de Quatrième du P. Colin, il le rejoi-

gnait pour fonder la Société de Marie ; autant devait
en faire plus tard son ancien professeur de morale et
directeur, le vénéré M. Cholleton. On put voir ainsi,
spectacle assez rare, deux maîtres distingués venus se
mettre sous l'obéissance de leur ancien disciple. Quelle
confiance en sa mission !

Dans cette même année, quelques jeunes filles de la
paroisse obtinrent aussi de Mgr Devie l'autorisation de
porter un costume particulier qui se rapprochait de l'habit
religieux.

Puis deux jeunes gens s'attachèrent aussi au service
des deux abbés Colin, en qualité de Frères coadjuteurs
temporels, et s'appelèrent désormais les Frères Eugène
et Anthelme. Enfin d'autre personnes séculières se grou-
pèrent en une Association pieuse, dans laquelle il est
naturel de voir le premier germe du Tiers Ordre de Marie :
c'est ainsi que la Société nouvelle s'établissait sur le
champ de l'Église, avec ses formes diverses : le grain de
sénevé poussait sa première tige, en attendant que les
bénédictions du Ciel vinssent fortifier ce modeste arbuste.
Le vénéré Fondateur, avec une simplicité frappante, énu-
mérait, dans une lettre du 29 novembre 1824, les résultats
acquis :

Vous savez, dit-il, que nous sommes trois, que M. Déclas
est avec nous depuis la Toussaint. (M. Jallon ne put quitter
son poste qu'en 1825.) Nous croyons que notre nombre
s'augmentera bientôt.

Nous commencerons à faire quelques excursions apostoliques dans le courant du mois de janvier. Enfin, nous allons
faire une belle cérémonie le 8 décembre, fête de l'Immaculée
Conception.

Nous croyons devoir donner le saint habit et le voile à
huit ou neuf Sœurs de la Congrégation de Marie. C'est la
première cérémonie de la Société.

A travers ces quelques phrases, pas un mot de réflexion personnelle. Mais cette indication calme et modeste ne laisse-t-elle pas deviner la grande joie du Fondateur? D'une part la Société était fondée ; d'autre part ses origfnes, ses éléments, trois prêtres, deux Frères temporels, un curé de village, quelques personnes pieuses groupées autour du presbytère, c'était bien la simplicité de Nazareth.

L'humilité du Fondateur était triomphante : tout se présentait comme il l'avait voulu, aucun bruit, aucun éclat.

Sur de tels fondements, Dieu pouvait construire un édifice solide.

CHAPITRE IV

LE VÉNÉRABLE COLIN A BELLEY. MISSIONS DIOCÉSAINES.
PETIT SÉMINAIRE DE BELLEY

C'est par le ministère si apostolique des Missions et surtout des Missions de campagnes que l'abbé Jean Claude et ses premiers compagnons inaugurèrent les fins que se proposait la Société de Marie. Mgr Devie leur avait donné à exploiter le champ du Bugey et certes le travail réclamait de vigoureux ouvriers.

Ils comprirent bien vite, dès les première prédications, qu'il n'était plus possible de concilier l'exercice du ministère paroissial avec cette course ardente de l'apôtre, en quête d'âmes à conquérir. Les deux frères Colin furent donc déchargés de la paroisse de Cerdon, en 1825, et quittèrent, au milieu des regrets unanimes, ce berceau, désormais vénérable, de la Société de Marie. Belley, la ville épiscopale elle-même, devint leur centre d'action. Mgr Devie tenait à avoir sous la main ses ouvriers évangéliques.

Il était dans les desseins de la Providence que la souffrance et l'humiliation fussent, à l'origine même de cette installation, la rançon méritoire de leur apostolat. Les nouveaux missionnaires, c'est-à-dire les deux frères Colin et le Père Déclas, auxquels le Père Jallon devait bientôt s'adjoindre, furent hospitalisés par l'Administration diocésaine au petit séminaire. Cette arrivée fut accueillie sans enthousiasme. On prévoyait sans doute que leur présence occasionnerait un surcroît de dépenses et d'embarras. Puis, ces nouveaux venus n'étaient point de la famille primitive.

Ils furent donc logés dans des chambres abandonnées depuis longtemps, que leur situation et leur délabrement rendaient peu habitables. Pour se chauffer, ils n'avaient qu'un petit poêle installé dans le corridor reliant leurs cellules. Qui plus est, à ces rigueurs s'ajoutèrent plus d'une fois des moqueries blessantes, dont l'humble Fondateur ressentait, en silence, toute l'amertume.

Une fois cependant, malgré sa réserve, il crut de sa dignité de rappeler les coupables au respect des convenances et de la charité ecclésiastiques. Du fond de l'âme, l'abbé Colin ne s'étonnait point de cette situation qui devait d'ailleurs se modifier complètement à l'arrivée de M. Pichat comme supérieur. Dans un langage empreint de sa bonhomie habituelle il disait plus tard, au sujet de cette épreuve : « Nous étions là de pauvres gens ; quatre pauvres prêtres qui n'étaient pas de fameux hommes. On nous envoyait bien quelques lardons et on avait bien raison. Qu'étions-nous? Nous n'étions guère propres qu'à être foulés aux pieds et on nous eût volontiers craché dessus. Ce sont encore les plus belles années de ma vie. »

Ce qui les rendait belles, ces années inaugurées dans un cadre si austère, c'est qu'elles étaient dépensées dans le travail intense des Missions.

On peut difficilement se faire aujourd'hui une idée exacte des paroisses où le P. Colin allait offrir à Dieu, pour la reconstitution de son règne, les prémices de son zèle. Un grand nombre étaient privées de prêtres. Beaucoup d'églises tombaient en ruines et se trouvaient dépourvues d'ornements sacrés et des objets du culte les plus nécessaires ; on ne trouvait pas toujours des confessionnaux et il fallait en improviser avec des fragments de grilles, attachés au dossier de quelque chaise grossière. A ces difficultés s'ajoutaient les privations du logement et de la nourriture. Plus d'une fois, ils sont contraints de loger dans une auberge de village ; à Innimont, sur un versant de montagne, ils trouvent bien une cure, mais son état de délabrement est impossible à décrire. Les fenêtres sont dégarnies de vitres, les plafonds entr'ouverts ; il est nécessaire, vaille que vaille, de balayer, d'approprier, de boucher avec de la paille les ouvertures et les fentes, et comme le froid est très vif sur ces montagnes, on doit se résigner à n'avoir guère chaud et à dormir peu à son aise pendant toute la Mission. La nourriture, dans de telles conditions, était réduite au strict minimum. D'abord les missionnaires étaient souvent les préparateurs forcés de leurs modestes repas, et l'on sait qu'un jour après avoir essayé de se préparer eux-mêmes une pauvre soupe, ils furent contraints d'y renoncer et de se contenter d'un morceau de pain. Puis, dans les paroisses où ils étaient aux frais du curé, ils se sentaient astreints à la plus rigoureuse économie.

« Je me souviens, racontait un jour le Vénérable Colin, que dans une paroisse où nous logeâmes, deux missionnaires, à l'auberge, pendant un mois, toutes nos dépenses que je notai ne s'élevaient en tout qu'à 50 francs. » Ce n'est donc pas une exagération de narrateur que cette remarque du Père Colin disant plus tard : « Si l'on avait à écrire tout ce qu'on a souffert dans ces premiers temps, on aurait quelque chose qui rappellerait les Missions de saint Jean-François Régis. »

Mais lorsqu'on souffre pour Dieu, lorsqu'en particulier on doit subir les contraintes mortifiantes de la pauvreté, l'âme s'ouvre d'elle-même à une joie intime : il semble que le cœur se dilate dans la mesure où l'on s'affranchit des nécessités de la nature.

A lire la vie des saints, nous voyons que tous ont éprouvé ce phénomène d'ordre religieux. Aussi ne sommes-nous point surpris d'entendre cet aveu du P. Colin : « Nous avons fait beaucoup de missions de ce genre, « vivant de privations, installés dans des confessionnaux « et des lieux humides, contractant des douleurs et des « rhumatismes. Mais jamais nous n'avons été si joyeux ; « jamais nous n'avons ri de si bon cœur. J'ai toujours « regretté ce temps-là, c'était le beau temps. »

Ces paroles laissent comprendre avec quel esprit le pieux missionnaire et ses compagnons travaillaient sur ce théâtre.

Il n'avait certes pas le dessein de faire de grandes choses, mais comme elle était grande, aux yeux de Dieu, l'œuvre de la Mission, suivant l'idéal de la vie mariste ! L'oubli de soi, le désintéressement complet, l'humilité de celui qui se considère uniquement comme un instrument et un instrument indigne, l'amour ou plutôt la passion des âmes, de toutes les âmes, des plus simples et des plus petites auxquelles allait selon un instinct très surnaturel la sympathie du Missionnaire, tel était l'âme de cet apostolat. On s'y livrait avec ardeur.

Tantôt on se heurtait à la froideur de l'indifférence.

Elle s'explique sans peine après une longue période de sommeil religieux ; mais on prêchait devant deux auditeurs, comme devant une assistance nombreuse. « Vous êtes heureux d'être si myope, disait le P. Colin à son collègue le P. Jallon. Vous prêchez comme si l'église était pleine. Je voudrais vous voir à ma place ! »

Tantôt, et c'était le plus souvent, l'esprit de Dieu passait à travers ces populations subjuguées. Les fidèles accouraient en foule, les « peuples tombaient », comme le disait le vénéré Fondateur au Chapitre général de 1872 ; nous étions accablés au confessionnal. Dans une circonstance, l'abbé Colin parlait du haut de la chaire ; mais une grande partie des fidèles n'avait pu pénétrer dans l'église. Aussi, admirable spectacle, son confrère, le P. Humbert, fut obligé de se placer à la fenêtre de la tribune et de cette stalle improvisée il lançait à la foule quelques-unes des phrases du· saint prédicateur. Tel était l'entraînement de la piété que « ce peuple, à l'extérieur comme à l'intérieur, était également ému et fondait en larmes. »

Cependant tout était simple dans leur prédication. Leur zèle, — brûlant comme celui des apôtres, — restait toujours modeste. On ne visait point à l'éclat, mais on cherchait seulement à attirer les pécheurs. Prier et faire prier, tel était toujours le prélude de toute campagne évangélique. En arrivant sur le territoire de la paroisse qu'on allait « travailler » on invoquait à genoux la Très Sainte Vierge, les anges gardiens des habitants, les âmes du purgatoire, et après un dernier *Memorare* on se mettait à l'œuvre. Aux enfants étaient consacrés les prémices de la Mission. Des catéchismes que le P. Colin fit toujours avec une prédilection marquée, les initiaient aux vérités nécessaires. Par eux, les parents étaient attirés vers les Missionnaires et l'on se comportait jusqu'à la fin avec tant d'ardeur évangélique, mais aussi avec tant de mansuétude et de charité que les âmes finissaient bien par se rendre.

Sages et pieuses traditions ! L'abbé Colin comprit de suite toute l'importance qu'il y avait de résumer dans un règlement uniforme le fruit de ses premières expériences. Il en rédigea donc les lignes essentielles, le soumit à son Évêque et en obtint la complète approbation. C'est à cette occasion, semble-t-il, que Mgr Devie le nomma supérieur de la modeste Société. Supérieur ! Bien que sa communauté fût encore rudimentaire, il aurait voulu se soustraire à l'éclat de cette désignation. « On lui infligeait une sorte de malaise en le traitant comme le premier. » Aussi trouva-t-il d'instinct la formule avec laquelle il justifierait toute sa conduite : « Je voudrais au moins, expliquait-il, que le supérieur cherchât à s'effacer toujours ; le supérieur n'est pas pour éclipser. »

Cependant les circonstances allaient imposer à son désir d'effacement un sacrifice bien autrement pénible. Il ne s'agissait de rien moins que de le mettre à la tête du petit séminaire de Belley. Sans doute cette marque de confiance était de nature à réparer toutes les humiliations, prodiguées à l'abbé Colin et à ses compagnons, lorsqu'ils avaient été installés, au début de leur ministère, dans cette maison. Puis la santé du vénéré Fondateur, fortement ébranlée par ses premiers travaux apostoliques, ne lui permettait plus de les continuer davantage. Un repos relatif s'imposait pour le rétablissement de ses forces.

Mais, on le conçoit sans peine, la charge de supérieur n'était point de celles qui pouvaient contribuer à cette guérison, et il était bien à craindre que ce fardeau n'accablât vraiment une santé en désarroi. Dieu en avait décidé autrement. Les vues de sa Providence sont souvent mystérieuses. Peut-être dans le cas présent, voulait-il préparer ainsi son serviteur au rôle d'éducateur de la jeunesse chrétienne, puisque la jeune Société de Marie se proposait, comme l'une de ses fins principales, la formation des enfants dans les collèges.

Ce fut donc le jour de Pâques 1829, après la mort de M. Pichat, le dernier supérieur, que Mgr Devie communiqua son dessein au Père Colin. L'étonnement de celui-ci fut extrême.

« Eh ! quoi, Monseigneur, vous n'y pensez pas. Je ne suis nullement préparé à une position semblable ; toutes mes classes ont été tronquées pour cause de maladie. Il m'est absolument impossible d'être à la tête d'un établissement d'éducation de cette importance. »

Mais le siège de l'Évêque de Belley était fait. Il voyait dans l'abbé Colin, malgré sa réserve et son humilité, un prêtre d'un talent supérieur, et surtout d'un esprit de foi qui expliquait l'invincible constance de son caractère. Le pauvre Missionnaire eut beau demander trois jours de réflexion, en disant : « Je prierai tant le bon et saint M. Pichat qu'il détournera Votre Grandeur de cette pensée. » La réponse de l'Évêque était décisive : « C'est « inutile, vous êtes supérieur du petit séminaire et vous « prendrez possession dès demain. Vous parlez de prier « M. Pichat? C'est précisément lui qui me presse de vous « nommer à sa place. » Le Père Colin avait ainsi, sans le vouloir, prononcé sa propre condamnation.

Certes, des circonstances toutes particulières aggravaient encore le déchirement de son âme. Les difficultés devaient venir du côté de son personnel et du côté des élèves de la maison. D'une part il avait à diriger des professeurs d'origines diverses et dont plusieurs vieillis dans ce ministère, possesseurs de talents distingués, pouvaient avoir des prétentions d'avenir.

D'autre part, parmi les enfants, les uns aspiraient au sacerdoce, les autres aux carrières du monde ; ceux-ci étaient externes, ceux-là pensionnaires ; plusieurs appartenaient à l'école cléricale de la Cathédrale ; enfin les philosophes et les mathématiciens venaient en partie du petit séminaire de Meximieux, avec des habitudes différentes. Une telle diversité d'éléments n'était favorable ni à l'ordre, ni à la vertu, ni à la piété.

En outre, les circonstances extérieures elles-mêmes devaient compliquer la tâche de son administration. Avec la révolution de 1830 s'étaient répandues dans les esprits des idées libérales peu favorables à l'esprit de discipline et au respect de l'Autorité.

Les théories de l'*Avenir* étaient facilement accueillies par quelques professeurs exaltés : tout cela engendrait un malaise indéfinissable, une désunion fatale. Les liens de la surveillance se relâchaient sans cesse, les scènes de rébellion se multipliaient parmi les élèves et plus d'une fois l'on fut à la veille des pires extrémités.

Ce tableau d'une maison en désarroi nous aide à mieux comprendre ce qu'il fallut de tact, de fermeté, de modération et surtout d'esprit surnaturel pour ramener au milieu de ce petit monde en effervescence le travail, la discipline, la piété et la confiance mutuelle. Plusieurs années furent nécessaires pour réaliser cette transformation et la lutte, à certaines heures, fut si angoissante que c'est l'époque même où les cheveux du vénéré Fondateur blanchirent comme subitement, et où les traits de sa physionomie prirent en réalité l'empreinte de la vieillesse.

Dès son entrée en fonction, le nouveau supérieur traça nettement son programme. « Messieurs, dit-il dans sa première allocution à la Sainte Messe, je dois vous le dire, jamais je ne perdrai de vue ce que réclameront de moi la gloire de Dieu, vos vrais intérêts et la voix de ma conscience. J'aime l'ordre et la paix, cette paix qui est le partage et comme l'apanage des enfants de Dieu.

« J'apporterai tous mes soins pour prévenir ce qui y

serait contraire, ce qui pourrait troubler la sainte harmonie qu'on doit voir régner entre tous les membres de cette maison. Telle est ma profession de foi. »

Pour le Père Colin, un programme, une profession de foi n'était point lettre morte. De concert avec l'autorité épiscopale, on prit pour le choix des élèves des mesures habiles et énergiques. Le personnel fut recruté avec soin et complété par quelques sujets aspirant à devenir membres de la Société de Marie. Enfin le Père Convers fut donné au Père Colin comme son vice-supérieur.

La grande préoccupation du pieux Fondateur était l'âme de ses élèves et par conséquent la lutte contre le péché.

« Messieurs, leur disait-il, Dieu m'a placé ici pour résister au péché, et tant qu'il me restera une goutte de sang dans les veines, je résisterai. » Il lui arriva un jour, sous l'impression de cette lourde responsabilité et comme poussé par une inspiration secrète, d'entrer soudainement en étude et de dire avec un ton de conviction qui arrêtait tout sourire sur les lèvres : « Mes enfants, nous allons dire un *Pater* et un *Ave* pour tous ceux d'entre vous qui sont en état de péché mortel. » L'effet d'une telle parole était irrésistible.

Dans cette œuvre, ainsi comprise avec cette hauteur de vues surnaturelles, il apportait une activité toujours en éveil.

« Que de fois, racontait-il, j'ai passé la nuit dans les dortoirs sur des planches ! Ah ! je donnai, à cette époque, un rude coup à ma santé ! Je m'épuisai ! Jour et nuit j'étais sur pied. »

La vertu des saints est en général conquérante. Comment n'en aurait-il pas été ainsi dans une maison où de jeunes âmes de baptisés étaient en réalité, malgré la légèreté de l'âge, toujours accessibles aux saines impressions de la beauté morale? La confiance allait donc, par une marche progressive, des élèves vers leur supérieur, et bientôt tous auraient voulu le choisir pour être le guide de leur conscience.

Ainsi petit à petit l'esprit de foi, la piété rayonnaient dans cette maison. Pour lui donner son aspect vraiment familial, le Père Colin ne manquait pas une occasion de mettre en honneur le culte de la Très Sainte Vierge. Il avait dit, au premier jour de son arrivée, qu'il serait lui-même uniquement « la houlette de la divine Bergère ». De cette formule il tenait à réaliser l'esprit. Au-dessus de la porte de sa chambre, il avait fait ériger une statue de cette Mère céleste ; chacun devait ainsi la considérer comme la vraie Supérieure. Son nom revenait sans cesse sur ses lèvres, parce qu'il parlait toujours de l'abondance de son cœur et il se plaisait à en associer le souvenir aux joies et aux fêtes des enfants, en plaçant sous ce patronage aimé les congés qui s'échelonnent toujours au cours d'une année scolaire. « *Hujus domûs Regina; servus Mariæ nunquam peribit*, Marie reine de cette maison, le serviteur de Marie ne périra jamais » : ces deux inscriptions placées plus tard en face de sa chambre prêchaient à tous une dévotion qu'il s'agissait d'enraciner dans les âmes pour être emportée à travers les agitations du monde comme la conclusion et le fruit de l'éducation mariste.

Cette éducation, il en fut donc l'inspirateur pendant de longues années et avec une maîtrise admirée de tous. Mais comme ses fonctions de supérieur ne lui faisaient point oublier les intérêts plus spéciaux de sa chère Société de Marie, encore à ses débuts, il avait dû abandonner le soin des choses courantes à son vice-supérieur. Le

P. Convers remplit cette charge de 1831 à 1834 et fut remplacé jusqu'en 1836 par le P. Chanel, le futur martyr de Futuna, dans l'Océanie centrale.

C'est à cette époque que pour habituer insensiblement le public au départ des Pères Maristes, le Père Colin avait obtenu qu'on nommât à ce même poste un prêtre séculier, M. l'abbé Bertrand. C'était en effet un ecclésiastique distingué sous le triple rapport « du talent, de la vertu et du savoir-vivre ».

Mais peut-être n'avait-il pas toutes les qualités de l'éducateur. Toujours est-il qu'en moins de deux ans, l'œuvre du Père Colin et de ses auxiliaires fut gravement compromise, l'esprit d'insurrection pénétra de nouveau dans les têtes de ces jeunes élèves, au point qu'un témoin oculaire a pu dire : « Jamais je n'ai vu maison d'éducation dans un tel état d'effervescence. »

Pour l'autorité diocésaine et aux yeux du public le remède était près du mal. La réinstallation du Père Colin s'imposait comme l'unique moyen de sauver le petit séminaire ; mais à cette époque, nous le verrons bientôt, il était supérieur général de la Société de Marie. Pouvait-on lui faire semblable proposition ?

On la lui fit cependant. Or, à cette ouverture, lui si énergique « se sentit réduit comme à l'agonie ». Aucune expression certes ne traduit mieux l'accablement de son âme. Il pleurait, il sanglotait : « Mais Seigneur, disait-il, vous ne voudriez pas m'imposer un pareil sacrifice ? »

Nous aimons à surprendre ces révoltes de la nature : elles nous rapprochent de l'âme des saints, et surtout elles font apprécier davantage les triomphes de la grâce et les décisions de la vertu.

Le Père Colin, au milieu de ses angoisses, en face de sa croix, comprit que l'ange du ciel lui présentait un calice

à accepter. Il le saisit d'une main forte et généreuse :
« Je regarde cet événement, disait-il un peu plus tard,
« comme un miracle ; c'est uniquement la volonté de
« Dieu qui m'a forcé à cela. Il a fallu que Dieu intervînt,
« et encore que la marche même à suivre m'ait été indi-
« quée. »

Il eut donc le courage de reprendre ses anciennes
fonctions. Alors, un peu comme un chef d'armée à la tête
de ses troupes, il réunit ses confrères et leur adressa une
allocution toute martiale ; c'est qu'en réalité rien ne
donne l'idée d'un combat perpétuel, avec ses alternatives
dramatiques, comme l'œuvre de l'éducation.

Courage, Messieurs, leur dit-il ; voyez je n'attribue pas
aux créatures ce qui s'est passé au Collège, cette année ; cela
vient du démon qui est furieux contre la Société ! Mais voilà
que la Société de la Sainte Vierge le reprend ; oui, le reprend,
car l'an dernier, je n'avais plus que le nom de Supérieur.

Remarquez, Messieurs, que si nous en reprenons la conduite, je n'y suis pour rien : c'est la Sainte Vierge qui nous y
a forcés.

Il y a quelques mois j'avais résolu avec mes plus anciens
confrères de nous retirer tout à fait. La Sainte Vierge ne l'a
pas voulu ; c'est elle seule qui a fait cela. Courage, Messieurs ;
appliquons-nous bien à l'éducation des enfants ; il y en a
parmi eux qui seront des apôtres !

Courage ! Volonté de la Sainte Vierge. Ces mots vibrent
sur les lèvres du vénéré Fondateur. Ils sont tout un programme d'action.

Oui, ce fut avec la même intrépidité que la première
fois qu'il prit en main le gouvernail. Les mêmes procédés
produisirent bien vite les mêmes résultats. Vigueur dès
le début, sage et conciliante modération ensuite pour
gagner les cœurs à la confiance, rappels incessants de

l'esprit de foi, de la piété, de la règle, du devoir, poursuite acharnée du péché, moyens surnaturels, confiance dans les âmes du Purgatoire, l'emploi ininterrompu de tant d'industries suggérées à ce cœur d'apôtre par son amour des âmes devait triompher des plus aveugles résistances.

De nouveau, le petit séminaire de Belley devint un foyer de solides vocations ecclésiastiques, et les élèves destinés aux carrières civiles en sortirent avec une excellente formation, garantie de leur persévérance dans la vitalité de la foi chrétienne.

Désormais le Père Colin pouvait songer à se décharger de ses laborieuses fonctions. Le moment même était venu pour lui de quitter la ville de Belley. Les nécessités de sa charge l'appelaient à Lyon. Malgré son extrême désir de le conserver auprès de lui, Mgr Devie ne pouvait retenir davantage le supérieur de son petit séminaire. En 1845, le Père Fondateur disait donc adieu à cette maison où l'on gardera pieusement sa mémoire. Parfois, au souvenir de ses épreuves et de ses sacrifices, il l'appelait en souriant « sa terre d'Égypte ». Mais par sa grande vertu, il avait trouvé plus d'une fois les consolations de la patrie à côté des angoisses de l'exil. Avec les douleurs de l'enfantement, il avait goûté les joies de la résurrection. Rien ne coûte trop quand on fait la volonté de Dieu. Au fidèle serviteur sont toujours garanties les saintes allégresses de la paix et du devoir vaillamment accompli..

CHAPITRE V

LE VÉNÉRABLE COLIN A BELLEY : APPROBATION DE LA SOCIÉTÉ DE MARIE

Supérieur du petit séminaire de Belley, le Vénérable Père Colin ne se laissait point absorber par les occupations, déjà si multiples, de cette charge. Il n'oubliait pas qu'il avait une autre charge à remplir, une mission de plus haute portée à mener à bonne fin. S'il était à Belley, c'était pour commencer avec plus d'indépendance la vie de la Société de Marie : nous allons voir comment il sut poser les fondements de son œuvre, en s'unissant la petite famille des Maristes lyonnais et en obtenant l'approbation du Saint-Siège.

Pendant que ses premiers compagnons continuaient leur rude existence de missionnaires à travers le Bugey, lui, de son poste d'observation, il voyait se dérouler le plan de Dieu.

On se rappelle que l'idée d'une Congrégation, consacrée à la Très Sainte Vierge, avait éclos dans le cœur de quelques séminaristes, au grand séminaire de Lyon. Pour plusieurs, l'enthousiasme des premières années s'était refroidi, et ces apôtres de la première heure avaient abandonné leur pieux dessein.

L'un d'eux cependant, l'abbé Marcellin Champagnat, était resté fidèle à sa vocation. Vicaire à La Valla, près Saint-Chamond, en attendant l'heure de la Providence, son zèle lui inspira de s'employer immédiatement à former la branche des Frères, destinée à l'éducation chrétienne des enfants de la campagne. Il mit donc toute son activité à organiser, suivant un idéal vraiment surnaturel, l'Institut des Petits-Frères de Marie. Ce travail dépassait ses forces et, avec le consentement de l'administration diocésaine, il attira à lui pour le seconder l'abbé Séon, professeur au Collège de Saint-Chamond, et bientôt après, en 1828, le jeune abbé Bourdin qui n'était encore que Diacre. Trois ou quatre autres se joignirent bientôt aux premiers. Comme tous étaient disposés à travailler sous l'égide de la Très Sainte Vierge, ce fut le noyau du premier groupe des « Maristes Lyonnais ».

L'abbé Colin avait les yeux sur cette petite famille de prêtres, si semblable à la sienne. On entretenait des relations de confraternité par des visites et des lettres. A l'Hermitage surtout où s'était transporté, près de La Valla, l'Institut des Frères, on souhaitait ardemment qu'il n'y eût qu'une Société de Marie, qu'un seul corps afin que la même âme en dirigeât tous les membres. Est-ce que les bénédictions du Ciel sur les œuvres de l'abbé Colin n'étaient point la preuve visible de sa Mission? « Tout réussit chez vous, lui disait en toute simplicité l'abbé Séon, tandis que nous ne faisons que végéter. »

La création d'un centre d'unité ne pouvait pas se faire cependant sans rencontrer de réelles difficultés. Avant tout, il fallait obtenir l'agrément des administrateurs diocésains de Lyon : mais cette permission pouvait-elle se concilier avec les nécessités urgentes d'un recrutement sacerdotal, rendu plus nécessaire que jamais. Le Père Colin voyait nettement ces obstacles et ne se pressait pas d'agir.

C'est alors qu'aux premiers jours d'octobre, en cette année 1830, l'abbé Champagnat et ses trois confrères se rendirent à Belley pour les exercices d'une Retraite en commun.

L'Esprit-Saint souffle où il veut et quand il veut. Il choisit cette heure grave, saintement préparée par la méditation et la prière, pour réaliser l'union morale de ces deux essaims d'élite.

Le Père Colin en fut nommé « Supérieur Central ».

Cette désignation s'imposait et cependant elle causa au vénéré Fondateur une confusion, un étonnement inexprimable. Cette dignité l'effrayait. Il n'y a que les saints pour avoir de ces surprises d'humilité qui déconcertent nos tendances instinctives.

Qu'il est édifiant de l'entendre dire, lui-même, dans une lettre du 22 octobre, aux confrères de l'Hermitage :

J'ai différé plus longtemps que vous ne pensiez de vous écrire. Ce n'est pas par oubli, mais par un sentiment de confusion et d'étonnement d'un choix auquel je n'avais pas lieu de m'attendre et qui ne peut que nuire à l'œuvre après laquelle nous soupirons tous et pour laquelle je me sens disposé à tout sacrifier, si telle est la volonté de Dieu et de Marie, notre Mère. Ce qui me console cependant, c'est que votre choix n'est que provisoire et que, dans une autre réunion, le Seigneur vous montrera celui qu'il destine de toute éternité à conduire la pieuse entreprise, pour sa plus grande gloire et pour le salut de chacun de nous.

Cette nomination, si désirée de tous, était sans doute un premier pas vers l'unité de la Société religieuse. Mais elle était loin de parer à tous les obstacles. Vis-à-vis des représentants de l'autorité ecclésiastique dans les deux diocèses, la position de l'abbé Colin était délicate. Comment serait accueilli ce titre de Supérieur Central alors que les prêtres des deux groupes diocésains restaient sous l'Administration de leurs évêques respectifs? Notre

Vénérable devait s'avancer au milieu de tous ces écueils avec une prudence toute surnaturelle, exempte de timidité comme de précipitation. Cette sagesse fut vraiment celle qui atteint son but avec force, mais après avoir disposé tout avec suavité.

Sur la recommandation de leur Supérieur Central, les Maristes de Lyon, réunis en Chapitre à l'Hermitage se choisirent un Supérieur provincial dans la personne du Père Champagnat, mais, suivant une disposition de parfaite déférence, cette élection ne pouvait avoir de valeur que si elle était sanctionnée par l'archevêque de Lyon. Le 18 décembre de la même année, l'Administration fit répondre qu'elle agréait la nomination de M. Champagnat comme supérieur de la Société de Marie, tant des Prêtres que des Frères, dans le diocèse de Lyon.

Cette réponse ne cadrait pas pleinement avec le désir exprimé : faut-il en être surpris? En réalité, la Société de Marie n'avait encore reçu aucune approbation canonique de Rome et le Conseil archiépiscopal ne pouvait guère se préoccuper de ce qui avait été fait dans le diocèse de Belley.

Sans doute le prudent Fondateur se rendit compte de toutes ces nuances. Avec son tact habituel, il recommanda encore la patience, la réflexion et surtout la prière. Fidèles à suivre une direction aussi judicieuse, les Pères de l'Hermitage continuèrent à se développer, et durent bientôt chercher une maison plus vaste et distincte. Sur ces entrefaites, M. l'abbé Rouchon, curé de Valbenoîte, dans la banlieue de Saint-Étienne, offrit de leur céder un prieuré dont il s'était rendu possesseur, à la condition que cette jeune Société l'aiderait dans son ministère paroissial.

Avec le consentement du Père Colin et l'agrément de Monseigneur l'Archevêque, cette propriété fut donc acquise et les Maristes de Lyon devinrent les auxiliaires du vénérable curé, sauf à prendre un autre arrangement plus tard, après expérience.

Ainsi petit à petit la « Famille Lyonnaise » se constituait, et si les débuts étaient modestes, du moins justifiaient-ils de légitimes espérances. Un événement vint alors réjouir le cœur du Père Colin, toujours attentif aux intérêts de sa petite Société : ce fut le choix de M. Cholleton, comme vicaire général, chargé à cette époque par l'Administration diocésaine de veiller sur les intérêts de la Société de Marie. On ne pouvait mieux choisir.

Dans sa joie, toute céleste, le saint Fondateur écrivit de suite au Père Champagnat, le 17 mars 1833 :

Nous devons tous bien remercier le Seigneur de nous avoir donné M. Cholleton pour conduire et diriger les démarches qui seront à faire en faveur de la Société. C'est un coup de Providence admirable.

Dans le groupe lyonnais, sous l'influence de ces événements heureux et l'impulsion du Père Champagnat, il y avait une ardeur de zèle qu'on ne peut s'empêcher d'admirer. Il semble même qu'à certaines heures le désir de se répandre et de se répandre vite eût emporté quelques âmes. A la faveur de ces rêves d'apôtres, il est probable que certaines divergences se glissèrent au milieu d'eux et c'est sans doute pour ramener l'ordre et la paix, pour prêcher la concorde et la prudence, que le Père Colin écrivit au Père Champagnat une lettre dont nous tenons à citer quelques extraits.

Elle laisse si bien transparaître la foi, la charité et la sagesse du pieux Fondateur :

Que devons-nous faire, dit-il, si nous tenons à la réussite de l'œuvre? Nous devons nous entendre plus que jamais. La certitude que je ne fais rien sans M. Cholleton doit éloigner de vous toute inquiétude, toute crainte que je prenne plus les intérêts de Belley que ceux de Lyon. Du reste ici, je ne veux voir que le bien général de la Société dont le but principal est de s'unir et de travailler de concert avec l'épiscopat.

Allons, courage ! Entendons-nous, mettons de côté tout esprit d'intérêt propre, de vues particulières ; c'est le bien général de la Société que nous devons chercher avant tout. Demandons au Seigneur qu'il nous assiste et nous éclaire, surtout sur le choix des sujets qui se présentent, et qu'il nous donne le véritable esprit de la Société qui doit être un esprit d'humilité, d'abnégation et de dévouement (29 janv. 1836).

On aura remarqué sans doute ces expressions répétées, « le bien général de la Société ». Pour en assurer le développement dans les deux groupes distincts de Lyon et de Belley, il eut besoin d'une prudence consommée, d'une admirable sagesse et d'une volonté très ferme : ces dons précieux, le ciel les lui avait départis dans une riche mesure : aussi n'eut-il jamais beaucoup de peine à se concilier l'estime et la confiance de ses confrères. On voyait si bien en lui l'élu de Dieu !

La Providence lui réservait d'autres difficultés, plus délicates à vaincre. Pour triompher des oppositions qu'il allait rencontrer dans l'Administration diocésaine de Belley, il lui fallut, certes, la vision indiscutable de son but à atteindre et la certitude que son œuvre était voulue de Dieu. A cette conviction intérieure, à ces assurances de foi vive il demanda donc une énergie qui ne se découragea jamais. Les humbles sont souvent les plus forts.

Le Père Colin n'aspirait en toute circonstance qu'à être le dernier, le plus effacé de tous ; mais en face d'une résistance qu'il ne croyait pas justifiée, il eut des audaces étonnantes. Mgr Devie était un saint prélat, et qui plus est, son ami et son protecteur. Aux heures où cet ami devint un adversaire de bonne foi, le Père Colin, sans se déconcerter, sut défendre les intérêts de sa Société, avec une vigueur de conquérant. Comme il ne travaillait pas pour lui, mais pour Dieu, rien n'était capable de désarmer son courage ni d'arrêter sa franchise. Nous allons le voir à l'œuvre dans cette lutte dramatique.

Ainsi que nous venons de le dire, Mgr Devie réalisait pleinement ce que M. Duclaux, supérieur général de Saint-Sulpice, avait dit de lui au P. Colin : « Je serais bien trompé si le diocèse de Belley n'avait pas en lui un grand et saint évêque. »

Ses vertus, sa prudence, son intelligence, son extérieur même faisaient de ce prélat un évêque puissant en paroles et en œuvres.

Il apportait surtout à l'organisation de son diocèse un dévouement sans bornes et une infatigable ténacité. On comprend donc que pour favoriser le développement de la foi parmi les fidèles et pour seconder les prêtres, il ait songé à instituer des missionnaires, apôtres d'avant-garde, prêts à évangéliser toutes ses paroisses.

Aussi dès qu'il eut connu l'abbé Colin et pénétré son projet, il n'eut qu'une pensée, l'attacher à son diocèse, faire de sa Communauté de missionnaires une Congré-gation diocésaine et en garder toujours le supérieur auprès de lui, pour le maintenir sous son autorité. Il pouvait même escompter d'avance le succès de cette entreprise. N'avait-il pas constaté dès la première heure chez le vénéré Fondateur une humilité, une modestie, une obéissance qui garantissaient une entière soumission à sa volonté, dès qu'il aurait parlé?

Il parla en effet et ses premières propositions furent

reçues avec une profonde déférence. L'abbé Colin semblait avoir l'instinct du respect ; puis Mgr Devie était pour lui un bienfaiteur, dont les éminentes qualités le pénétraient d'estime et de confiance.

Enfin, son premier mouvement, ou plutôt la première impulsion de son humilité l'inclinait à ne rien vouloir entreprendre contre la volonté d'un supérieur ecclésiastique. Avec de telles dispositions n'allait-il pas céder à la demande de son évêque?

Mais précisément parce qu'il était humble, il voyait Dieu au-dessus de tout. Les pensées humaines disparaissaient à ses yeux dans le plein rayonnement de la vérité divine. Pour lui, cette vérité c'était que sa Société religieuse devait être au service de l'Égliee catholique, sans autre supérieur réel que le Souverain Pontife, Société militante, appelée à étendre le règne de Jésus-Christ et l'honneur de sa très sainte Mère sur le champ tout entier du Père de famille, dans tout l'univers.

A plusieurs reprises l'Évêque et le Fondateur échangèrent ainsi leurs vues réciproques, et chacun persévérait dans sa façon personnelle d'envisager cette grave question. A la fin, le vénérable prélat, profondément surpris de cette résistance, ne put s'empêcher de témoigner son irritation et son dépit : « Allons ! Allons ! avec vous c'est l'Évêque qui aura toujours tort, il faut encore que ce soit l'Évêque qui cède. »

Jamais peut-être l'humilité de l'abbé Colin ne fut soumise à plus rude épreuve. « Monseigneur, lui répondait-il, il ne s'agit pas de céder ou d'avoir tort. » A ses yeux en effet il s'agissait uniquement de connaître la volonté de Dieu et celle-ci une fois connue d'en poursuivre la réalisation sans amoindrissement, sans défaillance.

Mais précisément cette lutte allait devenir pour le

pieux Fondateur la source d'inquiétudes, d'obscurités, qui constituèrent pour lui un véritable martyre. Le prélat et l'abbé Colin voulaient le bien tous les deux et ne pouvaient s'entendre. Il y avait même des moments où Mgr Devie semblait disposé à obtenir de haute lutte une solution conforme à son dessein : « Que m'importe à moi ce but gigantesque? Cette Société sera diocésaine ! »

Les vrais serviteurs de Dieu, dans leurs luttes contre les représentants de l'esprit du monde, remportent leur victoire par le seul élan d'une foi intrépide. Leur triomphe semble aisé. Mais quelles angoisses, quel trouble, lorsqu'il leur faut lutter contre leurs amis, contre leurs supérieurs ! Étonnant spectacle devant lequel on se sent saisi de tristesse et d'admiration. On comprend si bien cette torture du cœur, et l'on en souffre ! Mais on voit aussi combien la Providence sait faire éclater la grandeur de ses desseins !

Au milieu de cette douloureuse épreuve, il s'adressait sans cesse à sa Conseillère céleste et lui demandait, avec une filiale confiance, pourquoi il était ainsi délaissé. Comme si ses lumières étaient insuffisantes, il voulut, à l'exemple de toutes les âmes humbles et défiantes d'elles-mêmes, s'appuyer sur le conseil d'autrui.

Il s'adressa donc au vénérable abbé Favre, dont la renommée de sainteté avait dépassé de beaucoup les frontières de la Savoie, son pays natal. Partout où l'ardent missionnaire exerçait son zèle, il laissait un souvenir ineffaçable. Il était vraiment, auprès des fidèles et des prêtres, l'oracle de Dieu, le saint de la région.

Pour lui ouvrir son âme, l'abbé Colin l'invita à venir donner à ses confrères les exercices de la Retraite annuelle.

Ce fut au cours de cette prédication que le modeste

Fondateur exposa à l'homme de Dieu son projet, sa façon de le comprendre et ses difficultés avec Mgr Devie.

Au premier abord, l'abbé Favre sembla ne point saisir l'importance de cet entretien. L'œuvre de l'abbé Colin méritait-elle bien toute son attention, à ce moment indécis? Mais soudain la lumière se fit dans l'esprit du conseiller. La veille, il avait écouté son dirigé sans grand intérêt. Le lendemain matin, après sa messe, comme s'il avait reçu une lumière du ciel, il va trouver l'abbé Colin, l'embrasse et lui dit : « Hier soir, je vous ai parlé en homme ; maintenant je viens vous dire avec assurance : En avant ! Courage et confiance ! Votre œuvre est dans les desseins de Dieu. La Sainte Vierge la protège ; elle réussira. » Parole de puissant réconfort ! Elle venait à propos pour soutenir le courage du vénéré Fondateur. Son horizon, un instant obscurci, se dégageait nettement. Il voyait clair et cette pure vision de son plan tout providentiel l'empêchait de faiblir et d'hésiter.

Cette impulsion de l'abbé Favre était d'autant plus opportune que Mgr Devie ne renonçait en rien à son sentiment personnel. Un jour même, il en vint à l'argument d'autorité : « Après tout, dit-il à l'abbé Colin, qui est votre Supérieur? — C'est vous, Monseigneur. — Eh bien, donc? — Eh bien, Monseigneur, le dernier poste de votre diocèse est plus que je ne mérite ; commandez et je m'y rends tout de suite. — Il ne s'agit pas du dernier poste ; il s'agit d'une Congrégation très nécessaire au Diocèse. — Monseigneur, les Conseils évangéliques ne s'imposent pas. — Mais je ne vous impose pas les Conseils évangéliques, vous y êtes décidé. — Monseigneur, j'ai voulu, il est vrai, commencer une œuvre de ce genre où nous les pratiquerions. Si je me suis trompé, c'est assez d'une fois : pour moi, ou cette œuvre ou rien. — Et qu'est-ce qui vous assure de la volonté de Dieu? » Alors, ouvrant un instant le fond de son âme et révélant une résolution héroïque : « Monseigneur, ajouta le Père Colin, je viens de vouer trois mille messes pour la connaître. » Qui n'eût tressailli à semblable révélation? En face de cet homme si admirable de foi, d'humilité et de confiance, le Prélat éprouva comme un sursaut de sainte surprise. Il arrêta ses instances.

Cependant pour Mgr Devie, l'assaut interrompu n'était point terminé. Il le reprit sous une autre forme et s'adressa en particulier aux compagnons du Fondateur. D'un ton où passa l'accent de l'autorité et presque de la menace, il leur fit comprendre nettement son dessein : il les voulait missionnaires diocésains. L'épreuve était rude pour ces pauvres prêtres placés dans la douloureuse alternative de déplaire ou à leur évêque ou à leur fondateur. En vue de tout concilier, après bien des incertitudes, ils envoyèrent à Mgr Devie la réponse suivante : « Monseigneur, nous acceptons tout ce que nous proposera Votre Grandeur, à la condition que M. Colin sera notre supérieur. »

Les solutions du cœur ne sont point toujours des solutions administratives. Cette réponse ne pouvait satisfaire l'évêque de Belley et cependant elle remplissait le Père Colin d'un légitime effroi.

C'est alors que ce dernier, par une démarche qu'il taxa plus tard d'imprudence, voulut tenter un suprême effort : c'était l'assaut de l'humilité la plus admirable. Il se rendit donc au palais épiscopal et pria le saint prélat de vouloir bien l'entendre en confession.

Nous savons que, dans cette confidence intime, le vénéré Fondateur exposa les grâces de choix, dont il avait été prévenu pour entreprendre son œuvre. Cette ouverture une fois arrachée à son esprit de modestie, il put ajouter que désormais il s'abandonnait en toute confiance à la sage direction de son supérieur, de son évêque. S'il le fallait, il était prêt à renoncer à ses vues personnelles et à réaliser le plan de Sa Grandeur.

Comment ne pas être ému jusqu'au fond de l'âme au spectacle de cette abnégation sans limites? En réalité, Mgr Devie, lui aussi, ne voulait que le bien, lui aussi était un homme de foi ne cherchant que la volonté de Dieu. En face de son pénitent, il se recueillit à son tour et abandonna pour toujours son projet. On est heureux de recueillir sur ses lèvres cette affirmation qu'il devait faire et réitérer plus tard : « Je ne pense plus de cette Société comme autrefois ; j'ai bien changé ! *Digitus Dei est hic...* J'aime bien cette jeune Société qui est née à l'ombre de ma cathédrale ; et la preuve de ma sincère affection, c'est que je lui ai déjà donné trente-cinq de mes prêtres et non des moins bons. »

Quelle page édifiante dans la vie de notre Vénérable que celle où se trouvent ainsi racontées les phases de cette lutte délicate entre les deux hommes de Dieu ! Si la victoire restait au faible, au petit, c'était bien en réalité le triomphe de son esprit d'humilité. S'il avait laissé paraître une attache quelconque, purement humaine, à ses vues personnelles, son œuvre eût été sans doute compromise. Le Prélat aurait eu raison de parler d'autorité et d'imposer sa décision. Devant la volonté de Dieu, l'évêque devait s'incliner et il fut assez grand pour comprendre et remplir ce difficile devoir.

Au cours même de cette lutte si dramatique, l'abbé Colin réalisa un autre projet mûri depuis longtemps dans son esprit, c'est-à-dire son voyage à Rome. Certes le moment était bien choisi pour consulter le Saint-Siège sur l'opportunité de son œuvre et lui présenter les Constitutions de la Société de Marie. Le jugement de Rome ne serait-il pas sa meilleure réponse aux sollicitations de son évêque?

Dès la fin de 1831, il avait reçu du cardinal Macchi l'invitation pressante de se rendre à Rome. Mais, par déférence pour Mgr Devie, il différa encore et se décida seulement en mai 1833 à se mettre en route.

Rome ! Ce mot exerçait sur son cœur une espèce de fascination. N'avait-il pas eu de tout temps le culte de l'autorité pontificale? Il pouvait donc bien tressaillir d'une sainte émotion, en songeant qu'il allait enfin confier son projet au successeur de Pierre et recevoir de sa bouche sacrée une parole de vie, le mot d'ordre définitif de l'obéissance ! C'est dans ce sens qu'il écrivit au cardinal Macchi :

Nous sentons le besoin, disait-il, de soumettre le plus tôt possible notre plan à notre Saint Père le Pape, quand ce ne serait que pour fixer les idées de nos Supérieurs ecclésiastiques, qui quelquefois veulent la Société, les uns d'une manière, les autres d'une autre.

Avec deux compagnons de route, le Père Bourdin de Lyon et le Père Chanel de Belley, le vénéré Fondateur s'embarqua pour Rome, en septembre 1833, et le 28 du même mois, il obtenait enfin du Souverain Pontife cette première audience depuis si longtemps désirée.

Grégoire XVI ! Ce nom rappelle celui d'un des principaux bienfaiteurs de la Société de Marie. Supérieur Général de l'Ordre des Camaldules, quand il fut élu Pape en 1831, il resta toujours, nous dit un de ses historiens, « sévère à lui-même, indulgent pour les autres, de mœurs « simples et austères, couchant sur la dure, veillant tard,

« travaillant beaucoup et priant toujours ». Avec cela, intransigeant quand il s'agissait de défendre la foi et les droits de l'Église.

Aux modestes pèlerins de la Société de Marie, Grégoire XVI fit un paternel accueil. Il lut une partie du compte rendu général que lui présentait le Père Colin. Puis, faisant observer que le Pape n'approuve rien sans un examen préalable, il renvoya le précieux manuscrit à Mgr Polidori et conseilla en même temps au pieux Fondateur d'aller voir Mgr Candy, archevêque de Larisse *in partibus* et secrétaire la Sacrée Congrégation des Évêques et Réguliers.

En somme, cette réponse était encourageante, mais sans rien apporter de décisif. Un examen était nécessaire. Or de ce premier examen il résulta que le plan général des Règles était trop succinct. On en voulait un développement plus détaillé.

Sans hésiter, le Père Colin se mit résolument à l'œuvre. Après avoir beaucoup prié, il rédigea un travail plus complet. Son œuvre, avec la triple branche des Pères, des Sœurs, du Tiers Ordre et même, sur la demande instante du Père Champagnat, l'œuvre des Petits-Frères de Marie furent exposées, comme il le disait, « à la garde de Dieu » dans un manuscrit important, remis entre les mains du cardinal Odescalchi. Ce cardinal avait déjà reçu les confidences du Père Colin. De sa propre bouche, il avait appris à quelle irrésistible impulsion, à quelle inspiration surnaturelle était due la fondation de cette petite Société. Rien, hélas ! n'a transpiré de cette conversation intime. Le Père Colin avait pris toutes ses précautions pour que le secret n'en fût dévoilé qu'au ciel. Mais du moins il avait gagné de suite toutes les sympathies de l'éminent prélat et le cardinal Odescalchi restera toujours comme l'un des principaux soutiens de l'œuvre du Père Colin.

Le manuscrit fut donc transmis à la Congrégation des Évêques et Réguliers et le cardinal Castracane choisi comme rapporteur dans cette question. On pouvait compter sur un examen des plus bienveillants, car la simplicité et l'esprit de foi du pieux Fondateur avaient produit sur lui la meilleure impression. Le savant Cardinal se mit en effet de suite à cette étude et fit comprendre au saint Fondateur que jamais Rome n'approuverait une organisation aussi complexe.

Même réduite à la branche des Prêtres, la Société n'obtiendrait son approbation qu'après l'examen des Règles, complètement rédigées. Mais du moins la Congrégation accordait volontiers à cette Société naissante le droit d'élire un Supérieur Général, avec le consentement des Ordinaires. Toutefois, cette concession n'entraînait pas, au point de vue juridique, l'approbation de l'Institut.

Était-ce un échec? Rome faisait-elle attendre Dieu? Le Père Colin ne le crut pas. Ce que Rome accordait le satisfaisait. Désormais, il savait nettement ce qu'il avait à faire : il lui était demandé de travailler à la rédaction définitive de ses Constitutions. Puis, approuvé dans son dessein, encouragé à poursuivre son œuvre, il n'avait plus à redouter la transformation rêvée par l'évêque de Belley. Il lui était donc permis d'entrevoir de plus vastes horizons. Cette pensée allait devenir sa consolation et sa force.

Mais les desseins de la Providence déconcertent souvent les plans les plus nets des hommes. Nous allons le voir une fois de plus.

En quittant Rome, le Père Colin y avait laissé un admirateur des plus convaincus et un avocat très habile de sa cause ou plutôt de la cause de la Société de Marie. C'était l'abbé Trinchant, ancien secrétaire de l'évêché de Chartres et fixé à cette époque à Rome même, en raison de sa santé. Il s'occupait activement de la Cause de Béatification de la Vénérable Jeanne de Lestonnac, fondatrice de la Congrégation de Notre-Dame de Bordeaux.

De ce pieux ecclésiastique le Père Colin avait gagné toute la confiance. C'était d'ailleurs réciproque. « C'est « bien pour nous que la Sainte Vierge l'avait envoyé à « Rome, disait un jour le vénéré Fondateur. Nous lui « devons beaucoup et, s'il plaît à Dieu, je veux que la « Société soit reconnaissante et que jamais son nom ne « soit oublié dans notre histoire. »

L'étendue de cette dette se comprendra aisément si l'on se rappelle que c'est à ses démarches que nous devons en partie le Bref Apostolique *Omnium gentium salus*.

Moins facile à contenter que le Père Colin, M. l'abbé Trinchant trouvait insuffisantes les lettres de la Sacrée Congrégation aux deux évêques de Belley et de Lyon pour leur recommander l'œuvre de son vénérable ami. A la suite d'heureuses démarches, il obtint un sursis pour cette expédition et provoqua un nouvel examen de la Société de Marie, en vue de son approbation proprement dite. Ce changement d'opinion n'était-il point extraordinaire?

Sans doute on peut l'attribuer à l'impression produite par les vertus du Père Colin. Sa modestie, son humilité, ses confidences au cardinal Odescalchi, ses procédés empreints d'une simplicité charmante, toute sa personne en un mot avait exercé une sorte de fascination autour de lui. Plus tard, en revenant sur ce sujet, il voyait là une des causes de son succès. « Les Cardinaux ne savaient

« que dire en voyant ce pauvre prêtre devant eux tout
« simple, ignorant, leur parlant ainsi. Il faut l'avouer :
« tout de même, la simplicité fait beaucoup. »

Mais hâtons nous d'ajouter que la Providence surtout,
que la Très Sainte Vierge, voulait arriver à ses fins par
les moyens suaves et délicats dont elle dispose. Un motif
d'ordre apostolique vint à point nommé justifier l'intervention de l'excellent abbé Trinchant. Il mourut, hélas !
avant d'avoir pu assister au succès de ses efforts. En effet,
le couronnement de cette œuvre se préparait à Rome
aussi bien qu'en France. On était à la veille d'une date
désormais mémorable dans la Société de Marie.

A cette époque, les Missions lointaines d'Océanie,
manquaient d'ouvriers apostoliques. Sur les plages
déshéritées de ces îles, perdues à travers l'Océan, le règne
de Dieu se heurtait au double obstacle de l'idolâtrie et
de l'hérésie. Les marchands européens, les commerçants
d'Angleterre en particulier, avaient mêlé plus d'une fois
aux préoccupations commerciales et politiques des vues
de prosélytisme religieux inspirées par l'esprit du protes-
tantisme. Sous cette double influence, plusieurs sectes
étaient parvenues déjà à s'implanter chez ces peuplades
sauvages.

Aussi le chef de l'Église était-il vivement préoccupé
de cette situation. Le cardinal Fransoni, Préfet de la
Propagande, écrivit alors en son nom au Conseil de la
Propagation de la Foi à Lyon, et fit demander si ce
diocèse, toujours riche en vocations apostoliques, ne
pourrait pas fournir quelques prêtres d'élite à ces lointaines et difficiles missions. Mgr de Pins, administrateur
du diocèse, fut immédiatement consulté et par lui la
requête fut transmise à M. Cholleton, vicaire général
et grand ami des « Maristes ». Ce dernier songea donc

à la petite Société de Marie et fit part de son idée à Mgr de Pins qui s'empressa de la transmettre à la Propagande.

Dès que le Père Colin et ses premiers confrères furent mis au courant de cette négociation, ils en ressentirent une émotion extraordinaire. L'œuvre leur paraissait si grande, trop grande même pour leur humilité ! Mais c'était vraiment Dieu qui parlait ; il n'y avait pas à hésiter. Leur acceptation fut complète.

En même temps, Mgr de Pins présenta pour la dignité de Vicaire Apostolique de l'Océanie occidentale, M. l'abbé Pompallier, alors aumônier d'un petit pensionnat aux environs de Lyon, et très attaché, lui aussi, à la Société naissante. Celui-ci ne voulut accepter ce périlleux honneur qu'à la condition d'emmener avec lui quelques-uns des premiers compagnons du Père Colin. Enfin l'Administration diocésaine, en transmettant cette réponse à Rome, sollicita elle-même pour la petite Société l'approbation canonique.

Ainsi, en quelques mois, tous les événements s'étaient produits à leur heure providentielle. Dirigés avec un harmonieux enchaînement vers un terme mystérieux, ils allaient enfin s'éclaircir dans une rayonnante conclusion, pour la gloire de Dieu, l'honneur de la Très Sainte Vierge et la joie du vénéré Fondateur.

Il est dit cependant que tous les triomphes s'achètent par l'épreuve. Au moment où le Père Colin se disposait à recueillir le fruit de tant de travaux et de sollicitudes, il se sentit envahir par un immense effroi. En face de ces réalisations trop complètes, il fut saisi par d'inexprimables anxiétés. La lutte de son humilité recommença aussi ardente que jamais.

Est-ce que cette heure était vraiment celle de Dieu?

Est-ce que son œuvre était assez solide pour se prêter de suite à de telles conquêtes? Est-ce que sa famille naissante ne serait pas écrasée par le fardeau de cet apostolat? Questions angoissantes !

Il se les posait sans cesse avec une persistance douloureuse. Sous l'impulsion de cette crainte, il se hâta d'écrire à Rome pour plaider ardemment lui-même la cause de la modestie : sa Société était encore trop faible pour devenir une milice d'avant-garde ; elle avait besoin de se fortifier, de se recueillir ; mieux valait donc attendre ; il lui semblait ainsi préférable de ne pas recevoir encore la faveur d'une approbation définitive.

Qu'elle est impressionnante cette attitude du serviteur de Dieu, effrayé de son succès ! Tous les saints ont connu cette terreur surnaturelle. Mais aussi qu'elle est admirable cette action du Maître Suprême, touché sans doute des pieuses réclamations de son Serviteur, et décidé cependant, pour le bien plus universel de l'Église, à lui infliger l'épreuve d'un vrai triomphe.

Ainsi qu'on a pu le dire d'une façon heureuse, le « geste du Pape avait pris les devants », et le Bref de Grégoire XVI, se croisant avec la lettre du Père Colin, arrivait à Belley, au commencement du mois de mai 1836, comme un témoignage de prédilection de la Reine du ciel pour sa petite famille. La Société de Marie était définitivement fondée et l'Océanie était ouverte à ses Missionnaires. Dès lors la joie pouvait être complète au foyer familial des premiers Maristes.

Elle fut vraiment belle dans sa simplicité la scène de cette inauguration. Le Père Colin venait de recevoir le pli précieux. Aussitôt, il réunit ses confrères, déposa sur une table le Bref Apostolique, encore cacheté ! Chacun s'approcha tour à tour, le baisa avec respect, et ce fut seulement après cette manifestation de filiale déférence que le vénéré Fondateur, sous l'influence d'une émotion facile à comprendre, fit la lecture du texte suivant :

GRÉGOIRE XVI, PAPE

Pour la mémoire perpétuelle de la chose.

Le salut de toutes les nations dont nous avons reçu la charge du Prince des Pasteurs et de l'Évêque de nos âmes, Nous presse de veiller incessamment pour que, de l'Orient à l'Occident, le nom du Seigneur soit glorifié, et que la très sainte foi catholique, sans laquelle il est impossible de plaire à Dieu, soit affermie et resplendisse par toute la terre. C'est pourquoi notre Cœur paternel couvre d'une bienveillance singulière ces hommes ecclésiastiques surtout qui, réunis en société et fidèles aux fins de leur institution et de leur vocation, ne cessent, par la prédication de la parole de Dieu et par la dispensation de la grâce divine sous toutes ses formes, d'exhorter les peuples dans la saine doctrine, et consacrent tous leurs soins et tous leurs efforts à produire dans la vigne du Seigneur des fruits abondants de vertu et de sainteté !

Ce n'est donc pas sans une vive joie que Nous avons appris que notre bien-aimé fils Claude Colin et quelques prêtres du diocèse de Belley, en France, ont depuis plusieurs années, posé les fondements d'une nouvelle *Société* d'hommes religieux, sous le titre de *Société de Marie*. En effet cette Société se propose principalement d'accroître la gloire de Dieu et l'honneur de sa très Sainte Mère, et aussi de progager l'Église Romaine, soit par l'éducation chrétienne des enfants, soit par les missions jusque sur les plages les plus reculées de la terre.

Or, comme cette Société, bénie et favorisée de Dieu, s'est étendue partout dans les diocèses de Belley, de Lyon, et de Grenoble, et que quelques prêtres de cette Société ont été envoyés par la Congrégation de la Propagande dans les îles australes de l'Inde (de l'Océanie) pour y répandre la religion catholique ; en conséquence, les prêtres de cette Société, désirant de la voir s'accroître et fleurir de plus en plus, Nous ont demandé avec d'humbles supplications de vouloir bien non seulement confirmer cette Société elle-même par Notre Autorité apostolique, mais encore de lui accorder la faculté de se choisir et d'élire un suprême Modérateur ou Président général qui la gouverne, et d'émettre les vœux simples.

Nous donc, qui ne désirons rien tant que d'accroître la gloire de Dieu et de veiller de tout notre pouvoir au bien spirituel de tous les peuples, après avoir reçu de Nos vénérables frères l'archevêque administrateur du diocèse de Lyon, et les évêques de Belley et de Grenoble, des témoignages du plus grand poids, qui nous ont prouvé que de cette Société pouvaient résulter, pour le peuple chrétien, des biens et des avantages en grand nombre ; de l'avis de Nos vénérables fils les Cardinaux de la sainte Église Romaine, qui sont préposés aux affaires et consultations des Évêques et des Réguliers, Nous avons, volontiers et avec joie, décidé de faire droit à ces supplications.

C'est pourquoi, voulant témoigner une bienveillance particulière à tous et à chacun de ceux que ces Lettres favorisent, et à cet effet seulement les absolvant et les tenant pour absous de toutes les excommunications, suspenses, interdits, et autres censures apostoliques, sentences et peines, portées de quelque manière que ce soit, si par hasard ils en avaient encouru quelques-unes ; en vertu de Notre Autorité apostolique, par ces Lettres, Nous approuvons et confirmons la Société ou Congrégation des prêtres dont il a été fait mention ci-dessus, et en vertu de la même Autorité, Nous accordons aux prêtres de la même Société la faculté de pouvoir librement et licitement élire un suprême Modérateur ou Président général, et émettre les vœux simples. De plus, Nous accordons à ce même Modérateur suprême la faculté de pouvoir délier des susdits vœux les prêtres de cette Société. Enfin Nous réservons à la Congrégation préposée aux affaires et consultations des Évêques et des Réguliers l'examen des Règles de la même Société.

Ainsi Nous le voulons, le concédons, le statuons et l'ordonnons, décrétant que ces présentes Lettres aient et conservent leur force, leur vigueur et leur efficacité ; qu'elles profitent dans leur plénitude, en tout et de toutes manières, pour le temps présent et les âges futurs à tous et à chacun de ceux à qui il appartient où appartiendra dans la suite ; et qu'ainsi il doit être jugé et défini par tous les juges, quels qu'ils soient, ordinaires et délégués, même par les Auditeurs des Causes du Palais apostolique, et par les Cardinaux de la sainte Église Romaine ; les privant tous et chacun de tout pouvoir et de toute autorité quelconque de juger et interpréter autrement ; déclarant nul et sans effet tout ce qui pourrait être tenté par qui que ce soit et en vertu de quelque autorité que ce soit, avec connaissance ou par ignorance, contrairement à ces Lettres. Nous accordons ces faveurs nonobstant, toutes les fois qu'il en sera besoin, les Constitutions de Benoît XIV, Notre prédécesseur d'heureuse mémoire, touchant la division des matières, et les autres Constitutions et Ordonnances apostoliques, et celles qui ont été portées dans les conciles universels ou provinciaux ou synodaux, soit générales, soit spéciales, en un mot, nonobstant toutes les autres choses contraires, quelles qu'elles soient.

Donné à Rome, à Saint-Pierre, sous l'anneau du pêcheur, le 29 avril 1836, la sixième année de Notre Pontificat.

Pour son Em. le Cardinal DE GREGORIO

A. PICCHIONI, *substitut.*

Ainsi le 29 avril 1836, la petite Société de Marie faisait son entrée dans la famille des Congrégations religieuses de l'Église catholique. Le Bref *Omnium gentium* lui conférait une approbation canonique. Il consacrait d'une façon définitive le nom qu'elle devait porter désormais, ce nom si simple et resté cependant pour ainsi dire inoccupé jusque-là ; il stipulait enfin que son but était « d'accroître la gloire de Dieu et l'honneur de sa très Sainte Mère, et aussi de propager l'Église Romaine soit par l'éducation chrétienne des enfants, soit par les Missions, jusque sur les plages les plus reculées de la terre ».

Quand on songe à la distance parcourue depuis le jour où l'humble Fondateur, petit vicaire de Cerdon, réunissait ses premiers compagnons jusqu'à cette heure grave entre toutes, où son projet recevait de la plus grande autorité du monde une consécration définitive, on ne trouvera point excessives ces paroles du Père Colin : « Le doigt de Dieu est là. On voit bien que c'est la Sainte « Vierge qui a tout fait. »

Il ne restait plus pour assurer le plein fonctionnement de la Société de Marie qu'à procéder à l'élection de son Supérieur Général. Une réunion plénière fut donc décidée et fixée au 24 septembre de la même année 1836, fête de Notre-Dame de la Merci. Les Maristes de Lyon, au nombre de dix, ceux de Belley, en nombre égal, se trouvèrent fidèles au rendez-vous. C'était dans l'ancien Couvent des Capucins que devait se tenir cette séance mémorable,' premier Chapitre général de la jeune Société !

Belley, Couvent des Capucins, élection du premier Supérieur Général, ces mots évoquent et évoqueront toujours une scène des plus impressionnantes pour l'histoire des Maristes de tous les âges.

L'ancien Couvent des Capucins fondé en 1620, avait été acheté en 1826 par Mgr Devie. Six ans plus tard l'évêque de Belley proposa au Père Colin de lui céder cette maison, en échange de celle que le pieux Fondateur possédait déjà, près de la Cathédrale, comme héritier de M. Pichat. L'échange fut conclu de suite. Il y avait donc quatre ans que ce Couvent servait de résidence aux trois compagnons du Père Colin, c'est-à-dire à son frère et à MM. Jal-

lon et Déclas. Il aimait beaucoup ce vieux monas-
tère.

On y retrouvait si aisément l'empreinte de la pauvreté,
et la pauvreté avait tant d'attrait pour cette âme, déta-
chée de tout !

Si la cure de Cerdon avait été son Bethléem et le petit
séminaire son Égypte, le Couvent de Capucins était
vraiment son Nazareth.

Quel cadre pouvait-on rêver plus en harmonie avec le
caractère de ces hommes, groupés autour du Serviteur
de Dieu, pour fixer, par le choix même de leur supérieur,
le caractère fondamental de la vie mariste? Là tout était
simple, caché aux regards du monde, dénué de luxe,
silencieux d'un silence de paix et de recueillement. La
voix de l'ange, interprète des conseils du Saint-Esprit,
pouvait aisément se faire entendre. Elle aussi, allait
transmettre au fond des cœurs un saint message, et provoquer une nouvelle adhésion de foi et d'humilité :
« Qu'il me soit fait selon votre parole. »

Pendant quatre jours on pria, on médita dans ce sanctuaire de Nazareth. Le travail de Dieu s'opérait, admirablement secondé par la bonne volonté de tous. Le 24,
après le saint sacrifice de la messe, célébré par Mgr Pompallier, tous les membres présents se rendirent dans la
salle du scrutin, restèrent encore en oraison pendant une
demi-heure et procédèrent enfin au vote canonique. Le
résultat final ne faisait de doute pour personne. A l'unanimité, le R. P. Colin fut élu Supérieur Général de la
Société de Marie.

Or, détail admirable, seul le pieux Fondateur s'était
imaginé que ses confrères ne songeraient pas à lui. Sa
répugnance pour la supériorité était si accentuée que,
suivant son propre témoignage, « s'il avait pu supposer

qu'on le nommât Supérieur, jamais il ne se serait senti le courage de fonder la Société ».

Encore une fois, comme au grand séminaire de Lyon, il aurait voulu qu'un autre, M. Cholleton, pensait-il, eût le relief de cette charge. Lui, il serait rentré dans l'ombre pour continuer dans l'effacement sa dernière œuvre, la rédaction des Constitutions.

Heureusement, la Providence en avait décidé autrement. Malgré son émotion, malgré même ses sanglots, il dut se soumettre à la décision de ses confrères, car par une sage mesure on avait réglé que l'élu n'aurait pas le droit de décliner la charge.

Alors une dernière cérémonie groupa dans la chapelle ces premiers Maristes. Le T. R. Père Colin prononça à haute voix la formule de ses vœux, reçut ensuite les mêmes engagements de ses confrères et offrit enfin le saint sacrifice de la messe pendant lequel tous eurent le bonheur de communier de sa main.

C'était le couronnement de cette grande matinée.

Une agape fraternelle réunit ensuite au réfectoire la famille mariste. Tous les cœurs étaient à la joie. Les enfants avaient vraiment leur père au milieu d'eux. Mais ce père, fidèle à l'exemple du Divin Maître, résolut d'inaugurer sa charge de Supérieur Général par un acte d'humilité touchante. Lui-même, pendant le repas, voulut servir sa Communauté ! Cette inspiration du Serviteur de Dieu n'étonne point quand on songe aux préférences du Père Colin pour la vie cachée. En se faisant aussi petit que possible, à cette heure de son exaltation, il imprimait à sa Société son premier caractère. En cette date du 24 septembre, la Société de Marie était donc définitivement constituée.

Elle n'était plus du diocèse de Belley et du diocèse de

Lyon. Elle était catholique et dès l'aube de son existence, elle faisait de la simplicité et de l'humilité ses armes de conquête et de choix pour le règne de Dieu (1).

---

(1) On aimera sans doute à connaître les noms de ces premiers Maristes. Ils étaient au nombre de vingt.

1° Le R. P. Jean Claude Marie Colin, Fondateur et premier Supérieur de la Société de Marie, déclaré Vénérable en 1908.

2° Le P. Pierre Colin, son frère.

3° Le P. Chanel, premier martyr de l'Océanie Centrale, déclaré Bienheureux, le 17 novembre 1889.

4° Le P. Bataillon, de Saint-Cyr-les-Vignes (Loire), qui devint le premier vicaire apostolique de Wallis.

5° Le P. Champagnat, fondateur de l'Institut des Petits-Frères de Marie, de Marlhes (Loire) et déclaré Vénérable le 9 août 1896.

6° Le P. Déclas, de Belmont (Loire), que Mgr Devie appelait l'apôtre de son diocèse.

7° Le P. Jallon, de Sainte-Marguerite-de-Néaux (Loire), ancien professeur du Père Fondateur, à Saint-Jodard.

8° Le P. Humbert, de Champfromier (Ain), remarquable par son esprit de pauvreté.

9° Le P. Convers, d'Attignat (Ain), véritable type du missionnaire.

10° Le P. Maitrepierre, de Cormoz (Ain), devenu maître des novices et universellement estimé pour la rectitude de son jugement.

11° Le P. Bret, de Lyon, qui mourut en se rendant en Océanie.

12° Le P. Baty de Saint-Jean-sur-Reyssouze (Ain), l'un des premiers missionnaires d'Océanie.

13° Le P. Terraillon, de Saint-Cyr (Loire), ancien curé de Notre-Dame à Saint-Chamond, un des séminaristes associés au projet dès 1816.

14° Le P. Antoine Séon, de Lyon, missionnaire d'Océanie.

15° Le P. Et. Séon, de Tarentaise (Loire), donné comme compagnon au P. Champagnat par M. Gardette, qui l'engageait à se faire mariste.

16° Le P. Bourdin, de Vernaison (Rhône), accordé comme compagnon au P. Champagnat par M. Cattet, dans le même but.

17° Le P. Forest, de Chuyer (Loire), missionnaire d'Océanie.

18° Le P. Chavas, de Saint-Chamond, apôtre de Verdelais.

19° Le P. Servant, de Grézieu-le-Marché (Rhône), missionnaire d'Océanie.

20° Le P. Chanut, de Saint-Bonnet-le-Château (Loire).

DEUXIÈME PARTIE

Le Vénérable P. Colin Supérieur Général (1836-1854).

CHAPITRE PREMIER

PREMIERS DÉVELOPPEMENTS DE LA SOCIÉTÉ DE MARIE.
PUYLATA. NOVICIAT. SCOLASTICAT

C'est avec un sentiment de profonde admiration que nous abordons l'histoire de cette période dans la vie du R. P. Colin. Nous savons déjà quelle était sa modestie, son besoin de s'effacer, sa passion pour se faire oublier et rester dans l'ombre. Rien même, au point de vue naturel, ne l'avait préparé au rôle si délicat d'Administrateur d'une Société naissante.

Or quand on jette un coup d'œil d'ensemble sur les dix-huit années de son administration générale, on ne peut s'empêcher de reconnaître combien elles furent actives et fécondes. Le saint Fondateur se livra de toute son âme à l'action de Dieu, sans aucune réserve. Sous cette inspiration, il travailla avec une constance et une énergie inlassables, et l'on peut bien dire que lui aussi accomplit de grandes choses.

Il avait tout à organiser à la fois : noviciat et scolasticat, œuvres si importantes et si délicates, des Missions en Océanie, des Collèges, des Maisons de Missionnaires et des Résidences en France, tout sollicitait son zèle et, comme la gloire de Dieu et l'honneur de la Très Sainte Vierge étaient intéressés au succès de ces diverses entreprises, il désirait passionnément répondre aux desseins de la Providence.

Malgré l'extrême réserve et la timidité de son caractère, il fut dans toute la force du terme un homme d'action. D'un coup d'œil précis, il savait embrasser l'ensemble d'une affaire et en prévoir tous les détails. Sa prudence ne nuisait en rien à son esprit de décision. Uniquement soucieux d'être l'instrument de Dieu et de Dieu seul, il ne se laissait point déconcerter par les difficultés et puisait dans une confiance toute surnaturelle la vigueur nécessaire à tout homme d'initiative. Puis, sur toutes choses il cherchait à mettre son empreinte, ou plutôt l'empreinte mariste. Chacun autour de lui subissait son ascendant et l'on peut dire que la Providence lui envoya, dès la première heure, les ouvriers les plus capables de seconder ses desseins.

La Société de Marie avait pris naissance dans la ville de Belley. Mais c'est à Lyon que le R. P. Colin voulut établir la maison-mère et fonder le noviciat.

Lyon semblait lui offrir des avantages vraiment particuliers. Dès cette époque, cette ville, foyer intense de vie chrétienne, fournissait aux Ordres religieux des vocations nombreuses. C'était un centre actif pour les correspondances et les relations ; puis, l'esprit de foi de ses habitants les disposait aux libéralités les plus généreuses. Dans les familles lyonnaises, la charité était comme une vertu de tradition ; et malgré son esprit de désintéressement et de pauvreté, le Fondateur ne pouvait s'empêcher de songer à toutes les ressources temporelles dont il aurait besoin pour ses créations diverses. De plus, Lyon était le centre même de l'Œuvre de la Propagation de la Foi, et le concours de ses membres devait être indispensable pour la fondation des Missions d'Océanie. Enfin des promesses formelles avaient été faites dans ce sens aux confrères lyonnais et à l'Administration ecclésiastique de ce diocèse. Il était nécessaire de les tenir.

Sans hésiter davantage, le Père Colin envoie à Lyon deux de ses religieux, les Pères Bret et Convers. On cherchera une résidence convenable et modeste, et l'on s'intallera sans retard.

C'est à l'ombre de Notre-Dame de Fourvière, au pied même de la colline si chère aux Serviteurs de Marie, que les deux missionnaires trouvèrent un logement et le prirent en location.

C'était une dépendance du grand immeuble acquis récemment par les Frères des Écoles Chrétiennes, au bas même de la montée Saint-Barthélemy. Telle fut donc la première résidence mariste à Lyon. Le Père Colin aîné en fut nommé supérieur avec le Père Forest, comme économe et missionnaire, et le Père Baty, comme assistant du maître des Novices, car au début, la maison devait être à la fois noviciat et résidence de missionnaires. Dès les premiers mois, les novices se présentèrent, et nous aimons à enregistrer leurs noms, comme ceux des aînés de la famille. Un tel sentiment de vénération doit se rattacher à ces origines ! Ce furent donc successivement et en peu de temps M. l'abbé Besson, M. l'abbé Lagniet, aumônier de l'hospice de l'Antiquaille, M. Balmet, curé de Saint-Romain-au-Mont-d'Or, et après eux, M. Girard, aumônier de Sainte-Claire à Montbrison et M. Maxime Petit de Boulogne-sur-Mer.

Malheureusement cette installation ne pouvait être que provisoire, puisqu'on était en location pour deux ans seulement. Aussi le Père Colin avait-il hâte de trouver un établissement définitif. Il semble que la Providence ait répondu, sans trop attendre, à un désir aussi légitime.

Au bout de deux ans, les Frères, décidés à s'installer dans un immeuble mieux adapté à leur œuvre, se résolurent à revendre leur grande maison, avec ses dépendances.

Le prix en fut fixé à 120.000 francs ; la somme n'était point exagérée, vu la valeur de la propriété ! Mais comment le Père Colin trouverait-il ce capital, lui qui, selon son expression, n'avait pas un liard? D'autres difficultés semblaient encore s'opposer à cette acquisition. Il fallait occuper cette résidence tout de suite et cependant la maison de Puylata (ainsi nommée du nom de l'un des premiers propriétaires) était louée pour longtemps encore, en particulier à une loge de Francs-Maçons dont le bail ne devait pas expirer avant une douzaine d'années.

De tels obstacles ne sont point de nature à déconcerter le Père Colin. Suivant sa méthode ordinaire, il se recueille, il prie, il consulte.

La question est présentée à l'examen de l'Administration diocésaine et la réponse est des plus encourageantes : il faut acheter. Quelques laïques, aussi généreux que solidement chrétiens, lui donnent un conseil de même nature, entre autres M. Antoine Thiollière, M. Rusand et M. de Verna. On lui promet même de ne pas le laisser dans l'embarras. Enfin il réunit ses confrères et soumet l'affaire à leurs délibérations, après avoir exposé nettement les raisons pour et contre le projet. Là encore, il obtient un avis favorable.

C'est alors que, fort de ces lumières et de cet appui, il va trouver une dernière fois l'Administrateur diocésain, Mgr de Pins, et lui dit : « Monseigneur, vous serez pour nous l'arbitre de la volonté de Dieu ; ce que vous direz, on le fera. » La réponse ne se fit pas attendre. Elle était formelle : « Achetez. »

Les Serviteurs de Dieu aiment ainsi à dégager leur responsabilité personnelle, en s'affranchissant de toute impulsion trop particulière. Ils ont toujours peur de substituer leurs vues à celles du Maître.

Dans la circonstance présente, le R. P. Colin était heureux de s'appuyer sur une décision de ses supérieurs. Aussi avec quelle assurance il peut dire à ses confrères : « Nous ne pensions pas acquérir si grand et si cher ; « mais puisque tout se présente de soi-même, il nous faut « songer à l'avenir de la Société. Dieu le veut. Allons à la « Providence. Confions tout à la Sainte Vierge et à saint « Joseph et passons outre. » Il acheta en 1838.

Cette confiance fut pleinement justifiée. D'une part les Francs-Maçons apprenant que le lieu de leurs réunions appartenait désormais à des prêtres et que de pieux novices, consacrés à la Très Sainte Vierge, faisaient leurs exercices quotidiens sous le « Temple » même de la Loge, ne voulurent point tolérer plus longtemps ce voisinage suspect. D'eux-mêmes ils résilièrent leur bail et cherchèrent un autre domicile : on ne les revit plus. D'autre part, le R. P. Colin solda aux échéances marquées la somme convenue pour l'achat de Puylata : l'argent nécessaire ne lui fit jamais défaut.

Faut-il ajouter que les débuts de la vie religieuse dans cette résidence furent marqués de l'empreinte des vertus chères à la piété du saint Fondateur. Tout s'accomplissait dans la modestie et l'esprit de pauvreté !

« La table, raconte l'historien de cette période primi- « tive, n'avait qu'un plat gras et un plat maigre, du « fromage pour dessert et pour boisson un petit vin appelé « piquette. Point de linge de table, point de serviettes;

« quelques assiettes de formes différentes. Pas de mobilier
« pour les chambres. Quelques personnes charitables,
« mises au courant de cette pauvreté par le Père Supé-
« rieur, fournirent des paillasses et des matelas. Les
« chambres étaient sans cheminée ou sans feu. »

Malgré cela, au milieu même de ces souffrances d'ordre
matériel, les cœurs étaient complètement à la joie, et
cette joie s'avivait encore, lorsque le Père Colin faisait
au milieu de ses fils une courte apparition. Quelle fête,
quelle édification, quelles lumières en particulier pour les
novices ! Chacune de ses visites apportait comme un
charme de plus dans cette vie de famille, en même temps
qu'elle inspirait à tous un attachement plus ferme pour
la Société de Marie et son esprit.

Ce ne fut qu'en 1845 que le R. P. Colin, libéré enfin
de l'administration du petit séminaire de Belley, put fixer
lui-même sa résidence à Lyon. Mais dès la première heure,
cette maison de « Puylata », définitivement acquise,
devint le centre de la Société.

Elle avait été d'ailleurs constituée, à cette époque,
d'une façon stable, avec un personnel de choix. Le Père
Terraillon, élu Assistant Général en 1836, quittait en
1839 la cure de Notre-Dame de Saint-Chamond, et
devenait Supérieur de cette résidence. Le Père Colin,
aîné, gardait le titre de Directeur, pour répondre aux
diverses nécessités du ministère des âmes ; avec lui se
trouvaient le Père Humbert, économe général, le Père
Maîtrepierre, ancien supérieur du petit séminaire de
Meximieux, et le P. Poupinel, procureur des Missions de
l'Océanie.

En réalité, cette résidence, avec sa physionomie originale, avec son interminable montée d'escaliers qui obli-
geait les visiteurs à se soustraire progressivement aux

bruits de la cité active, répondait d'une façon heureuse aux désirs du P. Colin.

Là on était bien près de Notre-Dame de Fourvière, plus rapproché du ciel, au-dessus des agitations du monde des affaires, et surtout absolument caché ! Il fallut même qu'une inscription, plusieurs fois répétée dans la montée d'escaliers, rappelât aux visiteurs, tentés de découragement, la présence effective des Pères Maristes. On devait toujours les trouver « *plus haut* ». Heureusement leur accueil familial dédommageait des fatigues endurées pour escalader leur citadelle.

Après Puylata, ce fut la fondation du Noviciat à la « Favorite ». Le R. P. Colin devait songer en effet à trouver, dès la première heure, la Maison consacrée spécialement à la formation de ses nouveaux sujets.

Or il y avait aux environs mêmes de Lyon, dans un lieu favorable au recueillement et à l'étude, un Pensionnat de jeunes gens, sous la direction d'un laïque distingué, M. Delaunay. La santé de ce dernier ne lui permettait plus de continuer son œuvre. Il fut heureux de la céder aux Pères Maristes pour le prix de 70.000 francs, et lui-même sollicita la faveur d'être admis dans cette nouvelle famille religieuse, avec trois des anciens propriétaires, MM. Viennot, Dominget et Philippon.

On se demandera peut-être avec quelles ressources le Père Colin pouvait suffire à toutes les dépenses de ces installations diverses. Cependant de 1838 à 1843, tout était payé : acquisition, réparations, emprunts. « Je ne « sais vraiment, disait-il à ce propos, comment nous avons « payé la maison-mère de Puylata et la maison de la « Favorite. Je serais bien embarrassé pour le dire. Pour « cette dernière maison, en une seule fois, je donnais « 40.000 francs ; mais aussi quand nous y sommes entrés,

« nous nous mîmes à genoux et récitâmes les Litanies
« de la Sainte Vierge, remettant la propriété entre ses
« mains et la chargeant de payer nos dettes. »

Sur ce sujet, il n'aimait point à faire de confidences
trop détaillées ; mais il en dit assez pour laisser deviner
des interventions toutes providentielles, d'un caractère
extraordinaire si l'on veut se placer au point de vue
purement naturel.

Il racontait un jour au Père Maîtrepierre que le 21 octobre 1844, un ouvrier s'était présenté pour recevoir le
paiement de certains travaux, s'élevant à la somme de
3.000 francs. Or deux jours auparavant le Père Colin
avait reçu d'un visiteur inconnu la somme de 1.500 francs
en six billets de 250 francs chacun. Quand le pieux Fondateur alla les chercher pour solder l'ouvrier, quelle ne fut
pas sa surprise de trouver au lieu de 1.500 francs le
double de cette somme, c'est-à-dire exactement les
3.000 francs qu'on venait lui réclamer.

Une autre fois il raconta un fait plus surprenant
encore. La veille d'une forte échéance, il avait encore
reçu d'un étranger 14.000 francs, et le lendemain, cette
somme se trouva doublée. Des faits de cette nature
expliquent sans doute l'expression si vive de sa confiance
quand il disait : « Ce n'est pas la première fois que Dieu
« est venu à notre secours. C'est pourquoi quand je suis
« tenté de chercher l'argent auprès des hommes je me dis :
« Non, la Sainte Vierge t'abandonnerait. »

La maison de la Favorite, ce premier foyer de formation
à la vie mariste, fut l'objet de la sollicitude la plus paternelle du pieux Fondateur. Il importait extrêmement
à ses yeux de pénétrer les novices de l'esprit de la Très
Sainte Vierge, et de leur inspirer le culte de cette perfection idéale, telle qu'il l'avait conçue, en les invitant

avec un zèle ardent à marcher sur les traces de leur divine Mère.

« L'esprit de la Société doit être avant tout l'esprit « de Celle dont elle a le bonheur de porter le nom, c'est- « à-dire un esprit d'humilité, de simplicité et de modes- « tie. » Dès l'origine, le Noviciat de la Favorite fut destiné aux novices qui étaient prêtres ou avaient fait leurs études théologiques. « On y vit passer, nous dit l'auteur de « La Société de Marie », des curés, des aumôniers, des professeurs et directeurs de séminaires : le Père Félicien de Verna, chanoine de Lyon ; le Bienheureux Eymard, qui devait fonder la Congrégation des Pères du Saint-Sacrement ; le Père Chevron, futur apôtre de Tonga ; les Pères Épalle, Viard, Douarre, futurs vicaires apostoliques en Océanie, et enfin M. Cholleton, le grand vicaire de Lyon, le « père des Évêques », qui ne craignit pas de se faire le fils respectueux et soumis de celui qui avait été son élève et son dirigé au séminaire.

On pourrait croire que ces vétérans du sacerdoce apportaient au noviciat leurs habitudes de vie séculière. Il n'en fut rien. Ils couchaient sur des paillasses, logeaient dans des chambres étroites, sans mobilier et sans feu, buvaient une mauvaise piquette et vivaient au jour le jour des honoraires de leurs messes.

Cependant la joie régnait dans tous les cœurs et les corps rayonnaient la santé et la vigueur.

Pour arriver à reproduire la beauté de leur virginal modèle, les novices étaient fortement encouragés à la pratique de l'abnégation. Impossible de rien faire de solide sans la mort à soi-même : c'est à ce thème favori que le Père aimait à revenir sans cesse.

Et comme il voulait, avec un grand sens pratique, que les faits répondissent toujours à la théorie, il insistait sur les avantages de l'humiliation, sans laquelle on ne parvient jamais à être solidement humble. C'était souvent dans des causeries familières, au milieu d'inspirations soudaines, et comme à travers les éclairs d'une éloquence toute spontanée, qu'il semait ces principes de forte spiritualité.

Aussi avec quelle satisfaction les novices recevaient-ils la visite de leur Supérieur Général! Ses entretiens laissaient dans les cœurs une impression profonde. C'est le privilège des saints de trouver, comme par inspiration, les formules de la vertu, et de pouvoir d'un mot relever le courage et actionner toute une vie d'apôtre. D'ailleurs, il savait parler avec force, et sa direction, pour être toujours suave et attirante, n'en restait pas moins pleine de vigueur. « Il faut, disait-il un jour, que ceux qui veulent « s'enrôler sous l'Étendard de Marie s'attendent à des « croix, à des souffrances. La Sainte Vierge ne veut à son « service que ces soldats généreux qui prennent en pas- « sant, dans le creux de la main, un peu d'eau au torrent « pour se rafraîchir, non ces lâches qui se courbent à « terre pour boire à leur aise. Ces derniers sont trop « terrestres. »

Cette comparaison des Maristes avec les soldats de Gédéon n'est-elle point à elle seule tout un programme de vie?

Ajoutons pour faire comprendre la haute sagesse du Fondateur, qu'il eut toujours soin de confier la Direction de ses noviciats aux religieux les plus recommandables par leur esprit mariste. Qu'il nous suffise, à ce sujet, de nommer, après le Père Colin aîné et le Père Girard, M. Cholleton et M. Maîtrepierre.

Le premier, ancien vicaire général de l'archevêque de Lyon, avait veillé sur le berceau de la jeune Société au grand séminaire, l'avait toujours couverte de sa protection et s'en trouvait ainsi le premier bienfaiteur. Ce fut lui qui dirigea, dès le principe, le noviciat de la Favorite.

Déjà quand il était grand vicaire, le P. Cholleton était d'une régularité parfaite. Levé à quatre heures du matin, il faisait immanquablement à des heures fixes ses exercices de piété ; ce qui ne l'empêchait pas de se livrer à des œuvres de zèle et de remplir exactement tous les devoirs de sa charge. Devenu religieux, il embrassa courageusement toutes les pratiques de l'obéissance et de la pauvreté ; il ne portait jamais un sou sur lui, même pour faire l'aumône, ce qui lui coûtait beaucoup ; il demandait les plus petites permissions.

Au commencement de 1852, il eut le pressentiment qu'il ne verrait pas la fin de l'année. Le 5 février, il ne put plus se lever. Mon sacrifice est fait, dit-il, je n'ai plus rien qui m'attache. Jusqu'à la veille de sa mort, il put et voulut réciter son office. Après avoir reçu les derniers sacrements, il récita le symbole et le *Te Deum*. Il mourut le 9 février (1).

On n'aura point de peine à deviner quelle fut la nature de son action, lorsqu'on connaîtra la résolution écrite que ce prêtre tout à la fois si distingué et si simple portait constamment dans son Bréviaire : « Se présenter à Dieu « et recourir à son infinie bonté avec la simplicité et la « confiance d'un petit enfant qui expose ses besoins, ses « désirs, ses affections, jusqu'à ses fantaisies, au plus « tendre des Pères. »

Le second, le Père Maîtrepierre fut en 1845 chargé du noviciat. Il avait été le « bras droit » du Père Colin dans le gouvernement de la Société. A ce titre, il avait vécu dans son intimité et avait pu saisir, mieux qu'un autre, toutes les nuances de l'idéal Mariste. Doué d'un

____

(1) R. P. Gay.

zèle admirable, avec un don particulier pour former les âmes à la vie religieuse, il sut inspirer le goût d'une spiritualité simple et droite, et resta toute sa vie comme l'oracle de chacun de ses confrères. Sur lui le Père Colin se reposait pleinement, parce qu'il le savait pénétré de cet esprit doux et fort qu'il désirait tant communiquer à chacun de ses fils. Il l'avait d'abord associé à son œuvre comme Visiteur et, dans l'exercice de ces délicates fonctions, le Père Maîtrepierre, ancien Supérieur du petit séminaire de Meximieux, avait su gagner la confiance de tous. Inflexible sur les règles, il savait les appliquer avec douceur et patience suivant les circonstances.

Devenu maître des novices, il manifesta les vertus d'un formateur incomparable. « Il était doué d'un rare discernement des esprits, nous dit l'un de ses disciples de prédilection, et d'un tact délicat et sûr dans la manière de les traiter... Ses directions coulaient de son cœur raisonnables et justes, paternelles et persuasives, c'était tout charme de les recevoir et tout profit de s'y conformer... » Nombreuses sont les anecdotes qu'on peut citer pour prouver comment, à l'exemple de saint François de Sales, son auteur favori, il excellait à encourager.

A un novice qui lui avouait en tremblant n'avoir été vraiment recueilli que pendant dix minutes dans son heure de méditation : « Eh bien, vous vous êtes entretenu pendant dix minutes *avec Dieu*. Mais soyez donc heureux et fier d'avoir eu un si grand honneur et un si grand bonheur ! »

Un religieux se plaignait à lui de ne faire aucun bien, il lui écrit : « Soyez persuadé du contraire, quoique vous « ne le voyiez pas. Si vous savez être content, vous saurez « rendre content. »

A un confrère chargé de la direction d'une Commu-

nauté : « Regardez bien toujours le bon côté des hommes
« et des choses : vous serez mieux dans le vrai et vous
« serez plus fort. »

A un autre qui avait fait une faute : « Soyez-en plus
« humble, et vous aurez fait une *heureuse faute*. Recou-
« verte par l'humilité et arrosée par la contrition, ce sera,
« pour votre âme, comme les matières fétides qu'on
« enfouit dans les sillons et qui leur donnent, lorsque est
« tombée la rosée du ciel, toute fécondité. »

Pendant vingt-deux ans, le Père Maîtrepierre exerça
sa charge de maître des novices. Il devait mourir à Notre-
Dame de Montbel, résidence du Midi où on l'avait
envoyé, en raison de sa santé délicate. Quand on lui
apprit que sa mort était proche : « Que la volonté de
Dieu soit faite, répondit-il. Vous savez, mon cher Père,
que j'ai toujours aimé la volonté de Dieu : il me semble
que je l'aime encore plus en ce moment. » Le soir du
vendredi saint, au moment même où, dans une chambre
voisine, la Communauté réunie pour la prière du soir
récitait le *Salve Regina*, la « volonté de Dieu » rappelait
à Lui le Père Maîtrepierre.

Non moins que la formation religieuse, la formation
sacerdotale devait solliciter l'attention du saint Fondateur. Plus que personne, il comprenait la nécessité
d'études vraiment solides pour donner à ses fils l'ascendant d'une science digne de la grandeur de leur ministère. Instruire les âmes dans les voies du salut, combattre
les erreurs et les préjugés du jour, exercer de l'influence
sur toutes les classes de la société, ce programme d'un
Institut apostolique ne pouvait être rempli, à ses yeux,
qu'au prix de longs efforts, sous la conduite de maîtres
expérimentés, durant une période scolaire prolongée. Il
est même surprenant que ce Prêtre modeste ait eu des

vues aussi précises sur l'importance capitale des études ecclésiastiques. A cette époque, au lendemain de la grande Révolution, au milieu des ruines qu'il s'agissait de relever, partout dans les diocèses on cherchait à former d'une façon hâtive les recrues de la tribu sacerdotale. Le besoin de prêtres se faisait sentir d'une façon si pressante ! Lui-même à l'origine, il dut se plier aux nécessités du temps. Pouvait-il agir autrement et ne pas adopter à son tour l'organisation générale des grands séminaires de France?

Cependant, malgré ces exigences de l'époque, il ne perdait pas de vue son idéal et semblait épier le moment où il lui serait donné de le réaliser. D'après ce plan, les jeunes scolastiques étaient appelés à consacrer deux ans à l'étude de la philosophie et quatre ans à celle de la théologie. De plus, pour ceux qui auraient manifesté des aptitudes spéciales, il tenait à instituer un grand cours, pendant lequel on étudierait plus à fond la Somme de saint Thomas. Car c'est encore là un des traits saillants de sa direction, il voulut qu'on puisât l'enseignement des sciences sacrées aux sources les plus pures. Saint Thomas pour le dogme et saint Alphonse de Liguori pour la morale étaient à ses yeux les deux maîtres de la théologie, les deux foyers de la science ecclésiastique.

C'est près du Père Colin, sous l'action même de sa bienfaisante influence que fut établi le premier scolasticat. Belley, véritable berceau de la Société de Marie, était un séjour idéal pour les jeunes étudiants. La salubrité du climat, le séjour dans une ville calme et favorable aux sentiments chrétiens, la variété et l'agrément des promenades, à travers une région des plus pittoresques, tout se prêtait à l'organisation des études, telle qu'on pouvait la rêver.

Dans ce cadre choisi, les jeunes Maristes furent vraiment l'objet d'une prédilection toute providentielle. Le R. P. Colin avait pu leur donner des maîtres d'un mérite supérieur. En particulier, il avait discerné de suite les hautes qualités de leur principal professeur, le Père Julien Favre (1).

« Sa vaste intelligence et sa mémoire où s'accumulaient « sans désordre et pour toujours les lectures les plus variées « lui rendaient possible et même facile le travail vraiment « prodigieux qu'il eut à supporter au scolasticat de « Belley, pendant les premières années. »

Plus tard, le Père Colin songea à fonder un second scolasticat. Celui de Belley n'était plus assez vaste pour contenir les recrues nouvelles de la petite Société. Il l'installa d'abord à la résidence de Notre-Dame de Bon-Encontre, près d'Agen et le transporta ensuite, en 1853, à Montbel, dans le Var, où la Société de Marie possédait déjà, grâce à la générosité d'un insigne bienfaiteur, M. Aurran, non seulement un vaste immeuble, mais encore une chapelle avec de larges dépendances.

A tous ces jeunes scolastiques le Père Fondateur distribuait, suivant les circonstances, ses conseils et ses encouragements.

Il le faisait toujours avec la même intelligence, le même culte de l'esprit mariste, en vue d'inspirer à tous une sainte émulation pour l'étude et pour la vertu. « Soyez « plein de courage, écrivait-il à l'un d'eux ; que l'étude « ne dessèche pas trop votre âme. Étudiez avec Dieu « et pour Dieu ; cherchez quelquefois la solution des « difficultés au pied des saints autels... Vous avez bien

____

(1) Le R. P. Favre succéda au R. P. Colin, comme Supérieur Général de la Société de Marie.

« raison d'apprécier votre bonheur d'étudier les beautés
« de la religion, les devoirs qu'elle impose, les récom-
« penses qu'elle promet. C'est une grâce que vous fait le
« Seigneur, et qui demande en retour une grande fidélité
« aux vues de sa miséricorde à votre égard. »

Ainsi ce prêtre modeste, épris des charmes de l'humilité
et de la simplicité, avait l'âme assez grande pour s'en-
thousiasmer en face des hauteurs de la vraie science.
S'il ne pouvait supporter celle qui enfle sans raison et
prédispose à l'orgueil, il aimait passionnément la science
des saints, tempérée par l'abnégation et l'esprit de prière.
Avec un admirable équilibre, il exaltait la noblesse de
l'une et flétrissait la petitesse de l'autre. Travailler, étudier beaucoup, non pour soi, mais pour Dieu, pour
l'Église et pour les âmes, ce programme ralliait toutes
ses sympathies. Il était, dans la véritable acception du
terme, à ce point de vue, l'homme de son siècle. Tant
il est vrai de dire que les saints sont toujours le sel et le
flambeau de leur époque.

CHAPITRE II

LE P. COLIN ET LES MISSIONS D'OCÉANIE. LE FONDATEUR

Rien ne peut donner une idée de l'activité du Père Colin, de ses qualités d'administrateur et de ses vertus éminentes, comme la fondation et l'organisation des Missions d'Océanie.

Qu'on se figure bien les difficultés de cette œuvre : il s'agissait de tout fonder en vue de cet apostolat, et la Société de Marie était à peine sortie du berceau ! Il lui fallait d'abondantes ressources, et il n'avait à compter que sur l'appui de la Providence. Il avait besoin d'apôtres intrépides et pénétrés de l'esprit de Dieu, et nul n'avait pu recevoir encore une formation régulière et prolongée.

Mais pour les vrais serviteurs de Jésus-Christ, les obstacles ne font que stimuler le zèle. Plus ils se trouvent faibles, infirmes, dénués de prestige humain, plus ils sont forts et comme invincibles. Avec eux le Maître accomplit des prodiges, il confond vraiment les puissants et les habiles de ce monde. Or aucune histoire ne met plus fortement en relief ce principe évangélique que celle du Père Colin, fondateur de la nouvelle Mission.

L'Océanie Centrale offrait un champ difficile à exploiter. Il était immense, d'un abord hérissé d'obstacles. Il ne présentait que de petits postes, disséminés, très éloignés les uns des autres.

Et cependant, à un autre point de vue, il se prêtait merveilleusement aux aspirations du serviteur de Dieu.

Là-bas, dans ces petites îles, sur cette poussière semée

à travers l'Océan, le missionnaire mariste serait loin, bien loin du monde, bien caché, bien inconnu. Rien, absolument rien, pour la gloire.

Ce serait, de toute nécessité, la mort à soi-même, l'ensevelissement réel du « moi » qui aspire à l'estime et à l'honneur devant les hommes. Impossible de s'anéantir plus complètement dès cette vie.

Il le comprenait bien, le vénérable Fondateur, lorsqu'il s'exprimait ainsi, dans un rapport adressé en 1842 au Cardinal Préfet de la Propagande :

L'Océanie, comme vous le savez, Éminence, est une immense multitude d'îles disséminées sur cette vaste mer du Sud qui occupe à elle seule un tiers du globe. La partie occidentale qui est la plus considérable se compose d'une vingtaine de grands archipels, remplissant, en deçà et au delà de l'équateur, un espace de deux mille lieues environ, sur une longueur presque égale, et dont la population pourrait bien s'élever à trois ou quatre millions d'âmes.

Pour défricher ce vaste domaine, le R. P. Colin envoya en 1836 quatre Pères et trois Frères coadjuteurs, sous la direction de Mgr Pompallier, évêque de Maronée et vicaire apostolique de toute l'Océanie Occidentale. Les noms de ces premiers pionniers du Christianisme méritent certes d'être cités, comme ceux de véritables héros, dignes de la plus haute admiration. Leur œuvre était si grande dans sa simplicité ! Ce furent les Pères Chanel, Bret, Bataillon et Servant avec les Frères Joseph-Xavier Luzy, Marie-Nizier Delorme et Michel Colomban. Le Père Chanel était le Supérieur Religieux de cette petite phalange d'apôtres. Il n'avait que trente-trois ans. Mais c'était un Mariste dans toute la force du terme. Sa devise — il l'avait tracée un jour avec son sang — n'était-elle pas significative : « Aimer Marie et la faire aimer? »

Après avoir été successivement professeur, directeur spirituel et vice-supérieur au petit séminaire de Belley, il avait été choisi pour diriger cette première légion de missionnaires. C'était un doux, un modeste, presque un timide, mais il se révéla héroïquement fort dans l'apostolat, puisqu'il devait être le premier martyr de l'Océanie Centrale.

A ces apôtres, le saint Fondateur donna avant tout, comme programme de conquête, la dévotion envers la Très Sainte Vierge : « Que chaque île où ils aborderont « soit mise sous la protection de cette divine Mère ; « qu'ils gardent toujours avec soin l'esprit de pauvreté, « de simplicité, de modestie, c'est-à-dire l'esprit vrai- « ment mariste ! » Après ces recommandations, renouvelées avec instance, il pouvait leur dire : « Allez à la conquête des âmes ! »

Sous cette sauvegarde, ils n'ont rien à craindre. La confiance en Dieu et en Marie doit les animer de la plus entraînante ardeur. On s'imagine aisément quelle fut l'émotion de tous, à ce premier dèpart ; celle des missionnaires choisis pour inaugurer ce labeur d'un apostolat aussi difficile, celle du père de famille, obligé de se séparer de ses enfants. Dans la pensée de tous, c'était l'adieu suprême : on se disait adieu pour la terre. Ce n'était qu'en pensant au ciel, qu'on pouvait ajouter : « Au revoir ! »

La veille de leur départ, tous ensemble se rendirent en pèlerinage au sanctuaire de Notre-Dame de Fourvière : n'était-ce point en quelque sorte la « veillée d'armes » de ces premiers chevaliers de la Très Sainte Vierge, engagés pour le combat de la Mission en Océanie? Mgr de Maronée y célébra la sainte messe, assisté à l'autel par le Père Chanel, son provicaire. Après le saint sacrifice, les missionnaires s'agenouillèrent en couronne autour de l'autel, et là au nom de tous, pendant cette minute émouvante, Mgr Pompallier fit une consécration solennelle de leurs personnes, de leurs travaux et des îles océaniennes qu'ils allaient évangéliser. C'est alors que le Père Bataillon remit au Père Chanel un cœur en vermeil, renfermant le texte et la consécration signée par chacun des missionnaires, et le pieux ex-voto fut suspendu au col même de la statue.

Enfin au soir de cette grande journée, le Père de famille ouvrit une dernière fois son âme à ses chers apôtres de l'Océanie et leur adressa la plus ardente des allocutions : « C'est sous les étendards de Marie que vous partez ; voyez-la donc continuellement à votre tête et au milieu de vous... Soyez toujours empressés à mettre sous sa protection et à lui consacrer chacune des îles où vous aboutirez... Vous serez exaucés tant que vous irez à Jésus par Marie et à Dieu le Père par Jésus... Je termine par où j'ai commencé. Je vous souhaite la grâce et la paix de Notre-Seigneur Jésus-Christ et la protection de la Reine des Apôtres, notre puissante et tendre Mère. »

Partis du Havre, le 24 décembre 1836, les missionnaires eurent bientôt à souffrir une douloureuse épreuve. En s'éloignant des Canaries où le bateau avarié avait dû faire escale, le Père Bret, compatriote, condisciple et ami du Père Chanel, fut saisi d'une forte fièvre et comprit qu'il allait mourir. « Je touche à ma fin, dit-il au Père Chanel. Je vous remercie de tous les soins que vous m'avez donnés. Je sens tout le bonheur de mourir Mariste. »

Il s'éteignit en effet doucement. Chose admirable sa mort fut immédiatement rédemptrice. Les matelots de la *Delphine*, jusque-là indifférents en fait de religion, se convertirent tous à l'exception d'un seul. C'est ainsi qu'à Valparaiso, où Mgr Pompallier célébra la sainte messe, ils offrirent le touchant spectacle d'une communion générale.

Quelques mois après, en 1837, *la Raïatea* arriva enfin en vue des premières îles de l'archipel de Tonga, dans l'Océanie Centrale, pour aborder le 1er novembre à Wallis. Là elle déposa le Père Bataillon et le Frère Joseph-Xavier.

Wallis — ainsi appelée du nom du navigateur anglais qui la découvrit en 1767 — est une petite île circulaire de treize kilomètres de diamètre, qu'entoure une ceinture d'îlots verdoyants, pareils à un beau collier d'émeraudes dont la mer de coraux formerait l'écrin.

Les habitants sont de beaux hommes, à la physionomie agréable, aux proportions harmonieuses, mais à la tête ombragée d'une épaisse chevelure teinte en rouge et que le vent fait flotter comme une crinière. Hélas ! leurs mœurs étaient encore à cette époque celles des peuples sauvages. Sans doute l'anthropophagie avait disparu depuis quelques années ; mais les guerres entre tribus sévissaient toujours, et avec elles, l'esclavage, l'avilissement de la femme et de l'enfant.

Ces difficultés, n'étaient pas de nature à déconcerter le Père Bataillon, missionnaire d'une énergie et d'une ténacité peu communes. Il demande au roi Lavelua qui la lui accorde, la permission de s'installer pour apprendre la langue du pays. Le 12 avril, jeudi saint, anniversaire de sa première communion, il se croit assez fort pour prêcher l'Évangile.

Sans hésiter, il annonce son dessein de convertir les insulaires à la religion catholique. Pour la première fois,

il célèbre la sainte messe devant un indigène et le soir il
adresse à un jeune chef, Tungahala, ces paroles émou-
vantes : « Nous avons quitté la France, dit adieu à nos
« parents et sommes partis malgré leurs larmes, pour vous
« apprendre à connaître le vrai Dieu que nous adorons
« et que vous ignorez. C'est vous qui désormais serez notre
« famille. Fallût-il mourir à la peine, nous serons heu-
« reux de mourir, pour que vous-mêmes vous soyez heu-
« reux de vivre sur la terre et dans le ciel, où nous voulons
« vous conduire tous. »

« Votre projet est beau, votre amour pour nous est
« grand, répondit le jeune chef. Votre religion m'attire,
« gagnez d'abord le roi et toute l'île est à vous. »

Quelques jours après, le mercredi de Pâques, le roi
assista à la messe et fut dans le ravissement. Le coup
était donné. Depuis ce moment, le Père Bataillon, maître
de la langue du pays, prêcha de village en village et au
mois d'octobre pouvait compter déjà un millier de catéchumènes.

Ce succès merveilleux devait déchaîner une tempête.

L'un des parents du roi, appelé le Grand Guerrier, se fit
avec fureur l'adversaire des catéchumènes. On brûla leurs
cases, on s'empara de leurs personnes, on les frappa avec
cruauté, si bien que la plupart durent se réfugier dans une
île voisine, sous la direction du jeune chef Tungahala,
bien décidés à se défendre.

C'est alors que se produisit l'événement qui fut pour
Wallis le point de départ de sa conversion.

Un jour donc, sur le bord de la mer, les deux armées
sont en présence. Le Père Bataillon avait donné à ses
chrétiens, comme étendard, un morceau d'étoffe blanche
à laquelle il avait attaché une image de Marie, et il leur
avait dit : « Allez sans crainte ! cette bannière fera le

tour de l'île. » Il avait permis de se défendre mais défendu d'attaquer.

« Alors, raconte-t-il lui-même, pendant que de toutes parts nos fervents soldats récitent le rosaire, je m'avance seul du côté de l'ennemi, et fort de la force même de Dieu pour qui je combattais, fort de la protection de la Sainte Vierge à qui je m'étais pleinement confié, je prononce à haute voix et à plusieurs reprises la parole du prophète : « Que Dieu se lève, et que ses ennemis soient dissipés. *Exsurgat Deus et dissipentur inimici ejus !* »

Au moment même, les infidèles s'arrêtent et demeurent immobiles, comme frappés de stupeur. Ils s'excitent en vain. On dirait que leur sang s'est glacé dans leurs veines. Enfin après trois jours et trois nuits, ils abandonnent leurs positions et laissent les chrétiens maîtres du champ de bataille.

Cette victoire ne fut point stérile. Avec son étendard, le Père Bataillon fit le tour de l'île, et bientôt, sauf le roi Lavelua et son frère Pooi, l'île entière fut convertie. En peu de temps quatre églises furent construites et, en 1842, Mgr Pompallier put baptiser et confirmer deux mille cinq cents indigènes (1).

Ainsi chose merveilleuse, qu'on a pu appeler l'un des plus grands prodiges de nos jours, en six ans, la conversion de cette île sauvage fut complète. Réputée l'une des plus sauvages de cette vaste région, elle devint « l'image « de l'Église primitive, selon l'expression d'un collabo- « rateur du Père Bataillon, en 1842. Foi vive, charité « ardente, grande délicatesse de conscience, avidité insa- « tiable pour la parole de Dieu, telles sont, dit-il, les vertus « que nous y voyons fleurir. »

---

(1) Notice du P. Gay sur la Société de Marie.

Il aurait pu ajouter qu'à la même époque, parmi ces âmes d'insulaires, si récemment encore plongées dans les ténèbres de la superstition, plusieurs étaient déjà éprises des beautés de la vie parfaite et sollicitaient la faveur de se consacrer à Dieu par le vœu de chasteté.

Admirables résultats, dont se réjouissait plus que personne l'âme du pieux Fondateur ; mais au prix de quelles souffrances ils avaient été obtenus ! A vrai dire, le Père Bataillon avait été fidèle au programme de son supérieur général. Il lui écrivait dès cette époque :

Dès mon entrée dans l'Ile, je l'avais consacrée à Marie. Au moment où je croyais la mission sur le point d'échouer, j'eus recours au chapelet. C'était ma dernière ressource. Cette dévotion fut accueillie avec un empressement extraordinaire. Je ne pense pas qu'il y ait une seule paroisse où, proportion gardée, il se dise autant de chapelets que dans notre petite mission. Quel contraste ! Cette île avant notre arrivée était, au rapport de tout le monde, la plus mauvaise de l'Océanie, et maintenant elle en est le modèle.

Après avoir laissé le Père Bataillon à Wallis, avec un auxiliaire, Mgr Pompallier et sa petite colonie se dirigèrent vers l'île de Futuna, à quarante lieues de la première. Là il installa le Père Chanel avec le Frère Marie-Nizier. Cette seconde station coûta plus cher que Wallis à son apôtre.

Futuna, a-t-on dit avec raison, est l'île sœur de Wallis. Mesurant vingt kilomètres de longueur sur huit de largeur, elle offre, comme Wallis, au voyageur qui vient du large, l'aspect enchanteur d'une corbeille de verdure s'élevant au-dessus des flots.

Comme les Wallisiens, les Futuniens sont de beaux hommes, mais encore plus sauvages qu'eux.

Si le roi Niuliki, une vingtaine d'années avant l'arrivée

des missionnaires, a défendu de manger de la chair humaine, l'habitude invétérée du cannibalisme a déposé dans ces âmes des instincts d'une odieuse cruauté. L'infanticide se pratiquait de la façon la plus barbare, et les mères ne craignaient pas de broyer le crâne de leurs petits enfants avec une pierre ou de les enterrer vivants dans le sable.

Qu'allait faire le doux Père Chanel au milieu de ces sauvages? Sans doute, c'est dans la nuit qu'il eut d'abord à travailler, c'est-à-dire sans récolter le prix de ses sueurs. Il parcourt bien l'île en égrenant les *Ave Maria* de son rosaire, il baptise quelques enfants en danger de mort, il se fait aimer, surtout des petits Futuniens, et on l'appelle « l'homme à l'excellent cœur ».

Malgré tout la moisson est lente à lever, jusqu'au moment où le Père Bataillon vient aider son confrère et détermine par ses paroles d'apôtre un véritable mouvement de conversion.

Hélas ! la guerre qui éclata au mois d'août 1839 vint détruire toutes ces espérances. Le roi cesse d'être favorable au missionnaire. Lorsqu'il apprend surtout que son propre fils Méitala s'est fait inscrire parmi les catéchumènes, sa fureur n'a point de bornes. « Qui donc me délivrera de ce prêtre? » En laissant échapper cette parole, il justifie toutes les tentatives criminelles.

Aussi le 28 avril 1841, comme le Père avait de bon matin, selon sa coutume, fait son oraison, célébré la sainte messe, récité son bréviaire, les meurtriers envahissent sa case, pillent ses ornements, le frappent d'un coup de casse-tête et l'étendent à terre.

Le Père vit encore, il étanche le sang qui coule de sa blessure, sans un mot de plainte : « C'est bien ! C'est « bien ! La mort est un bien pour moi », répète-t-il.

Alors, le chef des meurtriers, Musumusu, saisit une herminette ou petite hache de charpentier et la lui enfonce dans la tête. L'Océanie avait son premier martyr.

Les indigènes ont assuré qu'au même moment un violent coup de tonnerre se fit entendre au milieu d'un ciel serein.

C'est alors que se réalisa à la lettre la maxime de Tertullien : « Le sang des martyrs est une semence de chrétiens. » En moins de deux ans la transformation de l'île fut complète. Les insulaires se firent baptiser en masse et les meurtriers eux-mêmes devinrent de vaillants chrétiens. Lui aussi le Père Chanel, avait été au milieu de ses sauvages le vrai serviteur de la Très Sainte Vierge. Par tous les détails de sa vie d'apôtre il avait traduit au dehors la devise de sa jeunesse sacerdotale, « aimer Marie et la faire aimer ». A cette action du Mariste, telle que la rêvait le R. P. Colin, l'île de Futuna pouvait-elle plus longtemps résister?

Comme on le devine aisément, grande fut l'émotion du saint Fondateur à la nouvelle de ce martyre. Certes, c'était bien de la tristesse. Il perdait ainsi l'un de ses plus vaillants missionnaires. Mais n'était-ce pas aussi de la fierté et de la reconnaissance? Oui, une joie, une joie tout apostolique domina bientôt tous les autres sentiments.

« Chantons, écrivait-il dans la circulaire envoyée à cette occasion à toute la Société, chantons un cantique de louanges en l'honneur de Marie, notre mère, la Reine des Martyrs. L'un de ses enfants, notre frère, a mérité de verser son sang pour la gloire de Jésus-Christ ! Rien n'excite plus mon zèle, ne réveille plus ma confiance que cette nouvelle faveur accordée à toute la Société, dans la personne de notre bien-aimé confrère ! » Ah ! qu'aurait dit, qu'aurait éprouvé le saint Fondateur, s'il avait encore gouverné sa famille religieuse, lorsque le 17 novembre 1889, son glorieux enfant, premier martyr de l'Océanie Centrale, fut proclamé Bienheureux !

La troisième étape des missionnaires maristes, à l'époque de cette fondation, les conduisit vers la Nouvelle-Zélande.

Mgr Pompallier, persuadé que de ce poste il entretiendrait des relations faciles avec Wallis et Futuna, descendit donc sur cette terre nouvelle, avec le Père Servant et le Frère Michel. Il avait ainsi un diocèse de deux mille lieues dans tous les sens et pour le seconder, deux auxiliaires seulement, un Père et un Frère coadjuteur. Comme le fait remarquer l'historien de ces missions, la Nouvelle-Zélande a, de l'Europe, la variété des climats, la beauté et la diversité des sites, l'incomparable richesse de productions. Elle a ses alpes aux glaces et aux neiges éternelles, ses fleuves au cours majestueux et ses torrents bondissants en cascades. Les indigènes, appelés Maoris, sont de tous les insulaires d'Océanie ceux qui ressemblent le plus aux Européens...

En abordant sur ces plages, nos missionnaires se rappelèrent ensemble qu'on ne conquiert le Royaume de Dieu qu'avec beaucoup de tribulations. Ces tribulations, ils les rencontrèrent avec le manque de ressources, avec les calomnies et l'opposition haineuse des wesleyens qui les avaient précédés, avec les difficultés des courses apostoliques à travers un pays coupé de montagnes et de cours d'eau. Mais rien ne put arrêter leur zèle.

Le 29 juin 1838, Mgr Pompallier, dans une touchante cérémonie, proclama la Très Sainte Vierge Reine de la Nouvelle-Zélande.

L'année suivante, « deux convois de trois missionnaires,

« et en 1841, cinq prêtres maristes avec sept Fres de
« l'Institut du P. Champagnat, vinrent seconder les
« efforts des premiers missionnaires. Bientôt, païens et
« protestants se convertirent en grand nombre. La bonté
« des Pères touche leurs âmes : « Les wesleyens sont
« ici pour eux, disent-ils ; les prêtres catholiques ne sont
« venus ici que pour nous. »

Le triomphe est si complet qu'en 1841 Mgr Pompallier
évalue à 164 le nombre des tribus converties, à 5 000
celui des catéchumènes et à un millier celui des néophytes
persévérants. Trois ans plus tard ils étaient
(R. P. Gay).

Le Père Colin pouvait être content de pareils résultats.
Son œuvre recevait des bénédictions visibles et était
puissamment encouragé à l'étendre et à la répandre
davantage. Les départs des missionnaires se succédaient
d'année en année pour seconder les premiers
qu'épuisait leur immense labeur. Dans son humilité,
il faisait ainsi de grandes choses, comme il le disait avec
sa jovialité ordinaire : « Quatorze missionnaires tant
prêtres que Frères, artistes, ingénieurs, imprimeurs,
relieurs, ont été expédiés avec armes et bagages pour
l'autre monde. On dit que depuis cent cinquante ans on
n'avait pas vu semblable phalange s'ébranler à la fois
vers les pays sauvages. »

D'ailleurs, c'était toujours le même programme qu'il
traçait à ses fils, à ses missionnaires : « Les hommes que
vous allez évangéliser ne sont encore que des loups —
il s'inspirait ainsi de l'Évangile — mais lorsque vous serez
au milieu de ces loups, souvenez-vous que votre devoir
est de les supporter, de les aimer, et s'il le faut, de vous
laisser égorger pour le salut de leurs âmes. »

A Rome, on contemplait avec une satisfaction

surnaturelle de pareils débuts, si féconds, si encoura-
geants. Aussi, le Saint-Siège n'hésita point à offrir encore
à la Société de Marie la Mission des Cafres en Afrique
et, deux ans après, celle de Panama.

Une semblable proposition dut faire tressaillir l'âme
du Père Colin. Malgré son zèle d'apôtre, l'homme de Dieu
ne jugea point assez prudent d'augmenter encore le
champ de ses missions. Il avait accepté pour ses Religieux l'Océanie Centrale. Jusqu'à nouvel ordre, il se
contenterait de cet apostolat.

Cet apostolat, d'ailleurs, était de nature à épuiser bien
vite même les forces des premiers missionnaires. Aussi
en 1842, la Congrégation de la Propagande se décida à
diviser le Vicariat de l'Océanie Occidentale. Elle pensait
avec raison qu'il était trop étendu et que le bien des âmes
exigeait cette division.

Mgr Pompallier garda donc le titre de Vicaire Apostolique de l'Océanie Occidentale, avec la facilité de
s'adjoindre un coadjuteur. Son choix tomba alors sur
le R. P. Viard simple missionnaire. Mais quelques années
plus tard, en 1848, la Nouvelle-Zélande comprendra deux
diocèses distincts, l'un dans la partie septentrionale avec
Auckland pour ville épiscopale et ce fut celui de Mgr Pompallier, l'autre dans la partie méridionale, ce fut celui de
Mgr Viard qui le fixa à Wellington.

Dès lors, un second Vicariat apostolique était érigé dans
l'Océanie Centrale et le R. P. Bataillon, missionnaire de
Wallis, en reçut la charge. C'est le Père Colin qui le
désigna lui-même au Saint-Siège, en même temps que le
R. P. Douarre fut nommé son coadjuteur et évêque
d'Amata. Ce dernier Pontife, sacré par Son Éminence
le cardinal de Bonald, fut même chargé de consacrer à
Wallis le premier apôtre de cette île.

Quelle scène que celle de la rencontre des deux évêques !
Elle dut plaire à l'âme du Père Fondateur. « Nous avons
« trouvé le Père Bataillon, écrit l'un des compagnons
« de Mgr Douarre, sans chapeau, sans souliers, n'ayant
« plus que de misérables vêtements en lambeaux. Ah !
« qu'il a souffert et combattu pendant les six années de
« son séjour à Wallis ! »

C'est à cet athlète des bons combats que fut remis un
gros paquet de lettres et on l'invita à en prendre immédiatement connaissance. Qu'on juge de sa surprise ! Il
trouvait là les Bulles du Saint-Siège et apprenait ainsi
son élévation à l'Épiscopat.

Le choix du R. P. Colin fut singulièrement heureux.
Mgr Bataillon reste dans l'esprit de ceux qui l'ont connu
comme l'un des types les plus complets de l'évêque missionnaire.

L'énergie était empreinte sur sa physionomie : les traits
accentués de son visage laissaient comprendre qu'il avait
le don de commander. Cœur d'apôtre, servi par une
volonté de fer, il mettait dans sa parole toute l'accen-
tuation d'un chef qui n'hésite point. Aussi exerça-t-il
sur ses chers insulaires un ascendant des plus efficaces.
Appelé par sa nouvelle dignité à travailler sur un champ
plus vaste, l'élu du P. Colin s'empressa d'achever l'évangélisation de Tonga et de fonder les missions des Samoa
et des Fidji.

« Tonga est cet archipel que Cook avait nommé l'archipel des Amis et où furent massacrés plus tard, à quelques années d'intervalle, les équipages de quatre navires.
Les habitants, on le voit, étaient féroces et anthro-
pophages comme les autres insulaires, et de plus ils
se distinguaient par une paresse et un orgueil extraordinaires. « Courage à dormir » était leur formule de

salutation. Ils n'avaient pour le travail qu'un souverain mépris.

C'était au Père Chevron que Mgr Pompallier avait confié en 1842 le soin d'évangéliser ces peuplades. En apparence, le nouvel apôtre n'avait rien du missionnaire. Mais ne savait-on pas qu'au séminaire, il avait passé un jeudi saint entier, jour et nuit, à genoux et debout devant le Saint Sacrement et qu'à Montanges où il fut curé, ses paroissiens disaient de lui : « C'est un saint ; il est capable de tout. »

Le choix de ce missionnaire était donc excellent. Il sut en effet tenir tête au roi Georges gagné au wesleyanisme, jeter la semence de la vérité catholique parmi les païens et imposer, avec l'appui de la France, au despote de l'île le respect de la liberté de conscience.

A côté de lui, dans l'île de Vavau, travaillait, avec le même esprit de foi, le Père Breton, surnommé à bon droit l'anachorète de la mission. Il consentit en effet à rester seul, pendant dix ans, dans cette île perdue de l'Océanie. Maltraité par les indigènes, privé de tout, il passait ses nuits à prier au pied de l'autel et ses jours à semer la parole de Dieu.

Hélas ! personne ne veut se convertir et il meurt, comme il a vécu, seul, entre les bras d'un catéchiste, sans recevoir les Sacrements de l'Église pour le réconforter ! Mais, nouveau prodige ! A peine a-t-il rendu le dernier soupir que l'île entière s'ébranle. On lui fait des funérailles princières. Le « Saint de l'Océanie », comme on l'appelle, enfante, par le martyre de la souffrance morale, une nouvelle chrétienté à l'Église.

Aux îles Samoa — ou Archipel des Navigateur — les Pères Violette et Roudaire travaillèrent avec le même zèle et rencontrèrent les mêmes difficultés. Il leur fallut

dix ans pour triompher de l'hérésie wesleyenne et ;é-
parer les voies au mouvement de conversion qui se m;i-
festa surtout sous l'apostolat si fécond de Mgr Elloy.

Enfin, à Fidji — situé entre les archipels polynésns
de Samoa et de Tonga et les archipels Mélanésiens d;la
Nouvelle-Calédonie, des Hébrides et des Salomon —
la conquête des âmes fut également dramatique.

Les Fidjiens étaient en réalité parmi les plus féres
de l'Océanie. Les repas publics de chair humaine 'y
maintinrent, dit-on, jusqu'en 1877, et des missionnaes
ont vu des enfants ronger un os garni de chair huma;
en leur disant : « Regarde, Père, si c'est bon ! »

Dans ces îles sauvages, Mgr Bataillon déposa, le 11 aût
1844, le P. Bréhéret, deux missionnaires et deux c;é-
chistes. Comme on pouvait s'y attendre, la croix fule
partage du P. Bréhéret.

Je l'ai trouvé, disait plus tard Mgr Bataillon, dans un et
qui m'a arraché des larmes. Il n'a à offrir au Bon Dieu ;e
des croix. Heureusement Dieu a trempé d'une manre
exceptionnelle ce magnanime missionnaire. C'est peut-;c
l'apôtre le plus extraordinaire qui ait passé sous le el
d'Océanie. Sa foi immense lui donne une énergie, une égté
d'âme incroyables. Jamais je n'ai vu sur son front le ;is
léger nuage. Il est toujours calme, immobile, comm;le
rocher battu par la tempête.

Mais la croix, pour l'apôtre, est l'instrument ;u
triomphe. Après avoir pendant douze années, sur ;n
Étoile du Matin, sillonné les mers de son archipel, d';e
main roulant son chapelet, de l'autre manœuvrant ;n
gouvernail, le « Capitaine Bréhéret » vit enfin se ;er
sur la mission des jours de véritable résurrection.

A cette époque, le Vicariat de l'Océanie Cent;le
comprenait encore la mission de la Nouvelle-Calédo;e,

commencée en 1843 par Mgr l'Évêque d'Amata. Ce ne fut qu'en 1847 que cet archipel forma sous Mgr Douarre un Vicariat indépendant.

Cette dernière mission, on peut bien le dire, fut une des gloires du R. P. Fondateur. Là, on se trouvait vraiment, au milieu de peuplades féroces, livré à leur discrétion, dans un isolement, dans une détresse absolus.

Les progrès de l'évangélisation étaient à peine sensibles. Un jour même, en 1847, la vie des missionnaires fut terriblement menacée et si aucun des Pères ne fut victime de son zèle, du moins un Frère coadjuteur, le bon Frère Blaise Marmoiton fut massacré par les cannibales, au moment où ces premiers apôtres s'étaient décidés à fuir ces rivages trop inhospitaliers. Avec son grand esprit de foi, le nouveau martyr comprit, lui aussi, que sa mort pouvait être un principe de résurrection. Il tomba en murmurant ces paroles dignes d'un saint : « Oh ! combien je voudrais que ma mort fît le bonheur de ce pauvre peuple ! »

On apprendra avec plaisir que Rome a accepté l'introduction de la cause du Frère Blaise comme Martyr.

En recevant cette nouvelle le R. P. Colin se trouva partagé entre deux sentiments, la tristesse d'abord : « La « croix qui pèse en ce moment sur la Société par suite « de cette catastrophe est pesante » ; mais aussi la confiance avec de nobles élans d'intrépidité. Frappé sur la terre il était prompt à se relever vers le ciel : « Mais « n'oublions pas, ajoutait-il, que la croix rend les commu- « nautés fortes et vigoureuses. Elle est leur vie et leur « salut. Quand je vois que le Frère Blaise seul a été « martyrisé, tandis qu'ils étaient tous sans défense, au « milieu de ces loups, cela me fait penser que le Seigneur « veut que nos confrères retournent à l'assaut. »

Ils y retournèrent en effet une seconde fois, sou la
direction de Mgr Douarre, et une seconde fois, hés !
ils furent obligés de secouer la poussière de leurs pds
sur ce pays d'infidèles. Mais l'apôtre de Jésus-Crist
ne connaît pas le désastre irrémédiable du découragennt.
Au nom de ses confrères, le Père Rougeyron poiait
écrire en France ces paroles, dignes des premiers conué-
rants de l'Église : « Si vous voulez, mon très Révénd
« Père, continuer cette mission, je consens volontis à
« retourner pour la troisième fois sur le champ de baîlle
« et cette fois il faudra vaincre ou mourir. »

Comme chef de la Société, le R. P. Colin avait tctes
les grâces du commandement. Humble et modest il
n'était point timide : ce n'est pas lui qui risquait de cler
par faiblesse ou par crainte. Aucune parole, aucune cci-
sion n'était plus conforme que celle du Père Rougeyon
aux secrètes ambitions du saint Fondateur. Aussi le
1er décembre 1850 il répondit que « sa consolation aait
« été grande puisque l'un et l'autre, sans aucune entite
« préalable, s'étaient rencontrés avec le même sentinnt
« de vaillance et d'intrépidité ».

On revint donc en Nouvelle-Calédonie en 1851 et cte
fois la conquête des âmes fut définitive. A sa mort le
pieux missionnaire avait la consolation de pouvoi se
dire qu'il avait donné à l'Église près de 30.000 io
phytes.

Ajoutons qu'il eut aussi la gloire — et nul ne sauit
l'oublier — de donner à la France une belle coloe.
Lorsque le 24 septembre 1853, l'amiral Febvrier-Is
pointes eut débarqué, c'est du Père Rougeyron c'il
reçut l'assurance que l'île était libre et que nulle prt
le pavillon anglais n'y avait été arboré.

« Alors, il se rendit à la mission de Balade, et, là, n

présence des missionnaires, entouré de son état-major, et de 150 indigènes catholiques, il proclama, au nom de son gouvernement, que la Nouvelle-Calédonie devenait à partir de ce jour, avec ses dépendances, colonie française. »

Cet acte était à peine rédigé que d'une station voisine accourt le Père Montrouzier : « Amiral, dit-il, vous n'avez pas de temps à perdre si vous voulez devancer les Anglais à l'île des Pins. Le *Herald* est en route pour y arborer le drapeau britannique. » Vite on organise le départ, et le 28, l'amiral arrive à l'île des Pins. Le *Herald* était en rade. C'est alors que sur le conseil du missionnaire, le Père Goujon, le chef de l'île vient de nuit trouver l'amiral à bord de son vaisseau, reçoit de lui le drapeau français et dès le lendemain matin le hisse sur sa case, et signe l'acte officiel par lequel il donne son île à la France.

Comme on le voit, le R. P. Colin ne voulait point se contenter de procurer la lumière de l'Évangile aux insulaires de l'Océanie Centrale. Dans l'ardeur de sa charité, il aspirait à atteindre aussi les populations de la Mélanésie. Hélas ! c'étaient de tristes populations que celles auxquelles il avait songé, en désignant encore à l'apostolat de ses missionnaires le groupe des îles Salomon, à 1.500 kilomètres au nord de la Nouvelle-Calédonie.

Les insulaires de cette région étaient renommés pour leur barbarie. En guise de parure, ils portaient au cou et sur la poitrine, des phalanges, des vertèbres, des chapelets de dents humaines, c'est dire que l'anthropophagie régnait dans toute son horreur au milieu d'eux. A côté de pareils obstacles, il est à peine nécessaire de mentionner encore l'insalubrité du climat. Bien peu d'Européens étaient capables de résister aux fièvres, engendrées par une température constamment chaude et saturée de vapeurs.

Cependant c'est sur cette plage que le R. P. Colin envoya, en 1845, une colonie de quatorze apôtres, sous la conduite de Mgr Épalle, nommé Vicaire Apostolique de la Mélanésie et de la Micronésie. Ce saint Évêque avait en toute réalité une âme de héros.

Les souffrances ne l'effrayaient pas. N'avait-il pas préludé au sacrifice du départ définitif, loin de la France, en se soustrayant par deux fois aux adieux de son père et de sa sœur?

Pour ne pas faiblir devant les larmes de ses parents, c'est à la dérobée qu'il avait quitté sans rien dire le foyer familial, en toute hâte, du pas d'un prêtre « quand il vole « auprès d'un malade qui va mourir ».

Hélas ! malgré cette intrépidité il n'eut point la consolation de faire œuvre d'apôtre. A peine débarqué sur l'île d'Isabelle, il fut attaqué par les sauvages et cruellement massacré. « Nous avons un martyr de plus, écrivait à ce « sujet le R. P. Fondateur. Il veillera sur nos confrères, « il priera pour eux et son sang sera un baptême fécond « pour ces terres ingrates. »

Cette prédiction ne devait point cependant se réaliser encore. Les autres missionnaires, compagnons du vaillant évêque, s'étaient installés dans l'île San-Cristoval, et avaient été rejoints un peu plus tard par Mgr Collomb, primitivement désigné comme coadjuteur de Mgr Épalle. Là sur ces nouveaux rivages, allait se dérouler un second drame, d'aspect lugubre.

Deux missionnaires et un Frère furent massacrés par les infidèles et Mgr Collomb dut se décider, une seconde fois, à chercher une plage moins inhospitalière. Il se dirigea donc vers l'île Woodlarck où il laissa trois missionnaires et descendit lui-même dans l'île de Rook, avec deux Pères et un Frère coadjuteur.

Ce troisième acte du drame de la diffusion de l'Évangile en Mélanésie n'eut pas un dénouement plus heureux que les autres. Mgr Collomb tomba, lui aussi, victime du climat insalubre de ces îles, épuisé par la fièvre, les persécutions et le manque de soins. Peu de temps après succomba, dans les mêmes circonstances, l'un des deux missionnaires, le Père Villien. Ainsi, des dix-huit apôtres envoyés par le R. P. Colin à la Mission de la Mélanésie, il n'en survivait que cinq, deux à l'île de Rook et trois dans celle de Woodlarck.

Dès lors une solution énergique s'imposait. Avec son grand esprit de foi et sa prudence habituelle, le Vénérable Fondateur le comprit nettement. Sa décision fut prise sans hésitation, mais non pas sans regrets. Il était impossible à une Société aussi jeune de fournir d'autres apôtres ; la volonté de Dieu se manifestait en toute évidence et il fallait renoncer à une mission aussi périlleuse. Commencée en 1845, consacrée par la mort de deux évêques et de onze missionnaires, elle fut abandonnée, au bout de sept ans, en 1852. Mais les saints, en se pliant aux circonstances, comme on doit le faire en face d'un ordre providentiel, ont une ténacité supérieure aux causes d'insuccès. On se retirait donc sans renoncer à la pensée de prendre pied d'une façon définitive sur une terre où de nouveaux Maristes devaient trouver, à titre d'encouragement, le souvenir de l'héroïsme déployé par leurs prédécesseurs. En 1898, les prêtres de la Société de Marie reprirent l'évangélisation des îles Salomon, sous la vigoureuse impulsion de Mgr Vidal, Vicaire Apostolique des îles Fidji. A l'heure actuelle cette mission compte plus de douze postes, solidement établis, avec trente missionnaires au moins.

CHAPITRE III

LE R. P. COLIN ET LES MISSIONS D'OCÉANIE :
L'ADMINISTRATEUR

En résumant l'histoire même de la conquête évangélique de l'Océanie, sous la direction du vénérable Fondateur, il est assez facile de montrer comme nous avons essayé de le faire, la marche rapide de ces divers établissements.

Avec quelques brèves indications, on peut tracer comme une carte géographique et donner une idée des résultats obtenus.

Mais ce qu'il est impossible de décrire, c'est l'ensemble des efforts, c'est le détail des démarches entreprises pour diriger avec succès, malgré un dénuement perpétuel, une œuvre de cette difficulté et de cette importance. C'est à chacun des lecteurs qu'il appartient de compléter dans son esprit le tableau de cette vaste administration.

Dans son intérêt pour ses missionnaires, accablés de souffrances et de privations, et environnés de tous les périls du corps et de l'âme, le Père Colin comprit bien vite la nécessité de leur envoyer un Visiteur. Par cet intermédiaire, il atténuerait, pensait-il, la peine de l'isolement, et lui-même resterait davantage en contact avec ses fils pour compatir à toutes leurs tristesses et relever leur courage. Au R. P. Calinon, chargé de cette mission délicate, avec le titre de Provincial des Missions du Centre, il ne donnait qu'un mot d'ordre : « Rappelez-vous bien que je dois et veux tout savoir. » Remarquables paroles, si l'on songe que la grande souffrance d'un administrateur, c'est de connaître les peines des autres, les difficultés des œuvres apostoliques et les obstacles suscités par l'éternel adversaire de Dieu et des âmes.

Cette épreuve, il la supporta toute sa vie avec une énergie sans défaillance. Il était si long et si douloureux le chapitre des fatigues, des privations, des persécutions, des souffrances de ses chers missionnaires ! Puis la délicatesse de son cœur le rendait si sensible à l'exposé d'une situation où il voyait se multiplier les croix de tout genre ! Mais aussi, comme il jouissait, comme il était ravi du courage et des incomparables vertus de ses enfants !

« Il y a en Polynésie, disait-il, de grandes vertus. Ceux « qui y sont n'ont peut-être rien de brillant aux yeux du « monde, mais ils ont un ensemble de grandes qualités. »

Avec le souci moral de cette œuvre des Missions, le R. P. Colin ne pouvait se dispenser d'en avoir le souci matériel.

Et alors, pour subvenir à tout, que de démarches, que de lettres, que de rapports s'imposaient à la sollicitude de l'administrateur ! Quand on étudie de près son action à ce point de vue on ne peut s'empêcher de reconnaître avec admiration son sens pratique, son esprit de décision, son tact absolu dans le maniement des hommes, la netteté de ses aperçus, et par-dessus tout son esprit de foi, supérieur à toutes les difficultés.

La Société de Marie, à sa naissance, n'avait pour toutes ressources, selon une heureuse expression, que « les richesses de la pauvreté ». Mais, chez le R. P. Colin, la foi en la Providence était absolue. Elle ne lui a jamais fait défaut.

Pour lui, le représentant visible de cette Providence fut bien souvent le Conseil Central de la Propagation de la Foi. Chaque année, le R. P. Colin envoyait un rapport, rédigé avec une scrupuleuse attention, sollicitait des secours et traduisait sa reconnaissance. Est-il exagéré de dire que ses rapports s'imposaient entre tous à l'attention et à la bienveillance des Directeurs de l'œuvre ; ils étaient imprégnés d'un tel esprit de simplicité et d'une distinction surnaturelle si apparente ! Aussi, pendant les dix-huit années de son administration, il n'obtint pas moins de trois millions et plus pour cette Mission de l'Océanie Centrale.

D'ailleurs il savait, plus que tout autre, recommander autour de lui et à ses missionnaires le respect de ce capital. « L'argent des missions est sacré, disait-il, et j'ai « toujours regardé comme une espèce de sacrilège le « mauvais usage qu'on en ferait. C'est le prix des âmes, « le prix du sang de Jésus-Christ. »

D'autre part, il avait l'esprit assez large pour comprendre qu'on ne doit négliger aucun moyen raisonnable de gagner, en faveur d'une œuvre aussi belle que l'œuvre des Missions, la sympathie des catholiques. Que chaque ouvrier reste inconnu, caché, c'est parfait ; et certes quand il est dans sa solitude de l'Océanie, le missionnaire n'a point trop à craindre les délicates tentations de la vaine gloire. Mais que son œuvre soit connue, provoque l'attention, s'étale aux regards des familles chrétiennes, c'est nécessaire. La gloire de Dieu et l'honneur de Jésus-Christ le réclament.

Aussi il était empressé à solliciter de ses fils des détails nombreux, circonstanciés sur leur apostolat, des relations intéressantes sur chaque mission. Il désire même qu'ils envoient les objets les plus curieux de leur pays : armes, étoffes, coquillages, plantes, graines, etc..., tout peut avoir sa place dans le Musée de la Propagation de la Foi, et il importe qu'en France, à Lyon en particulier, on se rende un compte exact de ce qui se fait dans ces régions lointaines.

Comme il avait établi près de lui une Procure pour recevoir directement, chaque année, les allocations des missionnaires et préparer leur départ, il se préoccupa d'installer en Océanie une maison de même nature. Dans sa pensée, cette Procure lointaine serait l'intermédiaire de celle de Lyon pour les divers envois à faire ; elle serait son auxiliaire ou même, à l'occasion, sa suppléante pour les achats réalisables à proximité des missions ; et enfin pourquoi ne deviendrait-elle pas un asile, une maison de retraite pour les missionnaires malades ou épuisés par les travaux de l'apostolat?

Ce projet entrevu dès l'année 1842, n'entra dans sa période d'exécution qu'en 1845. Sydney, capitale de l'Australie, se présenta de prime abord comme la position la plus favorable ; et en 1847, les Pères y achetèrent une propriété des plus avantageuses qu'ils nommèrent *Villa Maria*. Ce ne fut pas sans difficulté que cette fondation put s'accomplir. L'administration diocésaine, dans la personne de Mgr Polding, se laissait diriger par des vues d'intérêt immédiat et local, peu conciliables avec les besoins d'une Société religieuse, obligée de prévoir l'avenir et de pourvoir à des nécessités d'ordre plus général.

Au milieu de ces difficultés, comme jadis avec le pieux évêque de Belley, le R. P. Colin fit preuve de tact, de délicatesse et d'humilité, mais aussi d'une fermeté pleine de vigueur.

D'une part, il ne se presse pas d'agir ; il semble heureux de comprimer l'empressement, la précipitation suggérés par les inspirations de la nature ; ce qu'il y aurait de trop humain dans une entreprise apostolique doit avant tout disparaître et pour ainsi dire mourir.

D'autre part, à Mgr Polding, venu en France pour régler ces difficultés, il dira simplement : « Monseigneur, « nous désirons singulièrement ne rien faire qui déplaise « à Votre Grandeur. Donnez-moi vos conditions par « écrit. » Et comme à cette proposition le Prélat cessa d'insister sur les conditions, jugées auparavant indispensables, le Père Colin reprit : « Monseigneur, je veux « le bien avec ordre. Si nous ne pouvons pas établir notre « maison de Procure à Sydney, sans nous exposer à con- « trarier Votre Grandeur, nous irons autre part. »

Cette attitude franche et résolue triompha de toutes les oppositions. Le digne archevêque seconda nettement le projet de la Société de Marie et la Procure de *Villa Maria*, à Sydney, fut définitivement établie.

Toutes les fois qu'il s'agissait du bien et du développement de ses missions, le vénéré Fondateur était prêt à agir. Aussi n'hésita-t-il jamais à intervenir auprès des pouvoirs civils eux-mêmes pour solliciter leur concours et leur protection. On le vit donc correspondre avec les divers ministres de la Justice et des Cultes, de l'Intérieur ou des Affaires étrangères, multiplier les visites jugées nécessaires, leur envoyer les rapports les plus complets : c'est ainsi que tour à tour M. Teste, le maréchal Soult, M. Thiers et M. Guizot lui-même furent sollicités et accordèrent leur bienveillant concours. Plus d'une fois sans doute ils eurent à admirer avec quelle dignité de langage, avec quelle déférence respectueuse à leur autorité, le R. P. Colin leur adressait ses observations. Il faisait preuve d'un coup d'œil si judicieux !

Plus tard, en faisant allusion à ces relations diverses avec les autorités civiles et à toutes ses démarches auprès des ministres et autres personnages publics, il disait sur le ton de la plaisanterie : « Ah ! si quelqu'un m'eût dit, quand j'étais au grand séminaire : Vous irez un jour au Pape, aux Cardinaux, aux Ministres ; s'il m'avait dit que ma vie se passerait dans ce tourbillon d'affaires ; quel prophète ! aurais-je dit en moi-même, »

C'est bien là le Père Colin, tel que nous le connaissons dès l'origine, tel que nous le verrons jusqu'à la fin, attiré par une force irrésistible vers la vie cachée, mais sans cesse arraché à cette solitude intérieure par une puissance invisible qui le jette, comme malgré lui, dans l'action extérieure, où il révèle d'incomparables qualités. Tant il est vrai de dire que les âmes surnaturelles, même les plus intérieures et les plus mystiques, ont des intuitions de génie, des lumières de choix, grâce auxquelles elles agissent comme des chefs supérieurs, rompus au maniement des hommes et intrépides en face de l'obstacle et de l'opposition.

Notons en passant que notre vénéré Fondateur sut toujours inspirer à ses missionnaires le désir d'être pour leur pays des auxiliaires vraiment patriotes et utiles. N'est-ce pas le Vicaire Apostolique de la Nouvelle-Calédonie, Mgr Douarre, qui par sa généreuse charité sauva la vie aux 230 naufragés de la *Seine*?

N'est-ce pas surtout l'intervention active des Pères Rougeyron, Montrouzier et Goujon qui valut à la France, comme nous l'avons vu, l'acquisition d'une de ses plus belles colonies, la Nouvelle-Calédonie, vivement convoitée par l'Angleterre?

Avec son intelligence ouverte aux saines initiatives, le R. P. Colin était homme à encourager les fondations les plus hardies. Dans son Rapport au Cardinal Préfet de la Propagande, le 26 mai 1842, il avait exprimé le vœu « qu'il y eût au service des missionnaires deux ou trois navires, conduits par autant de capitaines chrétiens et dévoués aux Missions ». Or ces simples paroles furent en réalité l'origine même d'une œuvre importante, qui s'appela plus tard la « Société de l'Océanie ».

Cette idée fut en effet communiquée par Mgr Douarre, à deux hommes d'un rare mérite. L'un, M. Marziou, était négociant au Havre, et catholique fervent. L'autre, M. Marceau, lieutenant de vaisseau de la Marine royale, à Toulon, était un nouveau converti, animé de la foi la plus ardente et d'une vaillance à toute épreuve. Une circonstance imprévue les rapprocha à Lyon ; tout de suite ils s'apprécièrent et s'entendirent pour fonder une Société maritime en faveur des Missions Océaniennes. De là le nom de Société de l'Océanie.

Dans la pensée des fondateurs, cette Société ne serait point circonscrite à cette seule partie du monde. Elle étendrait successivement à toutes les missions du globe ses services d'ordre commercial. Mais avant tout elle tenait à écarter tout soupçon de lucre dans ses opérations. L'intérêt de la religion et le souci de la moralité commerciale resteraient toujours son principal mobile. Pour se garantir contre toute inspiration contraire, il fut décidé que les souscripteurs n'auraient droit qu'à l'intérêt légal du montant de leur apport.

Approuvé par de nombreuses autorités religieuses et politiques, ce projet reçut de Pie IX des encouragements formels, avec un Bref des plus élogieux pour les fondateurs. On comprend quelle joie dut en éprouver le R. P. Colin. Au fond, c'était sa propre idée qui entrait dans une période de réalisation effective.

Ainsi, en juin 1845, tous ceux qu'intéressait la question des progrès de l'Église en pays lointain pouvaient s'en promettre de merveilleux résultats.

Malheureusement la Révolution de 1848 porta un

coup mortel à cette admirable entreprise. La Société
d'Océanie se débattit quelque temps au milieu de difficultés sans nombre, et finit par succomber, neuf ans après
sa fondation. Elle fut dissoute en février 1854. Mais qui
oserait dire qu'il n'y eut pas là le germe d'une entreprise
féconde? Dans un siècle de foi, pareille tentative pourrait
se promettre un plus durable succès.

CHAPITRE IV

LE VÉNÉRABLE P. COLIN ET LES MISSIONS D'OCÉANIE : SA DIRECTION RELIGIEUSE

Tout ce que nous avons dit jusqu'ici de l'œuvre des Missions ne fait connaître qu'imparfaitement le rôle du R. P. Colin dans cette organisation laborieuse. Mettre toutes choses en état et à leur place, au point de vue extérieur ; pourvoir aux ressources indispensables, établir les relations des Missions entre elles et avec le centre de la Société de Marie, c'était certes une partie importante de cette fondation. Elle réclama du Père Colin de très longs efforts, lui imposa d'incessantes fatigues et pour se tirer avec honneur de tant de difficultés, il lui fallut spécialement une pondération de jugement aussi remarquable que son esprit de foi.

Mais il lui restait un travail plus difficile et plus fondamental à réaliser. L'homme de Dieu, le Mariste, songeait par-dessus tout à sauvegarder les intérêts religieux de sa Société, son esprit, sa ferveur, sa règle, sa vie en un mot, cette vie dont devait vivre pour son plus grand bien chacun de ses missionnaires.

Or que de difficultés pour remplir tout ce programme ! Elles venaient des dangers mêmes de l'entreprise, du petit nombre de ses apôtres, de l'inexpérience des chefs, de l'étendue et de la distance des lieux, sur lesquels une surveillance active était comme impossible. Elles devaient venir aussi des relations mal définies, qui existaient à l'origine entre les Vicaires apostoliques et leurs auxiliaires religieux. Comment réunir dans une harmonie suffisante, en la personne de l'Évêque, l'autorité du Supérieur religieux et celle du Supérieur ecclésiastique? Que de questions délicates, malaisées à résoudre en toute circonstance, mais plus encore lorsque la ténacité de certains caractères se refuse aux concessions légitimes et multiplie ainsi les froissements quotidiens !

Malgré leurs rares qualités d'apôtres, certains Vicaires apostoliques apportaient à la défense de ce qu'ils croyaient être leurs droits une rigidité de vues que le R. P. Colin, toujours si humble et si déférent, avait de la peine à réduire. Mgr Pompallier en particulier lui causa plus d'un embarras de ce genre. On avait de part et d'autre les meilleures intentions ; avec la même assurance des deux côtés on croyait travailler au bien des âmes ; mais comment concilier les vues divergentes? En attendant, le simple missionnaire, placé entre ces deux juridictions, voyait sa vertu mise à l'épreuve, alors qu'il avait déjà fait tant de sacrifices pour se dévouer au rude labeur de son apostolat.

Au milieu de ces embarras, le sage Fondateur fit preuve d'une étonnante longanimité pour obtenir, sans rien briser, les solutions précises que réclamait la situation. Il y arriva à force de prières, d'études, d'explications, de confiance en Dieu et de sage intrépidité. Il ne craignait pas, avec une parfaite déférence, de tracer aux Vicaires apostoliques eux-mêmes le programme de leurs obligations.

N'est-il point touchant de l'entendre rappeler aux évêques missionnaires la nécessité de la vie intérieure. « Le grand danger, faisait-il écrire à Mgr Bataillon, « pour les hommes de zèle, lancés dans les affaires « importantes, difficiles et qui se succèdent sans inter- « ruption, c'est l'oubli d'eux-mêmes. Dans ce tourbillon

« de sollicitudes, on ne peut plus trouver le temps de
« réfléchir sur soi ; l'habitude et la science de la médita-
« tion se perdent ; les prières d'obligation sont précipitées ;
« l'esprit est trop distrait pour s'occuper de Dieu, le
« cœur trop appesanti pour s'élever vers le ciel, les
« intentions deviennent moins bonnes, la faiblesse se fait
« sentir, la confession est différée, les passions se réveil-
« lent, l'homme se trouve seul aux prises avec des ennemis
« nombreux et puissants ; heureux s'il ne reçoit que
« des blessures ! Mais alors la crainte de la mort spiri-
« tuelle n'est-elle **que chimérique?** » En lisant ces pieuses
observations, n'est-on pas tenté de se rappeler les
remarques si vigoureuses de saint Bernard au pape
Eugène III lui-même, son ancien disciple? Les unes et
les autres, formulées avec une admirable franchise, procèdent d'un même sentiment de foi et du même désir de
sainteté.

Chez le R. P. Colin, cette fermeté de caractère s'alliait
avec une habitude de réflexion et de réserve que lui inspira
toujours son culte pour l'humilité.

Venu à Rome, en 1842, avec la volonté de trouver la
solution aux difficultés particulières de ses Missions
d'Océanie, il commença, avant de rien régler, par s'envi-
ronner de toutes les lumières possibles. Il consulta les supérieurs religieux et autres personnes dont l'expérience lui
avait été signalée ; et il disait simplement : « Voilà bientôt
« quinze jours que je suis ici et que je semble ne rien faire.
« J'ai fait beaucoup parce que j'ai beaucoup consulté.
« Si je devais rester à Rome six mois, j'emploierais encore
« trois mois à observer et à consulter, avant de mettre
« mes affaires en marche. »

C'est bien là la méthode des saints. Ils prient, ils
interrogent et, après ce travail préliminaire, ils se mettent

en marche, ils se consacrent à leur œuvre, sans compter, avec décision. Pour lui, en 1848, il n'hésita pas, dans des conjonctures délicates, à envoyer à Pie IX lui-même une lettre confidentielle. Cette démarche lui permettait de découvrir simplement le fond de son âme et d'exposer des raisons que la prudence lui faisait un devoir de ne point présenter aux Bureaux de la Propagande.

Pie IX ne pouvait être que favorablement impressionné par cette conduite. Il convoqua donc le pieux Fondateur à une audience particulière ; seulement, ce dernier, retenu alors par un mal sérieux au pied gauche, ne put se rendre qu'assez tardivement à cette bienveillante invitation.

Rien de plus touchant que l'entrevue du Saint Pontife avec le Père Colin. Pie IX obligea son visiteur à rester assis tout le temps de l'audience, lui fit apporter deux coussins pour soutenir son pied dans une position plus commode et commença par plaisanter sur son âge. « Vous paraissez avoir plus de soixante-dix ans ! — Très « Saint-Père, reprit le Père Colin, j'ai cinquante-sept « ans. — Oh ! s'écria le Pape, vous avez bien travaillé « pour l'Église, vos travaux vous ont vieilli avant le « temps. » Quant à l'affaire épineuse pour laquelle son autorité était invoquée, le Souverain Pontife ne voulut point la décider par lui-même et renvoya le saint Fondateur aux cardinaux Fransoni et Lambruschini. Là encore, le Père Colin révéla sa grande âme. Aux propositions de l'éminent cardinal Fransoni, il se crut obligé de répondre par un refus aussi inflexible que modeste. Malgré son désir de seconder les desseins de l'ardent évêque de Nouvelle-Zélande, il ne voulut point sacrifier les intérêts spirituels de ses missionnaires, et une fois de plus, le sentiment de son devoir lui dicta une attitude de fermeté, qu'on n'aurait jamais attendue de la part d'un prêtre aussi simple et aussi réservé.

C'est à la suite de cette première entrevue qu'une décision plus ferme fut prise par la Congrégation de la Propagande. En vertu d'un décret du 20 juin 1848, la Nouvelle-Zélande fut divisée en deux diocèses indépendants. L'un d'eux, celui de Wellington, fut attribué à Mgr Viard, en qualité d'administrateur apostolique ; ce dernier devait garder sous sa juridiction les missionnaires maristes, maintenus ainsi dans l'intégrité de leur vie religieuse.

Bien loin de déplaire aux cardinaux romains par cette fermeté, le R. P. Colin ne fit que gagner de plus en plus leur estime et leur confiance. Aussi lorsque les Vicaires apostoliques de l'Océanie proposèrent à Rome différents projets pour l'organisation de leurs missions particulières, c'est au Vénérable Fondateur qu'on voulut en référer. On reconnaissait en lui un homme providentiel ; sa prudence et sa sagesse avaient une origine supérieure à la nature et l'on pouvait sans crainte se reposer sur la maturité de ses observations.

Pour lui, il aimait à professer le respect, la soumission la plus filiale envers l'autorité du Souverain Pontife et de ses représentants : « Je déclare, écrivait-il en 1854 « à Mgr Barnabo, que les idées énoncées dans mes lettres « et notes précédentes me sont uniquement personnelles ; « que je ne tiens à aucune d'elles ; que je les soumets « pleinement à la Sacrée Congrégation et que la Société « de Marie ne veut avoir d'autre volonté que celle du « Saint-Siège. »

Si les détails que nous venons de donner permettent d'apprécier le zèle tout apostolique de l'organisateur, on ne sera point surpris d'apprendre que ce zèle avait sa source dans l'amour du Père Colin pour ses missionnaires d'Océanie. Ce mot résume toute son œuvre, toute son action. Oui, il y avait en lui comme des ressources inépuisables de charité, et à quelque période de sa vie qu'on étudie son rôle à cet égard, on ne peut s'empêcher de reconnaître qu'il fut, dans toute la noble acception du terme, le « père de cette héroïque famille d'apôtres ».

Au départ de ses fils, son émotion était si grande qu'on dut bientôt chercher le moyen de le soustraire à cette scène des adieux. Elle déchirait son cœur, elle lui arrachait des torrents de larmes et parfois l'on se demandait si ses forces seraient suffisantes pour supporter pareille secousse. Les saints ont une délicatesse que peuvent seuls connaître les confidents de leurs impressions. A peine partis, les missionnaires devenaient l'objet de sa sollicitude journalière. Il priait, il faisait prier pour eux et plus tard il établit dans toute la Société des prières spéciales en leur faveur. Il alla plus loin encore. Pour les aider, pour les soulager dans leur ministère, il ne craignit pas de demander à ses religieux de France des pratiques de pénitence à leur intention. « Que chacun de vous, « écrivait-il aux Pères de Paris et de Verdelais, jeûne « trois fois, prenne trois fois la discipline, fasse trois « visites d'une heure au Saint Sacrement et trois chemins « de croix. »

Il le savait bien, la souffrance est le meilleur témoignage de l'amour. A entendre ses paroles, à recevoir ses sollicitations pressantes, on sentait bien que le cœur les lui inspirait.

Le langage de l'affection a un accent qui vibre d'une façon spéciale. Nul ne peut s'y méprendre.

« Ah ! Messieurs, ne les oublions pas, nos missionnaires !

« Pour moi, j'avoue que je m'occupe presque plus d'eux
« que de ceux qui sont autour de moi. »

Aussi quelle affection, ou plutôt quelle tendresse dans
sa correspondance ! « Embrassez tendrement de ma part
« tous les Pères et Frères, écrivait-il au Père Forest,
« Provincial en Nouvelle-Zélande. Le nom de chacun
« d'eux m'est toujours présent à l'esprit. Qu'ils aient bon
« courage ! » Son plus ardent regret était de ne pouvoir
leur consacrer assez de temps pour répondre longuement
à chacun en particulier.

Faut-il ajouter que l'affection est souvent inquiète?
Aussi que de sollicitudes lui causa la pensée des embarras
de ses enfants et surtout que de tristesse lui apporta
toujours la nouvelle d'une mort imprévue ! On devait
prendre pour l'en instruire les subterfuges mêmes que
l'on emploie d'ordinaire pour ménager l'extrême sensibilité d'une mère, frappée au cœur par la mort de son
enfant. Non, on ne saura jamais les recherches, les travaux de tout genre, les démarches qu'il s'imposa par
amour pour ses missionnaires. Le nombre des lettres
qu'il leur écrivit est incalculable. Sans consulter ses
forces ou plutôt les exigences d'une santé, habituellement chancelante, il multiplia les voyages, même à
Rome. C'était pour ses fils d'Océanie. Pouvait-il songer
à lui-même? Parfois on aurait dit qu'il ne vivait que
pour ses missions. N'avait-il pas à souffrir de toutes les
privations corporelles de chacun? N'avait-il pas à supporter la grande souffrance de leur isolement? N'avait-il
pas enfin à trembler, à la vue des redoutables dangers
que pouvait courir leur salut éternel?

Aussi nous trouvons un accent plus intime et plus
paternel de persuasion dans cet incomparable document
qu'il rédigea à leur intention et dans lequel il fit passer,

avec les meilleures inspirations de sa piété, les élans d'une tendresse plus éloquente encore. A la fin de cette lettre ou plutôt de ce programme, comme s'il était impuissant à contenir son émotion, il donnait libre cours aux effusions de son cœur. Les conseils, les instances se pressaient sous sa plume. « Je vous souhaite, écrivait-il, la paix et la miséricorde de Notre-Seigneur Jésus-Christ et la protection tout entière de notre auguste et tendre Mère, la bonne Marie. Je vous souhaite le zèle, le courage, l'amour des souffrances, dont vous avez un si grand besoin. Soyez toujours petits à vos yeux, simples, vous aimant les uns les autres, vous aidant mutuellement. Donnez-nous de vos nouvelles aussi souvent qu'il sera possible. » Puis, pour se faire plus tendre encore, le Père désigne par leur nom chacun de ses enfants : « Très cher Père Servant... cher Père Épalle... Père Viard... cher Père Bataillon... etc. Enfin je vous laisse tous, les Pères et les Frères, dans les cœurs embrasés de Jésus et de Marie, et je suis avec la plus sincère affection, bien chers Pères et Frères, votre très humble et très obéissant, Jean Colin, Supérieur. »

En revanche, ses fils d'Océanie savaient apprécier comme il convenait cette prédilection. C'est ainsi qu'en 1838, le Père Bataillon avait bien raison de lui dire : « Les pauvres Océaniens sont en quelque sorte vos enfants ; à ce titre il doit vous tarder d'apprendre le bien qui s'est opéré parmi eux. »

Si la paternité se mesure aux sollicitudes, au dévouement, aux libéralités, à l'amour, qui donc fut plus que le Père Colin sur terre le Père des Océaniens? L'édifiante et glorieuse histoire de ces Missions est donc bien la sienne. Il est impossible de l'en séparer ; ce serait mutiler l'œuvre de Dieu et enlever au Vénérable Fondateur sa plus belle auréole.

CHAPITRE V

LE P. COLIN ET LES ÉTABLISSEMENTS EN FRANCE ET EN ANGLETERRE : MAISONS DE MISSIONNAIRES

Après son élection comme Supérieur Général, le R. P. Colin avait dû rester à Belley. Mgr Devie, préoccupé de l'avenir de son petit séminaire, avait supplié le Vénérable Fondateur d'en garder la direction. Malgré le sacrifice et les complications multiples que cette charge lui imposait, il n'avait pas pu décliner la proposition de son évêque : c'est ainsi qu'il resta chargé de cette lourde administration jusqu'en 1845.

Mais, grâce au choix excellent de ses collaborateurs, il pouvait s'absenter de Belley sans trop d'inconvénients et même, à partir du mois de mars 1840, il se fixa définitivement à Puylata.

Puylata devint donc comme son quartier général.

C'est de là que son action rayonnait sur les diverses maisons qu'il était appelé à fonder et sur la famille religieuse tout entière. Les Pères installés dans cette résidence, dès la première heure en 1836, et comme propriétaires en 1838, avaient dû débuter avec une extrême modestie. C'était l'esprit et le désir du saint Fondateur. On se contenta donc d'abord de catéchiser les ouvriers logés dans la maison et malgré son extrême simplicité, cette œuvre fut organisée avec un soin minutieux, d'après un programme complet, pour atteindre plus sûrement les âmes. On forma même un projet plus hardi, et l'on songea à évangéliser de la même façon les militaires cantonnés aux Carmes déchaussés, à quelques pas de

Puylata. Le Père Colin avait l'esprit assez large et surtout une âme assez apostolique, pour encourager toutes les saintes initiatives, favorables au progrès de la foi et à l'entretien de la vertu. Une Société religieuse est une armée d'avant-garde. Elle doit avoir l'œil ouvert sur toutes les entreprises capables d'assurer une conquête, une marche en avant pour l'Église.

Mais bientôt et dès l'année suivante, en 1840, les Maristes de Lyon sont appelés de divers côtés dans les paroisses et le ciel bénit visiblement leur ministère. « M. Terraillon, écrivait le Père Fondateur au Père La- « gniet, est absent presque depuis son retour de Belley. « M. Maîtrepierre est à Rive-de-Gier depuis quinze jours « avec six autres missionnaires qui remuent toutes les « vieilles consciences du pays. M. Terraillon, M. Forest, « M. Chartignier ont remué celles de Saint-Romain-les- « Pommes. Ils ont délogé le diable de partout où ils l'ont « trouvé. »

A cette époque il n'y avait donc, avec la maison de Puylata, que deux résidences de missionnaires, l'une à Belley et l'autre à Valbenoîte.

Les Pères de Belley obtenaient dans tout le diocèse et surtout dans les plus humbles campagnes un accueil des plus sympathiques. Leur empressement à se mettre au service du Clergé, en particulier pour les plus pauvres paroisses, leur abnégation, leur humilité, leur esprit de prière, leur promptitude à se contenter de ce qui leur était offert, produisaient partout une excellente impression.

On garda longtemps dans le Bugey le souvenir du Père Déclas, le modèle des missionnaires maristes à cette époque des origines. « Ce n'était pas, comme le disait « lui-même le Père Colin, un sujet brillant. Son extérieur

« était plus que modeste, ses manières frustes et origi-
« nales, sa parole peu correcte et d'une extrême simpli-
« cité ! Mais il avait la flamme du zèle apostolique, l'es-
« prit d'abnégation, d'humilité et de prière qui font les
« saints et les apôtres. »

A Lyon, les succès furent plus lents. On semblait se
défier un peu des humbles missionnaires de Puylata et de
Valbenoîte et ce ne fut qu'en 1837 qu'ils se révélèrent
comme des apôtres capables de convertir les foules. A
partir de cette époque, on réclama instamment leur
ministère. Leur prédication tout à la fois solide et à la
portée des âmes simples, la cordialité de leurs rapports
avec les prêtres des paroisses, tout disposait en leur
faveur. Petit à petit s'affirmait le genre mariste que le
Père Colin s'efforçait de préciser et d'encourager de plus
en plus par ses diverses instructions.

Bientôt d'ailleurs il dut songer à d'autres fondations.

C'était l'époque où il s'agissait de rendre à la vie chrétienne en France, dans des diocèses nouvellement orga-
nisés, une activité plus féconde... Aussi nombreuses
furent les demandes adressées au saint Fondateur.

Une des premières lui vint du diocèse d'Angoulême
où l'on désirait ardemment l'établissement d'une résidence mariste.

Là les besoins des âmes étaient urgents. En fallait-il
davantage pour décider le Père Colin? Il désigna donc,
au commencement de 1838, le Père Convers pour cette
œuvre importante. Le missionnaire était à la hauteur
de la tâche, cependant ingrate et difficile. Il se livra aussitôt, avant de rien fonder, à tous les travaux de son zèle
apostolique et Dieu récompensa son serviteur par des
succès inouïs. Pendant toute la durée de son apostolat
il se fit dans les âmes un mouvement intense de conver-

sion dont on garda longtemps le souvenir. Rien n'est intéressant comme le récit de sa première mission, à Bassac. « O mon Dieu, écrivait-il en arrivant au mois de « février 1838, qui pourrait peindre le désolant tableau « qu'offrait alors cette portion de l'Église de France? » L'ignorance religieuse était presque universelle ; nombre d'enfants ne faisaient point de première communion. On avait contre les prêtres de telles préventions que les habitants, à la vue d'une soutane, s'enfuyaient comme saisis de terreur.

« Le missionnaire et le curé commencent par la prière. « Quand ils sortent, ils récitent ensemble le Rosaire, « ajoutant à chaque dizaine des invocations pour la « conversion des pécheurs. Puis le Père Convers essaie « de visiter les paroissiens. Ils se sauvent et ils l'insultent ; « le Père ne se lasse pas, ne se rebute pas. Les jours de « pluie où le travail est interrompu, il parcourt les « hameaux, une clochette à la main ; puis dans la rue, « sous un hangar, le plus souvent devant le four banal où « s'assemblent les gens, il cause, il instruit, il discute, « répond aux objections, explique les faits qu'on lui « oppose. Enfin, quand il s'est concilié ses auditeurs, il « leur parle de Dieu, de leur âme, de leur salut, de leurs « devoirs. Il ne fait pas d'éloquence, mais il parle avec « tant de conviction que les préjugés s'évanouissent, la « vérité se fait jour. Alors, à l'occasion des fêtes de Pâques, « du mois de Marie, de la première communion, fêtes « auxquelles il donne toute la solennité possible, les « fidèles reviennent à l'église, et peu à peu aux sacre- « ments. Bassac est renouvelé. »

A la même époque, Mgr Donnet, archevêque de Bordeaux et condisciple des premiers Maristes au grand séminaire de Lyon, proposa à la jeune Société le couvent, l'église et le pèlerinage de Notre-Dame de Verdelais. Tout ce qu'il avait entendu dire des succès du Père Convers dans l'Angoumois lui inspirait le plus vif désir d'obtenir une réponse favorable. Elle lui vint en effet, car l'œuvre paraissait importante et belle à la fois, et ce fut au Père Convers que le Vénérable Fondateur confia le soin de fonder la résidence de Notre-Dame de Verdelais.

Au bout de peu de temps, le pèlerinage prit un nouvel essor. Monseigneur voulut même que ses missionnaires fussent chargés de la cure, et cette résidence devint ainsi un centre actif, d'où l'on rayonnait pour prêcher le Royaume de Dieu et l'amour de sa Très Sainte Mère. Celle-ci était visiblement avec ses enfants ; ce qui faisait dire au curé de la cathédrale de Bordeaux en 1854 : « Il est évident pour tous les prêtres du Diocèse que la « Très Sainte Vierge est avec vous et qu'une grâce spéciale « est attachée à votre ministère. Vous convertissez. » Rien ne pouvait réjouir davantage le saint Fondateur. Il voyait se confirmer ainsi, dans la personne de ses fils, sa théorie sur la prédication contemporaine : « Aujourd'hui, personne ne veut de ceux qui prétendent tout emporter d'assaut. Se tenir bien petit et bien humble, c'est là moyen de tout obtenir. »

Le Père Colin dans son programme de fondations songeait-il à Paris? On devine quelles pouvaient être ses répugnances instinctives à ce sujet. Envisagé dans son cadre extérieur, Paris lui semblait le foyer le plus intense de la vie mondaine, et le modeste religieux n'avait-il pas horreur du luxe, du tapage, de l'agitation, de la sensualité?

Cependant le Chapitre général de 1842 jugea qu'une Maison y serait avantageusement placée comme une espèce de Procure pour les missionnaires envoyés en Océanie. Aussi le R. P. Colin passant par-dessus ses impressions personnelles se mit en mesure de réaliser ce projet. Le P. Ozanam, frère de celui qu'on a pu appeler le Saint Lyonnais, Frédéric Ozanam, y fut envoyé avec mission de louer une maison et de s'y établir. Un local fut donc choisi et occupé, rue de Fleurus, en octobre 1843.

Mais la question se présenta bientôt d'acquérir dans la capitale une résidence à titre définitif. C'est alors que redoublèrent les anxiétés du Vénérable Fondateur. « Plus j'y réfléchis, disait-il, plus je m'embrouille. J'ai « dans moi un sentiment profond qui m'empêche de me « décider à acheter... » Il voulut consulter ses conseillers ordinaires, « avant de faire un coup pareil », comme il se plaisait à le dire, il tenait à mettre toute la communauté en prières, afin de connaître nettement la volonté de Dieu. Il soumit enfin de nouveau la question au Chapitre général de 1845, et comme la décision fut, en définitive, favorable au projet, l'acquisition de la Résidence de Paris fut chose résolue. Lui-même se décida à partir pour la capitale et ce n'était pas un mince sacrifice : « Ah ! mon « Dieu, soupirait-il, faudra-t-il donc que j'aille à Paris ! « Quel sacrifice ! Oh ! qu'il m'en coûtera ! »

Malgré tout, il n'hésita point à vaincre cette répugnance et régla sans retard cette importante question. Une maison fut acquise, rue Montparnasse, pour le prix de 120.000 francs et, en janvier 1846, les Pères Maristes prirent possession de leur Résidence.

C'est là que le Père Herman trouva la grâce de sa conversion, auprès d'un pieux Directeur qui l'inclina doucement vers la profession de la foi chrétienne ; c'est là qu'un autre religieux, le Père Bertholon, exerça un ministère aussi fécond que modeste. Il fut en particulier l'instrument de la Divine Providence auprès de Mlle Dubouchet dont il guida et décida la vocation ; elle devint en effet, sous le nom de Mère Marie-Thérèse, la Fondatrice, aujourd'hui Vénérable, des Religieuses de l'Adora·tion Réparatrice. Enfin il fut lui-même le Fondateur de la Congrégation des Servantes de Marie, et il eut la consolation, à sa mort, de constater le plein succès de son zèle apostolique. C'était en effet une âme peu ordinaire et il n'est point exagéré de dire qu'il mourut en odeur de sainteté, après avoir été un modèle vivant des vertus sacerdotales et religieuses. On raconte que son dernier soupir fut précédé d'un cri extraordinaire, comme de surprise et d'allégresse à la vue d'une merveilleuse apparition. Au même moment, un Frère coadjuteur entendit un joyeux battement de mains et des voix qui disaient : « Il a remporté la victoire ! »

Dieu récompensait donc l'apostolat des premiers Maristes à Paris. Le R. P. Colin s'en réjouissait vivement ; mais ce qui lui causait une satisfaction plus intime encore, c'était d'apprendre dans quel état de pauvreté et de gêne se trouvaient obligés de débuter ses missionnaires. Il voyait là comme le cachet visible d'une œuvre providentielle, et quand un jour Monseigneur l'archevêque lui demanda quelle était la situation temporelle de sa résidence de la rue Montparnasse, il n'hésita point à dire : « Quoique pauvres, nous nous trouvons heureux de « n'avoir pas de dettes, en ce moment. Ne rien devoir, « n'avoir rien de superflu, être un peu gêné, tel doit être « le sort du Religieux Mariste. »

L'année 1843 fut particulièrement féconde en fondations du même genre. Le R. P. Colin était heureux de répondre aux appels des évêques, saintement préoccupés d'établir, en aussi grand nombre que possible, des foyers de prédication apostolique. On accepta donc successivement le pèlerinage de Notre-Dame de Bon-Encontre, dans le diocèse d'Agen, avec le Père Convers comme Supérieur, une résidence à la Seyne-sur-Mer, sous la direction du Père Épalle, frère de l'Évêque missionnaire, résidence qui fut le point de départ de la fondation d'un collège en cette maison, pendant que les missionnaires se transportaient à Toulon pour s'y fixer d'une façon définitive.

L'année suivante, en 1844, c'était à Moulins qu'on s'établissait, à une petite distance de la ville, dans le clos où le grand séminaire devait être installé, jusqu'à la Loi de spoliation des biens ecclésiastiques.

Ce qui signale ces diverses fondations, c'est l'esprit de modestie suivant lequel le Vénérable Fondateur traitait les affaires avec les chefs des diocèses. Ainsi avant d'accepter l'offre de Mgr de Fréjus il tient à le prévenir que la Société de Marie en est à ses débuts ; ses sujets sont encore jeunes et peu formés. Peut-être ne pourra-t-elle pas répondre à tout ce qu'on attend d'elle?

En général, cette attitude ne faisait qu'exciter la confiance, et en réalité la confiance n'était point trompée. La Résidence de Toulon, par exemple, devint le centre d'une œuvre très florissante d'Adoration perpétuelle du Très Saint Sacrement. « C'était, dit un narrateur, un spectacle touchant de voir des négociants, des officiers de marine et d'infanterie, des ouvriers, des vieillards, des jeunes gens et même une section de jeunes lycéens, former ensemble une garde d'honneur pour la Sainte Eucharistie.» On se chargea même de prêcher un carême pour les forçats du bagne, et à la fin de la prédication, six cents de ces malheureux firent leurs Pâques avec les plus touchantes dispositions.

Après Toulon, Notre-Dame de Rochefort, puis, Londres, Valenciennes et Riom ; ces fondations s'étagent de 1846, date de la première, jusqu'en 1853, époque où fut organisée la maison de la rue Pascal, dans la capitale judiciaire de l'Auvergne.

Le sanctuaire de Notre-Dame de Rochefort, si précieux par ses souvenirs et sa haute antiquité, fut remis aux Pères Maristes, le jour même de l'Assomption 1846. Désormais, le Père Séon, nommé Supérieur, mettra tout son zèle à accréditer ce pèlerinage. En peu de temps tout fut transformé et les anciens déclarèrent bientôt que, même au siècle précédent, où il avait été si florissant, jamais on n'avait vu un concours de fidèles aussi nombreux.

Ce qui attira le R. P. Colin à Londres, ce fut l'extrême détresse des catholiques dans cette capitale, cependant si renommée par l'opulence de ses millionnaires. Sous la direction d'un prêtre de Saint-Sulpice, M. Quiblier, véritable apôtre à la façon de saint François Régis, ils formaient une agglomération de cinq à six mille personnes. La plupart étaient des émigrés que la misère avait jetés d'Irlande sur les rivages de la Tamise, où ils avaient cru plus facile de gagner leur vie. Malgré l'ardeur de son zèle, le vénérable prêtre comprit bientôt que pour sauver ce peuple, il fallait des ouvriers apostoliques. Il proposa donc à Mgr Wiseman les Pères Maristes, dont le Fondateur était pour lui un ancien ami.

Aussitôt le Père Colin se fit renseigner sur l'œuvre. Quand il eut compris qu'il s'agissait de catholiques pauvres et abandonnés, son cœur fut gagné à une cause aussi apostolique, et en 1850, la Société de Marie s'établissait à Londres.

Dès l'origine, cette maison eut toutes les sympathies

du saint Cardinal. Il devait s'y faire tant de bien ! Lui-même ne craignait pas de venir à la maison-mère de Puylata pour s'entretenir avec le Père Colin de cette fondation et de son avenir. On raconte même que le jour où il se présenta, le Frère portier était absent et le Vénérable Fondateur ouvrit la porte avec une simplicité charmante. Quel ne fut pas son étonnement de se trouver en face d'un étranger de grande taille, de manières distinguées, en costume de voyage, et d'apprendre qu'il avait devant lui l'archevêque de Westminster, désireux de parler au Supérieur Général des Maristes.

En pareille circonstance le Père Colin se faisait représenter par un autre, convaincu que les intérêts de la Société n'avaient qu'à y gagner. Mais cette fois, impossible de se dérober. Il fut donc obligé de dire, en s'inclinant humblement : « Éminence, c'est moi ! »

C'est au contraire par un pieux laïque, M. Aurran, que les Maristes furent appelés, dans le diocèse de Fréjus, à Montbel, près d'Hyères : « Je vous bâtirai là une maison, dit-il au Père Colin, si vous me promettez de la remplir. » La promesse fut faite sans hésitation et M. Aurran se plaisait à dire pendant la construction : « Chacune de ces pierres sauvera peut-être une âme. »

Parole prophétique, puisque cette maison devait servir de scolasticat pour les jeunes apôtres de la Société de Marie.

Aussi plus tard M. Aurran ne craignait point de répéter aux jeunes étudiants : « Je veux me servir de vous comme d'un filet pour prendre et convertir les âmes. Si Dieu me donnait à choisir entre un ange et un novice, je lui dirais : Donnez-moi un novice. »

Ce bienfaiteur insigne pouvait se réjouir de son œuvre. La chapelle de Notre-Dame de Montbel devint le centre d'un mouvement religieux des plus accentués. « Nous ne sommes pas forts en religion, disait l'un de ces paroissiens, à un Père, nous allons rarement aux églises, elles sont trop loin ! et puis... un peu de mauvaise volonté. Mais vous nous parlerez du bon Dieu, de la Sainte Vierge, et cela nous civilisera un peu. » Partout où le Père Colin envoyait ses religieux, il recueillait la même sympathie et enregistrait les mêmes fruits si consolants de conversions d'âmes. A Valenciennes, les meilleurs catholiques de la ville voulurent être leurs bienfaiteurs. En aidant de leurs ressources les nouveaux missionnaires, ils se félicitaient de partager leurs mérites et de contribuer avec eux à toutes leurs conquêtes apostoliques.

A Riom enfin, où la Révérende Mère Marie-Emmanuel, religieuse de la Visitation, fut l'instrument de la Providence pour la fondation de leur résidence, les missionnaires reçurent les témoignages les plus significatifs de la sympathie et de la confiance de tous. Le résultat de la mission de Volvic avait été un événement dans le pays. N'avait-il pas fallu, tant l'affluence des auditeurs était considérable, que deux missionnaires se missent à prêcher simultanément, l'un aux fidèles entassés dans l'église, l'autre à ceux qui n'avaient pu y entrer? Bien plus, toutes les femmes, sauf une quinzaine, s'approchèrent des sacrements, et il y eut deux communions générales d'hommes, l'une de six cents, l'autre de mille. On pouvait bien parler de prodige.

N'était-ce pas vraiment un prodige que cette action exercée à de telles profondeurs sur les âmes? Est-ce que le missionnaire mariste avait un secret pour convertir? Ce secret, c'était évidemment l'aide de Dieu, mais soutenu par la direction surnaturelle du Vénérable Fondateur.

Il voulait en effet que son missionnaire eût ce qu'il

appelle l'esprit de Dieu et de la Société de Marie, esprit
« tout à la fois de zèle et de modération, de courage et de
« modestie, de prudence et de simplicité, de charité et
« d'abnégation propre ».

« N'ayons en vue que la gloire de Dieu, disait-il souvent,
ainsi que l'honneur de Marie et le salut des âmes. »

Voilà pourquoi il voulait chez ses jeunes sujets une
préparation intense. Tout en leur présentant comme
modèles saint François Régis et saint Vincent de Paul, il
ne craignait pas d'ajouter : « Instruisez-vous. L'instruc-
« tion est en quelque sorte plus nécessaire aujourd'hui
« que du temps de saint François Régis. »

« Notre siècle, ajoutait-il, veut dans le prédicateur
cette parole noble et simple, ce langage qui va au cœur
sans blesser l'oreille ; cette clarté, cette méthode, cette
précision dans l'exposé du sujet, ces preuves nourries
qui font naître la conviction et surgir le remords. Il est
impossible que tout cela se rencontre, dans l'orateur, s'il
n'est pas suffisamment instruit, s'il n'a pas médité et
préparé à fond son sujet, s'il n'a pas écrit. »

Aussi aimait-il à mettre ses jeunes missionnaires non
seulement à l'école des grands maîtres et de leurs œuvres,
mais en contact avec les prédicateurs célèbres qu'on avait
souvent à Lyon la bonne fortune d'entendre.

Ce qui ne l'empêchait pas de rêver pour tous une
certaine unité de genre. « Je serais bien aise, disait-il,
que nous eussions à peu près le même genre, qu'on prît
un style noble, mâle et apostolique. Ah ! en chaire, il
faut surtout parler au cœur. Quand le cœur parle, il
semble qu'on fait du bien. »

S'il recommande la simplicité comme un cachet de la
parole mariste, il tient cependant à préciser sa pensée :
« Quand j'ai dit qu'il faut être simple dans la prédica-

« tion, je ne veux pas dire qu'on soit trivial. Non, non.
« Il faut annoncer dignement la parole de Dieu. Cette
« simplicité repousse tout esprit de prétention, d'affec-
« tation, de singularité, tout manque de tact et de dignité ;
« elle repousse toute espèce de vulgarité, de banalité, dans
« la pose du corps, dans les paroles, dans les actions. »
Mais il ajoutait aussi : « La simplicité ennoblit le langage
« et toutes choses et va droit à son but... Il n'y a **que les**
« hommes de génie qui sachent présenter les plus sublimes
« vérités d'une façon nette, claire, précise et simple,
« comme faisait saint Augustin. »

Il est difficile de rencontrer une plus grande exactitude
d'expression pour recommander une qualité, à ses yeux,
vraiment fondamentale.

Aussi comme il insistait sur la bonté, sur la douceur !
Beaucoup de zèle, c'est une vertu indispensable à un
apôtre, mais point de zèle amer ou emporté ; point
d'invectives, elles ne font jamais de bien ; point d'aigreur,
d'allusion capable de blesser, d'application irritante ;
rien qui sente la déclamation ; ce n'est pas le moyen de
gagner les âmes. Partout un grand esprit de miséricorde.

Puis que de recommandations sur les procédés délicats à employer dans l'exercice du zèle ! « Rien, disait-il,
« qui puisse heurter les caractères les plus suceptibles ;
« sainte aisance, sainte gaîté, toujours mêlée d'une cer-
« taine gravité ; attention pleine de tact pour procéder
« à l'égard de chacun avec une déférence entière et une
« parfaite modestie. Plus nous sommes modestes, plus
« nous ferons l'œuvre de Dieu ! »

On dirait vraiment que le saint Fondateur avait
devant les yeux, pour tracer cet idéal, la céleste physionomie de la Très Sainte Vierge. En elle rayonnent
toutes les vertus chrétiennes et cependant elles appa-

raissent à travers un voile si transparent de pureté et de modestie qu'elles semblent se fondre en une perfection sans ombre ni éclat.

Quel idéal ! Quelle beauté ! Ce mélange de l'esprit intérieur et du courage apostolique, de l'esprit de foi et de la prudence ordinaire, constitue un mérite auquel on sera toujours sensible. Les âmes ont un instinct qui ne les trompe pas. Quand elles rencontrent la sainteté, elles tressaillent, elles se livrent, elles se convertissent, elles montent. Tel sera toujours le secret de l'apôtre et de son influence.

Le Père Colin se plaisait à le faire comprendre autour de lui. De ces hautes vérités il faisait l'objet de ses instructions et de ses lettres, mais plus encore de ses causeries familières. Alors ses paroles avaient l'accent d'une inspiration toute céleste. Elles jaillissaient comme d'une source débordante : *Deriventur fontes tui foràs* (Prov., v, 6), et l'on recueillait les effusions de son cœur d'apôtre, comme jadis les disciples du Maître recueillaient ses paroles d'adieu.

CHAPITRE VI

LE P. COLIN ET LES ŒUVRES D'ENSEIGNEMENT

Passionné pour la sanctification des âmes, le R. P. Colin avait compris, dès la première heure, l'importance extrême de l'enseignement, donné aux jeunes chrétiens par les prêtres et les religieux. Aussi avait-il fait dans ses Constitutions une place spéciale à l'œuvre de l'éducation par les collèges. L'humble vicaire de Cerdon avait toujours eu le don de discerner, avec une largeur d'esprit indiscutable, les entreprises que réclamaient les besoins du temps. N'est-ce point là le privilège des hommes providentiels?

Ils voient haut et loin. Dans l'élan de leur zèle, ils ne considèrent toujours que la diffusion du règne de Dieu. Par l'esprit de foi ils reçoivent des vues anticipées sur l'avenir, et à mesure qu'ils pressentent les périls des âmes ils s'efforcent de les conjurer.

A cette époque, les catholiques de France, pénétrés de l'importance de l'enseignement chrétien pour le relèvement moral du pays, réclamaient par toutes les voix de la presse religieuse cette liberté fondamentale. N'avait-elle pas été promise par la charte de 1830? Mais les projets de loi, élaborés à diverses reprises, ne leur donnaient point satisfaction. On retirait toujours d'une main ce qu'on semblait accorder de l'autre. Il fallut attendre, jusqu'en 1850, la fameuse loi Falloux, pour obtenir enfin, à des conditions acceptables, la liberté d'enseignement.

Dans la période qui précède immédiatement cette ère de plus grande liberté, on ne pouvait obtenir que par privilèges spéciaux et restreints le droit d'ouvrir des collèges et des écoles, en dehors des maisons de l'État. On sait que le Père Champagnat avait déjà jeté les bases d'un institut de Frères maristes enseignants pour les écoles primaires.

D'autre part, malgré mille restrictions, quelques institutions secondaires purent s'ouvrir et le Père Colin qui, pour être un modeste ne fut jamais un découragé, n'hésita point à profiter de cette première facilité! Des démarches nombreuses à entreprendre ne rebutèrent point son zèle et c'est ainsi qu'avant la loi de 1850, il réussit à ouvrir trois maisons d'éducation à Valbenoîte, à la Seyne-sur-Mer et à Langogne.

On se souvient que les Pères de l'Hermitage s'étaient installés près de Saint-Étienne, dans un ancien prieuré de Bénédictins, mis à leur disposition par le curé même de la paroisse de Valbenoîte, M. l'abbé Rouchon. Pour obtenir cette résidence, ils avaient dû servir d'auxiliaires au Clergé paroissial. Mais à la mort de M. Rouchon, le R. P. Colin voulut conserver pour les Pères Maristes une situation nette d'entraves. Il obtint donc de l'administration diocésaine une décharge complète de ce ministère et fit annoncer, pour l'année suivante, l'ouverture d'une maison d'enseignement secondaire classique.

Valbenoîte fut ainsi le premier collège de la Société de Marie. La direction en fut confiée à M. Delaunay, ancien Directeur du Pensionnat de la Favorite à Lyon. C'était un Maître distingué et, depuis cinq ans, religieux de la même Société. Sa santé, ses infirmités précoces ne lui permirent pas de prendre une part très active au fonctionnement de son œuvre. Mais il y apporta toujours l'autorité de son nom, la prudence de ses conseils et surtout la tendresse de son dévouement à l'enfance. Ame délicate, âme de poète, il aimait à traduire ses sentiments sous une forme gracieuse et chacun autour de lui savait apprécier le charme de son caractère.

Ce qui sembla marquer les origines mêmes de cette maison comme d'une empreinte spéciale, ce fut la dévotion toute filiale des enfants à l'égard de la Très Sainte Vierge. Elle était due sans doute aux exemples et à la pieuse sollicitude des professeurs, Maristes de nom et de fait. Mais elle s'explique mieux encore par un événement que tous les contemporains n'ont point hésité à désigner sous le nom de « miracle ». Le 10 juillet 1849, une trombe terrible fit déborder, en quelques minutes, les eaux du Furens dans le quartier de Valbenoîte. Le torrent dévastateur entraîna tout sur son passage et fit irruption dans l'enceinte du collège. On pouvait s'attendre aux pires désastres. Maîtres et élèves étaient épouvantés. Or une modeste statue de la Très Sainte Vierge, érigée dans la cour des élèves sur un tertre des plus fragiles, vit les flots s'arrêter et se diviser à ses pieds. Seule elle resta debout au milieu des ruines accumulées, et avec elle fut protégée la maison des Pères. On ne put s'empêcher de voir dans ces faits le témoignage d'une protection toute maternelle. Pareille faveur devint le point de départ de la plus ardente dévotion envers la puissante Protectrice. Il semble donc qu'il n'y ait rien d'exagéré dans cette affirmation d'un jeune élève à ses parents : « Dans ce « qui est arrivé, il n'y a rien d'étonnant. Nulle part on « n'aime plus la Sainte Vierge qu'ici. »

Cet événement laissa d'ailleurs un profond souvenir dans la ville de Saint-Étienne. Pendant de longues années les impressions de piété qu'il avait produites restèrent vivaces et la tradition s'en perpétue depuis cette époque au collège par une fête d'un caractère touchant.

Avec de telles origines, la maison de Valbenoîte paraissait solidement fondée. On pouvait même compter sur un avenir prospère. Malheureusement sa vie matérielle restait toujours menacée. On insistait encore pour maintenir le logement du curé et des vicaires de la paroisse dans les bâtiments de la Société de Marie. Très ferme pour soutenir ses droits de propriétaire, le Père Colin, ne pouvait obtenir gain de cause. Il se vit donc obligé d'en demander la confirmation à la décision des tribunaux : « Il s'agit d'un bien de la Société, disait-il, je n'ai « pas le droit de l'abandonner ; je ne le peux pas. Il faut « éviter les procès quand on le peut ; mais dans les cir-« constances présentes, je ne le dois pas, je ne le puis pas. » Cependant comme il ne voulait pas entrer en lutte avec l'Archevêché, il se résolut à vendre cet immeuble et le céda ainsi aux Petits-Frères de Marie.

Le collège de Valbenoîte fut transféré à Saint-Chamond en 1850. L'autorité municipale ayant offert à la Société de Marie de lui louer son collège, un bail de location fut signé pour vingt ans ; désormais ce fut dans cette ville, justement renommée par ses traditions religieuses et la générosité de ses habitants, que les Maristes exercèrent leur apostolat. A cette époque, suivant la remarque d'un biographe éducateur, ce collège réalisait l'idéal d'une maison d'éducation, « telle que la rêvait le saint Fonda-« teur de la Société de Marie, c'est-à-dire une maison « où règne l'esprit de famille, où les maîtres sont des pères « et les élèves des enfants, où pères et enfants professent « la même foi chrétienne, la même dévotion à la Sainte « Vierge, la même obéissance à l'Église et à son Chef (1). »

____

(1) En 1877, le collège se transporta une fois encore, des bâtiments de la Municipalité, dans le vaste établissement situé aujourd'hui à quelques minutes de la gare et devenu la propriété de la Société Anonyme Immobilière de Saint-Julien-en-Jarez.

A peu près vers le même temps, le Père Colin fonda à la Seyne-sur-Mer une autre maison d'enseignement. L'autorisation promise par le Gouvernement de Louis-Philippe fut ratifiée, l'année suivante, par le nouveau Gouvernement, et le 1ᵉʳ mars 1849, le collège Sainte-Marie s'ouvrit sous l'autorité du R. P. Viennot, comme titulaire académique, et sous la direction du R. P. Millot, comme supérieur.

En peu de temps, le nombre des élèves s'accrut rapidement et l'on put pressentir le succès que cette maison devait obtenir dans l'avenir, sans se démentir jamais : ce fut en réalité, dès la première heure, l'un des collèges les plus importants de la région. Les cours préparatoires à l'École Navale, dirigés par un maître incomparable, M. Eydoux, le signalèrent bientôt à l'attention des familles chrétiennes.

Ces brillants débuts effrayent même l'humble Fondateur. Il aimait tant la simplicité, surtout dans les origines. « J'ai peur, disait-il, que cet établissement ne réus- « sisse pas, parce qu'il ne commence pas comme les autres. « Il commence trop bien... Ces réflexions me fatiguent ; « aussi je vais ordonner des prières. »

Il put s'apercevoir par lui-même que ses craintes étaient illusoires. Dans un voyage à La Seyne, en 1850, il constata l'excellente marche de la maison. Le bon esprit des maîtres, la piété expansive des enfants le remplirent de satisfaction, si bien qu'il s'entretenait volontiers de ce qu'il avait vu et avec une effusion de cœur extraordinaire.

Là aussi il avait été témoin de pieuses manifestations envers la Très Sainte Vierge et cette dévotion toute filiale devait avoir sa récompense à la Seyne, comme à Valbenoîte.

En effet, d'après un récit de l'époque, de grands troubles éclatèrent dans le Midi, en 1851, et surtout dans le département du Var. Plus de 20.000 insurgés avaient pris les armes répandant autour d'eux une véritable terreur. Une quinzaine d'élèves avaient leurs parents prisonniers, et les excès déjà commis justifiaient toutes les craintes. Mais si la frayeur était grande au collège, ardente était aussi la prière. Sur les rangs, les élèves disaient pieusement leur chapelet, et un soir, plus de trois mille « Souvenez-vous » furent récités.

Or la veille du 8 décembre — on devait terminer le lendemain une neuvaine en l'honneur de la Vierge Immaculée — les Pères furent prévenus que les insurgés entouraient la maison pour l'attaquer à onze heures. Ils se disposaient à infliger âux maîtres les plus mauvais traitements et à emmener comme otages un certain nombre d'enfants. Que faire en face de ce péril? Le Père Supérieur et ses confrères se mirent en prières devant le Saint Sacrement, et l'idée leur vint d'illuminer la façade du collège, pour bien montrer qu'on était prévenu, et qu'on attendait l'attaque de pied ferme.

Le stratagème réussit : persuadés que des marins étaient cachés dans la maison, les insurgés déguerpirent. Ainsi le collège était sauvé et les élèves de la Seyne, comme ceux de Valbenoîte, avaient leur miracle.

En 1847, le Père Colin avait accepté aussi à titre d'essai la direction du collège de Langogne, petite ville située sur les confins des départements de la Lozère, de l'Ardèche et de la Haute-Loire. Mais au bout de huit ans, en 1855, il retira son personnel.

Malgré le bien réalisé, malgré les espérances de l'avenir, il ne voulut point garder cette direction. De graves difficultés d'ordre matériel rendaient cette situation trop difficile. De plus l'administration diocésaine aspirait à reprendre le gouvernement de ce collège. Il préféra donc se retirer : « Nous nous retirerons, disait-il, je ne veux pas me disputer pour faire le bien ; la terre est assez grande. »

Comme on l'a fait remarquer, l'amour de la simplicité lui avait fait accepter cet établissement ; on y avait si peu de confortable ! L'amour de la paix le lui fit abandonner.

Il tenta un essai de même genre, en 1853, à Brioude, dans une région assez voisine et la destinée de ce collège ne fut point différente de celle du précédent. Il l'abandonna pour les mêmes causes, en 1856. Ainsi vérifiait-il une fois de plus que la mobilité des opinions municipales ne saurait suffisamment garantir la stabilité des contrats. Lorsqu'on dirige pour le compte d'autrui des maisons d'enseignement, on risque fort de se heurter à des difficultés qui souvent ne peuvent se résoudre que par la rupture des conventions.

Quel que fût son désir de travailler par ce ministère au salut des âmes, le Père Colin se rendait un compte exact des difficultés de chacune de ces fondations. Celle du collège de Montluçon mit également à l'épreuve sa longanimité.

Mgr de Dreux-Brézé, évêque de Moulins, agissant beaucoup en cette circonstance sous l'inspiration du vénérable curé de Notre-Dame à Montluçon, pressait avec instances le Père Fondateur d'accepter un collège dans cette dernière ville. De prime abord, ce projet ne plaisait point au Supérieur de la Société de Marie. Le local semblait insuffisant ; on craignait que cette fondation ne suscitât des réclamations nombreuses dans la ville. Puis l'existence plus ancienne du petit séminaire d'Iseure paraissait compromettre à jamais l'avenir d'une maison nouvelle.

Les instances de l'Évêque triomphèrent cependant de cette opposition et le collège fut ouvert, en 1853, sous le nom d'Institution Saint-Joseph. On n'eut point à s'en repentir. Là comme ailleurs les débuts justifièrent les plus belles espérances et le Père Colin enregistra avec joie l'attestation de son Supérieur, le Père Goulouand : « Je « crois, écrivait ce dernier dans une relation, je crois « avec tous nos Pères qu'il serait difficile de rencontrer « chez des élèves, plus de docilité et de simplicité, jointes « à un caractère plus aimable et plus charmant. Aussi « nous en faisons à peu près ce que nous voulons. Nous « vivons avec eux en famille et ils sont avec nous respec- « tueusement familiers. Nous les aimons beaucoup et de « leur côté, ils nous sont très attachés. »

N'est-il pas quelque peu étonnant que, partout, ces débuts de la Société de Marie, dans les maisons d'éducation, aient été couronnés des succès les plus consolants? Cette Société était bien jeune dans l'Église et son expérience, en matière d'enseignement, n'avait pu encore se développer. Mais le R. P. Colin avait à ce sujet, d'une façon très spéciale, des grâces de Fondateur.

Pendant vingt-cinq ans supérieur du collège de Belley, au milieu des circonstances les plus critiques, il avait été aux prises avec les difficultés de cet apostolat. Son esprit observateur avait recueilli toutes les leçons d'ordre pratique que lui suggéraient les faits de la vie réelle. Il était donc armé, pourrait-on dire, pour cette forme de combat et ses directions s'exercèrent, d'une façon continue, avec une parfaite netteté. Qu'on aime à entendre le Père livrer aux maîtres futurs le secret de ce ministère si important !

Avant tout il avait conscience des difficultés de l'édu-
cation, labeur toujours absorbant et souvent ingrat : « Ceux qui sont employés dans l'enseignement secondaire « sont surchargés de mille occupations. Je ne suis pas « surpris que de temps en temps ils se sentent décon- « certés. »

Aussi leur demandait-il du courage et de la confiance, et voulait-il qu'ils ne cessassent jamais, hommes de prière, d'unir la vie contemplative à la vie d'action : « Messieurs, « sans la piété, nous ne ferons rien du tout et nos maisons « tomberont. La science est nécessaire ; mais si elle est « seule, elle nuira. Dieu ne nous bénira pas. »

Que de fois dans ses instructions, dans ses conférences, aux Retraites générales, il est revenu sur ce principe !

Pour lui, tout est là. Le maître dans les collèges, comme l'apôtre dans les missions, doit être un homme surnatu- rel. On ne peut donner que ce que l'on a. Comment former les âmes des enfants à la vie chrétienne, si l'on n'entre- tient point en soi-même cette source de grâce, d'où jailliront les inspirations d'une piété constante et solide?

Mais cet éducateur apôtre, il le voulait avec des entrailles de père. « Sa fonction n'est point de gronder sans « cesse, mais de former et de cultiver les cœurs. » Pour réaliser cet idéal, il recommandait les procédés affables, les formules sans raideur, comme si l'on s'adressait à l'esprit d'initiative des enfants. Il est si avantageux de les conduire sans qu'ils sentent le poids ou la gêne d'une autorité trop exigeante !

Puis, n'est-ce pas avec le sentiment d'une condes- cendance pleine de miséricorde qu'il faut traiter les âmes au début de leur ascension vers des sommets difficiles à gravir : « Messieurs, ne vous sentez-vous pas attendris « en pensant à ces jeunes plantes? » Il ne craignait pas de revenir souvent sur ces dispositions. A ses yeux un bon professeur est celui qui punit peu et fait beaucoup travailler. Il lui semblait qu'il convient d'être indulgent pour tout ce qui n'est pas péché.

Ce n'est point que sa manière fût molle et trop sensible. « En général, disait-il, il faut que les enfants sachent que « nous avons une grande bonté ; mais il faut bien aussi « qu'ils la voient enveloppée d'une grande fermeté. »

Cet art de savoir dissimuler une main de fer sous un gant de velours a toujours été le privilège des véritables éducateurs. Le R. P. Colin avait reçu ce don de Dieu. *Suaviter et fortiter :* cette méthode de conciliation, appliquée avec le plus judicieux discernement des circonstances, était vraiment la sienne.

Dès l'origine, il voulut l'inculquer dans l'âme de ses religieux. C'est donc à bien la comprendre, à la faire passer dans le détail de leur direction, qu'ils s'efforcèrent, en pratiquant le devoir quotidien. La mesure même de leurs succès est dans la fidélité à ces principes de leur Fondateur.

Quand on connaît l'ardeur de son zèle, on n'est point surpris qu'il ait accepté encore pour ses religieux la direction des grands séminaires. Cette œuvre n'est-elle point en harmonie avec le caractère d'une Société apostolique? « Oui, disait-il, c'est la meilleure œuvre que nous « puissions faire que de contribuer à la sainteté des « prêtres. » Il agréa donc dans ce sens les propositions de Mgr de Pons, évêque de Moulins, en 1847, de Mgr Sibour, évêque de Digne, en 1849, et quelques années plus tard, en 1852, celles de Mgr Dufêtre, évêque de Nevers.

Mais là encore, le R. P. Colin apportait son esprit de haute sagesse et de profonde modestie. Il ne voulait pas que cette œuvre fût entreprise sans une extrême prudence, et que cette direction fût trop facilement acceptée. A ses yeux, elle était trop délicate, elle demandait une préparation trop spéciale pour qu'une Société encore jeune pût l'adopter dans une large mesure. Ce qui l'effrayait, c'était moins l'enseignement des sciences ecclésiastiques que l'éducation cléricale. A ce sujet n'est-il point intéressant de constater que déjà, à cette époque, comme s'il prévoyait l'avenir, il était d'avis qu'on acceptât des chaires dans les Universités catholiques?

D'autre part cependant, pour la question des cures et du ministère paroissial, du moins dans notre pays, il était irréductible. Ces fonctions lui paraissaient inconciliables avec le but de la Société de Marie, et sur ce point il ne consentait point à admettre de discussion. Pour lui, accepter ce ministère c'était mettre la main sur les fondements de la Société. « Il y a des curés dans l'Église, « ce n'est point notre mission, disait-il. Si la Société « ne peut faire le bien qu'en acceptant des cures elle doit « cesser, elle doit être anéantie, car alors elle est sans but, « elle n'a plus rien à faire dans l'Église. »

Sans avoir les mêmes dispositions à l'égard des charges d'aumônier, de confesseur, de directeur spirituel, de supérieur ecclésiastique dans les communautés d'hommes ou de femmes, il les regardait cependant comme peu conformes au but de la Société. Il ne faisait d'exception que pour les Sœurs Maristes et les Petits-Frères de Marie ; ces deux congrégations ne formaient dans son esprit qu'une seule famille avec les Pères, il était donc naturel de leur assurer tous les services spirituels possibles.

D'après ce qui précède on jugera sans doute que les années du supériorat du R. P. Colin furent admirablement remplies. Toutes les fondations déjà énumérées supposent chez un administrateur une activité peu commune.

Mais que dire de toutes les œuvres auxquelles il dut renoncer faute de sujets? Les demandes affluaient de toutes parts. On aurait voulu des résidences nouvelles dans les diocèses de Belley, de Grenoble, de Bayeux, d'Autun, d'Angoulême, de Limoges.

On voulait lui confier le pèlerinage de Notre-Dame du Laus, dans le diocèse de Gap. Mgr Odin, évêque de Galveston, dans les États-Unis, réclamait des missionnaires maristes. On lui offrait encore des collèges à Digne, à Condom, à Rodez, à Agen, à Aubenas, au Péage, à Pèzenas, à Pignelin, à Limerick en Irlande. Le Fondateur de la maison des Minimes, à Lyon, M. Dettard, avait espéré pouvoir remettre son œuvre entre les mains du Père Colin, pour en assurer l'avenir.

Hélas ! le Vénérable Fondateur était obligé de répondre par des refus réitérés, et ses réponses sont toujours dictées par le sentiment de la même modestie : « Notre congré-« gation est trop jeune, écrivait-il. La sève religieuse n'a « pas encore eu le temps de se fortifier et de devenir « vigoureuse parmi nous. La prudence demande que nous « ne commencions pas de nouveaux établissements sans « nous sentir la force de les soutenir et de les consolider. »

C'était la réponse de la sagesse. Nul ne pouvait en vouloir à cet homme de Dieu, et sa manière de traiter avec les évêques ces questions délicates ne pouvait que faire regretter davantage un refus qu'il savait si bien présenter.

Cependant, à partir de 1846, il songea à s'établir à Rome. Là, il travaillerait aux Constitutions de la Société ; puis, il servirait de Procureur pour les missions d'Océanie, et surtout, il serait au centre où l'on est le plus sûr de recueillir toutes les pensées du Saint-Siège.

Peut-être même espérait-il que son éloignement, que son absence prolongée déciderait plus facilement ses confrères à accepter sa démission. En somme, ce projet était cher à son cœur. Il fallut les agitations politiques de cette période révolutionnaire pour retarder l'exécution immédiate de son programme. Il en renvoya à une époque moins troublée la réalisation, et lui qui voulait, à Rome même, ne point faire de bruit, rester un inconnu, il continua à travers les multiples incidents de sa vie administrative, à poursuivre son idéal : Faire beaucoup de bien, mais sans bruit, dans la simplicité, avec la modestie d'un enfant de la Très Sainte Vierge.

CHAPITRE VII

LES AUTRES BRANCHES DE LA SOCIÉTÉ DE MARIE :
FRÈRES COADJUTEURS. SŒURS MARISTES

Dans l'esprit de son Vénérable Fondateur, la Société de Marie s'était présentée dès l'origine, comme un corps puissamment organisé. Mais deux branches étaient destinées à vivre ensemble, dans une union plus intime : celle des Pères dont nous avons parlé jusqu'à présent, et celle des Frères coadjuteurs.

Ces derniers, habitant sous le même toit que les prêtres, ne devaient avoir que des fonctions purement temporelles, c'est-à-dire rendre, à l'intérieur des maisons, des services d'ordre matériel.

C'est à Cerdon même, que le R. P. Colin avait commencé cette fondation. Puis, lorsque le Père Champagnat à l'Hermitage, près Saint-Chamond, et plus tard à Valbenoîte se fut mis à recruter les membres de son Institut, c'est là que le Vénérable Fondateur puisa ses premiers auxiliaires temporels. Cette organisation ne pouvait durer longtemps.

En 1844, il adopta une séparation formelle entre les Petits-Frères de Marie, destinés à instruire les enfants du peuple, et les Frères coadjuteurs maristes.

Qu'elle était grande et belle aux yeux du Père Colin la vocation de ces humbles Frères ! Avec son amour de la vie cachée, avec sa prédilection pour Nazareth, il voyait aisément en eux les copies les plus vivantes de la Très Sainte Vierge et de son chaste époux. Servir des prêtres, n'est-ce pas, à l'exemple de Marie et de Joseph, servir Dieu lui-même ! Toute la grandeur de leur mission était dans ces simples mots.

Aussi se plaisait-il à dire qu'il enviait la condition des Frères : « Ah ! si je pouvais changer ma position avec « la vôtre, je le ferais bien vingt fois. » Chez lui cette prédilection avait une nuance particulière de tendresse et, quand il les appelait « ses enfants », on sentait à son accent que ces mots jaillissaient de son cœur. Aimable simplicité ! En toute circonstance, elle rapprochait le Vénérable Fondateur de cette portion aimée de son troupeau.

Il n'est donc point étonnant que, dès les premières réunions capitulaires, il ait tenu à régler de la façon la plus sérieuse tout ce qui concernait leur formation spirituelle. Au point de vue temporel, à part le costume, point de différence entre eux et les Pères de la Société. D'ailleurs, même vie religieuse : les vœux de pauvreté, de chasteté et d'obéissance, après une période d'expérience mutuelle, les incorporent pour toujours à la famille de Marie.

Dans cette atmosphère de piété et de confiance, les âmes des Frères coadjuteurs se développèrent d'une admirable façon. En contemplant le résultat de son œuvre, le R. P. Colin pouvait s'estimer heureux. Dieu lui envoya des coadjuteurs d'élite, et leur souvenir reste encore vivant dans la Société de Marie. Là comme ailleurs, les bénédictions du ciel attestaient aux regards des hommes que la mission de l'humble vicaire de Cerdon répondait aux desseins de la Providence.

Comme il avait établi dans sa famille religieuse la branche des Frères coadjuteurs, le R. P. Colin fut encore l'instrument de Dieu pour la fondation de la Congrégation des Sœurs Maristes. Bien humbles furent ces commencements ! Le cachet de la simplicité était réservé à cette famille de religieuses, comme il devait rester la marque distinctive de la famille des Pères.

Quelques saintes filles, dirigées par l'abbé Pierre Colin, à une époque où il ignorait encore les desseins de son frère Jean-Claude, s'étaient groupées à Cerdon. On y préludait, dans la pratique de la charité et de l'humilité, à la vie religieuse. L'histoire de ces origines nous a conservé le souvenir des trois jeunes fondatrices : c'étaient Jeanne-Marie Chavoin, avec Marie-Thérèse Jotillon, de Coutouvre, et une jeune cousine de la première, portant les mêmes noms.

Cet essai était dans l'ordre de la Providence. Mgr Devie, évêque de Belley, donna donc à ces pieuses filles un vêtement religieux. Neuf prétendantes vinrent en peu de temps s'adjoindre aux trois premières et comme elles étaient trop étroitement logées, l'autorité diocésaine les appela à Belley et mit à leur disposition la maison qui fut désignée depuis sous le nom de Maison de Bon-Repos. On était alors en juin 1825. Le Père Pierre Colin fut leur premier directeur et dès lors commença leur initiation véritable à la vie mariste, dont le R. P. Fondateur fut l'inspirateur principal. Avec quelle satisfaction dut-il voir que la pauvreté était bien la pierre angulaire de la maison de Bon-Repos ! Une fois de plus d'ailleurs se vérifiait cette vérité d'expérience : « On n'est jamais « plus heureux que lorsqu'on manque de tout ! Nous « étions fort gênées dans ces commencements, disait plus « tard une des religieuses fondatrices. Souvent nous avons « passé des semaines entières, sans posséder vingt sous « dans notre caisse. Mais que nous étions heureuses ! « Jamais nous n'étions plus contentes que lorsqu'il n'y « avait plus rien. »

En réalité, malgré cette détresse, la petite famille prospérait de jour en jour, et la ruche primitive devait jeter au dehors de nouveaux essaims. Meximieux dans l'Ain, Lyon, Sainte-Foy-lès-Lyon, Collonges furent les étapes successives parcourues par ces modestes religieuses que des progrès constants obligeaient à de nouvelles fondations.

Elles aussi pouvaient envisager l'avenir avec confiance ; car, suivant la méthode du R. P. Colin, elles demandaient à l'humilité le secret des choses qui durent et des institutions vraiment solides.

Sans doute nous n'avons pas à in ister sur l'histoire de cette Congrégation ; mais comme il est intéressant, là encore, de surprendre l'une des manifestations les plus expressives de l'esprit du Père Colin !

Écoutons-le quand il expose la fin essentielle de cette œuvre :

C'est par une disposition toute particulière que cette petite Congrégation est née sous les auspices de la Sainte Vierge ; qu'elle a reçu le nom précieux et simple de Congrégation de Marie, et que les Religieuses qui en font partie sont appelées Maristes. Cette faveur toute gratuite qu'elles ne sauront jamais assez apprécier et qui leur promet une protection toute spéciale de la part de la Reine du Ciel, les oblige à recourir à Elle dans tous leurs besoins, à se regarder comme ses humbles servantes et à lui rendre le culte qu'elles lui doivent à tant de titres : culte de reconnaissance, d'amour, de confiance, d'honneur et d'imitation.

En face de ce but essentiel, il leur demande d'être des âmes généreuses, mais généreuses surtout par l'humilité et la simplicité de cœur. Ces mots revenaient souvent sur ses lèvres comme le motif fondamental de cette harmonie intime que l'âme du Serviteur de Dieu ne cessait

de faire entendre sous le souffle de la grâce : « Voulez-
« vous éviter les pièges de l'ennemi du salut, leur disait-il,
« soyez petites et simples. »

Avec ce programme, les religieuses maristes travail-
leront utilement à la sanctification des âmes. Diriger des
maisons dites *Providences* en faveur des petites filles
pauvres et orphelines ; donner l'instruction et l'éducation
chrétiennes à de jeunes élèves, organiser pour les personnes
du monde des Retraites spirituelles, prier pour la conversion des pécheurs, et spécialement pour les Pères Maristes
et le succès de leurs œuvres, tel était le but de leur formation. Quand on le compare à celui des Religieux
Maristes eux-mêmes, on comprendra que le R. P. Colin
ait eu la pensée de grouper sous son unique direction ces
branches diverses de la Famille de Marie.

Ce projet était grandiose. Il attestait l'intrépidité du
Père Fondateur et son grand esprit de foi.

Mais durant un voyage à Rome, en 1833, il dut en comprendre les inconvénients. Le cardinal Castracane,
rapporteur de ce projet, lui en fit ressortir les impossi-
bilités. Il n'y avait pas à y songer davantage.

Le Père Colin se rendit sans hésiter aux raisons du
pieux cardinal et plus tard il s'applaudit de toute son
âme d'avoir sacrifié ses premières vues.

Il fut donc décidé que les Sœurs Maristes auraient
une Supérieure générale pour le gouvernement de toute
leur congrégation. La chose une fois décidée, le Vénérable Fondateur s'occupa de leur tracer des constitutions
définitives. Il apporta à ce travail sa prudence ordinaire,
le soumit confidentiellement à des personnes autorisées
et put enfin, en 1875, quelques mois avant sa mort, le
proposer officiellement à un Chapitre général de la Congrégation des Sœurs.

Ce projet fut accepté avec enthousiasme et soumis à l'approbation de Rome. Tout fait espérer qu'après les corrections, jugées opportunes, il deviendra le Statut canonique et définitif de l'Institut des Sœurs Maristes, approuvé par Léon XIII, comme congrégation à vœux simples.

CHAPITRE VIII

LE PÈRE COLIN ET LES PETITS-FRÈRES DE MARIE

Le Vénérable Père Champagnat fut le vrai fondateur des Petits-Frères de Marie, mais il se considéra toujours, dans cette fondation, comme l'associé et le sujet du Père Colin.

Sans doute le Bref d'approbation de la Société ne visait pas l'Institut des Petits-Frères de Marie. Mais le Père Colin n'hésita pas à demander à son confrère d'associer ses Frères à l'œuvre des Missions, confiée aux prêtres de la Société. De son côté le Père Champagnat lui-même, toujours généreux et spontané dans son dévouement, fut le premier à réclamer l'avantage de faire les vœux de religion sous la direction de celui qu'il considérait depuis longtemps comme son vrai père.

Il dut attendre cependant pour la réalisation de son désir l'élection canonique du Supérieur Général. Une fois élevé à cette charge suprême, le R. P. Colin comprit que l'exercice de son autorité réclamait qu'on régularisât toutes choses et que le Père Champagnat en particulier tînt de lui seul son titre de Supérieur de l'Institut des Petits-Frères de Marie. L'humble religieux n'avait point soupçonné la nécessité de cet acte de déférence. Lorsqu'à la Retraite de 1837, le R. P. Colin lui fit comprendre ce devoir :

« Oh ! Monsieur le Supérieur, s'écria alors le saint « religieux, je donne volontiers ma démission. Ce qui me « chagrine, ce n'est pas de renoncer à la supériorité, c'est « de voir qu'on use de précautions pour m'y inviter. »

L'acte de démission fut immédiatement rédigé ; puis à son tour, le Supérieur Général, au nom de l'obéissance, nomma le Père Champagnat Supérieur de l'Institut des Petits-Frères de Marie. Tout était dans l'ordre et les pouvoirs de chacun nettement établis. Vraiment on se demande, en évoquant cette scène touchante, ce qu'il faut admirer le plus, l'humilité du Père Champagnat ou la netteté dans les décisions du Père Colin, investi de sa nouvelle autorité ! Leurs vertus solides rendaient facile l'accomplissement d'un mutuel devoir.

Pendant plusieurs années à partir de cette époque, le Vénérable Père Colin considéra comme une seule et même branche de la Société de Marie et celle des Petits-Frères de l'Hermitage et celle de ses Coadjuteurs temporels. Les uns et les autres, suivant leurs aptitudes, étaient employés soit au service des Pères, soit à l'instruction des enfants.

D'un côté, le Père Champagnat dirigeait vers les Missions d'Océanie ceux de ses Frères qu'il jugeait le plus capables d'aider utilement cet apostolat.

D'autre part, le R. P. Colin étendait sur son saint confrère et l'ensemble de son œuvre sa précieuse direction, toujours faite de prudence et de longanimité. Il agissait bien en chef, mais avec les tempéraments que suggérait au représentant de l'autorité le sentiment des égards fraternels.

Dans l'ardeur de son zèle, le Père Champagnat avait de saintes ambitions et n'était point effrayé par la perspective d'acquisitions nouvelles. Moins prompt à entreprendre, le Père Colin lui répondait : « Je ne sais que vous dire pour cette acquisition dont vous parlez. La branche des Frères n'a pas encore de bases arrêtées qui motivent une réponse à votre question. Les établissements des Frères auront-ils des fonds ou des revenus fixes? Ces fonds appartiennent-ils à la Société ou à chaque établissement en particulier? ou bien n'auront-ils que le traitement fourni par les paroisses avec la pension mensuelle des enfants? Voilà autant de points qu'il faudrait fixer ; alors, il serait facile de répondre à la question proposée. Dans tous les cas, prions avec ferveur ; peut-être négligeons-nous trop cet unique moyen que nous ayons de connaître la volonté de Dieu et de réussir dans nos entreprises. Je me sens pressé de vous conseiller de suspendre pendant trois mois toute espèce de projet, afin de vous occuper uniquement à bien former et à mettre sur un bon pied votre Maison-Mère et vos établissements particuliers et à disposer si bien toutes vos affaires que si vous deviez mourir dans trois mois, tout fût en règle. »

N'était-ce pas une fois de plus le langage de la prudence et l'expression d'un zèle vraiment surnaturel? Ne jamais devancer la marche de la Providence, même lorsqu'elle comprime par sa lenteur la vivacité de nos désirs c'est si bien l'attitude habituelle du Père Colin !

On le voit par ces détails, les deux branches de la Société de Marie recevaient une sève commune, grâce à la direction de son vénéré Fondateur. De part et d'autre on se prêtait un mutuel appui. Le Père Colin détachait parfois quelques-uns de ses prêtres de Belley pour remplir les fonctions d'aumônier à l'Hermitage ; et dans d'autres circonstances, c'était l'Hermitage qui venait au secours du Père Colin pour des fondations nouvelles ; c'est ainsi que le Père Chanut, compagnon du Père Champagnat, fut envoyé à Notre-Dame de Verdelais où il s'agissait de relever le pèlerinage de la région bordelaise.

Petit à petit cependant l'Institut de l'Hermitage devait s'acheminer vers son autonomie.

C'est ainsi qu'à la Retraite générale de 1839, le R. P. Colin, résolu à éclaircir la situation, soumit aux religieux profès la question suivante : « Est-il opportun pour les « Pères d'avoir des Frères coadjuteurs distincts des « Petits-Frères de Marie? »

Ce n'était point là une preuve de mécontentement à l'égard du Père Champagnat et de ses disciples ; chacun au contraire rendait hommage à son cordial dévouement. Mais on comprenait que les Petits-Frères de Marie avaient été fondés pour l'éducation des enfants du peuple ; comme il était clair aussi qu'une Société de prêtres exige des auxiliaires directement et exclusivement chargés des emplois temporels, on fut unanime à déclarer que la Société de Marie devait avoir ses coadjuteurs temporels, distincts des Petits-Frères de Marie.

Par cette mesure, ces derniers n'étaient point encore soustraits à la juridiction du R. P. Colin. Mais le déclin de la santé du Père Champagnat allait hâter l'heure de la séparation.

En 1839, il était rentré de Paris véritablement épuisé. Immédiatement prévenu, le R. P. Colin accourut de Saint-Chamond. Il n'eut point de peine à faire comprendre à son saint ami que l'affaiblissement général de sa santé lui imposait l'obligation de pouvoir à son remplacement. Le moment était venu de faire désigner un Frère qui fût capable d'assurer le gouvernement de son Institut.

Chargé par le Supérieur de l'Hermitage de procéder à cette élection, le R. P. Colin. muni de tous les pouvoirs et agissant comme délégué de Mgr de Pins, convoqua les Frères pour cette nomination, à la suite de leur Retraite annuelle. Leur choix se porta sur le Frère François, et après lui, les votes désignèrent à la confiance de l'Institut les Frères Louis-Marie et Jean-Baptiste.

Le premier fut donc proclamé Supérieur Général des Petits-Frères de Marie ; les deux autres, nommés assistants. Un tel choix répondait de tous points aux désirs du Père Champagnat : « Oh ! s'écria-t-il, que Dieu soit « béni ! C'est bien le choix que je désirais. Ce sont bien « là les hommes qu'il faut. »

Il s'en réjouissait d'autant plus que, d'après lui, cette élection ne devait rien changer aux rapports établis jusque-là avec la Société de Marie. Le Frère François avait été élevé dans les mêmes vues de subordination constante au même Supérieur Général.

Ce n'était point tout à fait l'aspiration du R. P. Colin. Depuis longtemps déjà il cherchait à rendre son autorité sur l'Institut des Frères moins effective. S'il n'hésitait pas à donner une direction générale, il se gardait bien de contrôler dans le détail d'administration du Père Champagnat. Ne savait-il pas qu'il faut être « du métier » pour gouverner avec profit une Société vouée à l'instruction primaire? N'avait-il pas déjà assez des soucis que lui imposait l'administration d'une Société de prêtres?

Aussi de plus en plus arrivait-il à conclure que le besoin de la paix et le bien des deux groupes exigeaient une administration distincte.

Par déférence pour les désirs très formels du Père Champagnat, il ne voulut rien brusquer. Avant tout, il tenait à respecter chez son vénéré confrère son admirable attachement pour la Société de Marie, et c'est pour ce motif qu'après l'élection du Frère François, il ne renonça point à la direction générale des deux Instituts. Après comme avant, il restait le Supérieur suprême des Frères.

Ce *statu quo* ne devait point être de longue durée. Dès le mois de mars 1840, on comprit que la fin du Père Champagnat était prochaine. Les symptômes les plus graves se manifestèrent à la fin de mai, et le Père Colin accourut à l'Hermitage pour entourer son saint ami et lui prodiguer les témoignages de sa religieuse affection.

Le mourant voulut confier à son Supérieur l'avenir de ses Frères et parla jusqu'à la fin de son bonheur de mourir Mariste : « Oh ! disait-il au curé de Saint-Julien- « en-Jarez, son ami, si vous saviez comme il fait bon « mourir dans la Société de Marie, vous n'hésiteriez pas « à y entrer? » De telles paroles étaient de nature à faire tressaillir l'âme du Fondateur lui-même ! C'était le plus bel hommage que le Père Champagnat pouvait rendre à son vénéré Supérieur. La mort du modeste prêtre de La Valla fut calme et douce, comme celle de sa Divine Mère ; et la Société de Marie, en recevant les témoignages de vénération rendus par une foule de prêtres et d'amis à la mémoire de cet humble religieux, avait le droit de ressentir une juste fierté. Elle donnait à Dieu pour chanter sa gloire une âme de saint.

Cette âme de saint mariste avait conservé jusqu'au bout l'espérance que son Institut resterait définitivement placé sous la direction du Supérieur Général de la Société de Marie. Dans son testament spirituel, il s'était exprimé sur cette question avec une grande énergie de paroles : « Comme vos volontés, disait-il, doivent se confondre « avec celles des Pères de la Société de Marie, dans la « volonté d'un Supérieur unique et général, je désire « que vos cœurs et vos sentiments se confondent aussi « toujours en Jésus et en Marie... Le Supérieur des Pères « l'étant également de la branche des Frères, doit être « le centre d'union des uns et des autres. »

Sans doute le Père Colin ne se refusa point à exercer encore la tutelle demandée par son saint ami, mais il se persuada bien vite qu'il lui serait malaisé de gouverner utilement cet Institut. Il n'en connaissait point assez les traditions et les usages. Puis le Frère François avait fait preuve, depuis douze ans, d'une admirable sagesse comme administrateur. Enfin, consulté sur un projet d'union des deux Instituts sous le même gouvernement, le Saint-Siège avait donné une réponse négative. Il n'en fallait pas davantage pour décider le saint Fondateur à prendre une décision.

Il se rendit donc à l'Hermitage et devant les Frères réunis en Chapitre général, il fit les déclarations suivantes :

J'aurais pu, d'après le testament du P. Champagnat, me mêler de vos affaires, mais j'ai compris que cela ne pourrait que brouiller votre gouvernement, et conséquemment que mon devoir était de laisser le tout entre les mains de votre Frère Supérieur et de ses assistants. Au reste, vous n'avez pas certes à vous plaindre de leur administration ; car ils ont dirigé saintement votre Institut. Tout cela me convainc de plus en plus que la volonté de Dieu est que vous vous gouverniez par vous-mêmes. Au début, étant comme des enfants qui ne font que de naître, vous avez eu besoin d'être dirigés et entourés de toutes sortes de soins par les Pères. Maintenant que vous voilà parvenus à l'âge d'homme, vous pouvez marcher seuls ; et pour le dire en un mot, il faut vous émanciper.

Soyez sûrs, mes enfants, qu'actuellement les Pères ne peuvent pas prudemment s'immiscer dans votre administration ; car n'étant pas au courant de vos usages, ils ne pourraient qu'entraver votre gouvernement. Après avoir prié longtemps et examiné la chose, je dois avouer qu'il ne m'a pas paru possible de mettre sous un même gouvernement les Frères et les Prêtres. La volonté du Bon Dieu s'est enfin manifestée clairement lors de mon voyage à Rome. Car lorsque je présentai au Cardinal protecteur de notre Congrégation mon écrit sur le projet que j'avais de lier les deux branches sous un même chef, il me répéta à plusieurs reprises que la chose ne pouvait pas se faire. Ainsi mes enfants, la volonté de Dieu est que vous ayez un Supérieur pris parmi vous, qui vous gouverne en tout. Toutefois cela ne veut pas dire que je rompe avec vous et que je ne veuille plus me mêler de vos affaires, tout au contraire, je ne laisserai jamais échapper les occasions de vous être utile, quand je le pourrai. J'entends que les Frères et les Pères restent toujours unis et mon dessein est de mettre dans notre Règle un article qui perpétue cette union, que nous donne notre commune origine.

Tel fut le dernier acte administratif du R. P. Colin dans ses relations avec l'Institut des Frères Maristes. C'était un acte de prudence que lui avaient suggéré son esprit de sagesse et son humilité ! Ainsi se terminait la vie parallèle de ces deux serviteurs de Dieu, Maristes dans l'âme, l'un Fondateur d'une Société de Frères, l'autre d'une Société de Prêtres.

La gloire du fils rejaillissait sur le Père. En contemplant l'œuvre si visiblement bénie du Père Champagnat, le Père Colin avait le droit de dire : « Voilà un de mes « enfants, voilà un Mariste qui a fait une grande « œuvre (1). »

---

(1) On sait en effet que l'Institut des Petits-Frères de Marie, reconnu comme Congrégation religieuse en 1863, a obtenu en peu de temps un développement admirable. Il compte aujourd'hui près de 8000 religieux, répandus dans toutes les parties du monde. Son fondateur, le Père Champagnat, a été déclaré Vénérable et, le 9 août 1896, le pape Léon XIII a signé l'introduction de la Cause de Béatification du Serviteur de Dieu.

CHAPITRE IX

LE PÈRE COLIN ET LE TIERS ORDRE DE MARIE. BRANCHE CONTEMPLATIVE

Nous avons dit souvent que le R. P. Colin avait un tempérament d'apôtre. Rien ne le démontre mieux que l'organisation d'une autre branche de sa famille religieuse qui s'est appelée le Tiers Ordre de Marie. Dans la langue juridique, le titre d'*Ordre* est réservé aux religieux à vœux solennels, mais les vœux solennels ayant disparu de France depuis la Révolution, l'usage prévalait d'appeler couramment « Ordres » toutes les Congrégations religieuses ; le sens usuel du mot Tiers Ordre s'élargissait en même temps. Or de bonne heure le Vénérable Colin avait eu la vision complète de l'œuvre qu'il entreprenait de fonder et songé à organiser dans le rayonnement de la Société de Marie une vaste association où les âmes des fidèles, et aussi les prêtres séculiers, animés d'une dévotion plus filiale envers la Mère de Dieu, s'efforceraient à vivre dans le monde l'idéal mariste, par l'imitation des vertus de la Sainte Vierge, et par un apostolat discret au sein de leurs familles ou dans le cercle de leur influence. Ces associés s'appelèrent Tiers Ordre de Marie ; l'autorité ecclésiastique les y encourageait, et plus tard, des indulgences leur vinrent de Rome sous ce nom.

Aussi le Vénérable Père n'avait-il pas hésité à mettre dans sa supplique en faveur du Tiers Ordre une mention que seule peut expliquer la foi des vrais serviteurs de Dieu. « On reverrait, disait-il, à la fin des temps ce qu'on a vu au commencement, *multitudinis credentium erat cor unum et anima una*, c'est-à-dire que tous les fidèles, par Marie, n'auraient qu'un cœur et qu'une âme. »

Est-il surprenant qu'à l'exposé de ce plan, le cardinal Castracane, se soit mis à sourire, en disant : « Tout le monde sera donc Mariste, même le Pape? — Oui, Éminence, lui répondit le modeste religieux. C'est le Pape que nous voulons pour Chef. » En racontant cet incident, il ajoutait : « Eh bien, tout de suite, j'ai obtenu trois Brefs. Ah ! Messieurs, prenons courage, notre entreprise est hardie. Comme l'observait le bon Cardinal, nous voulons tout envahir. Quand ce temps viendra-t-il? »

Le temps ne pouvait venir encore pour cet envahissement général. D'abord humble et obscur le Tiers Ordre se fonda dans l'humilité, le silence et la prière. Pouvait-il avoir, à l'origine, un autre caractère que l'œuvre principale de la Société de Marie?

Ce fut au Père Eymard, son Provincial, que le Père Colin confia, en 1842, la direction de cette œuvre importante. Ame ardente, s'il en fut, le nouveau directeur se consacra tout entier au Tiers Ordre de Marie. « Je me sens pressé, écrivait-il un jour, de demander au Père Colin de me charger de répandre le Tiers Ordre. C'est mon attrait le plus fort et le plus constant. »

Aussi pouvait-il dire en toute sincérité dans une autre circonstance : « Je pense sans cesse à notre cher Tiers Ordre et je l'offre tous les jours à Dieu au Saint Sacrifice. Pour lui, rien ne me coûte, rien ne me répugne. J'aime tout ce qui lui appartient. »

Sous cette ardente direction, l'œuvre prit un nouvel essor ; le nombre des Fraternités augmenta, et le Père eut la consolation d'en fonder de nouvelles à La Mure, son pays, à Tarare, Amplepuis, Saint-Étienne, Paris, Toulon et la Seyne-sur-Mer.

Bientôt même ce modeste Tiers Ordre apparut dans l'Église comme une œuvre catholique : ce caractère lui fut assuré par la consécration suprême, celle du Souverain Pontife.

Sous l'inspiration du Père Eymard, un Mariste d'Océanie, de passage à Rome, s'employa à obtenir au Tiers Ordre « le plus d'indulgences et de faveurs possibles ». Le R. P. Theiner de l'Oratoire, très lié avec le Père Colin, s'y intéressa et proposa au cardinal Lambruschini de commencer par l'érection canonique. Ayant écouté les objections du cardinal, le savant oratorien y répondit de son mieux, et porta le tout au Saint-Père. Le 8 septembre 1850, le Pape Pie IX intervenant lui-même, donna le Bref qui déléguait le cardinal de Bonald, archevêque de Lyon, en vue d'instituer le Tiers Ordre de Marie, avec tous les pouvoirs nécessaires et opportuns à cette fin. La conclusion était heureuse et inattendue. Le R. P. Colin lui-même n'avait point demandé cet indult. Il eut un moment de surprise et sa première pensée fut de s'effrayer, par conséquent, de mettre sous clef ce précieux document. Mais bientôt se ravisant, il comprit que des circonstances providentielles avaient encore conduit cette affaire. La pièce officielle était adressée au Cardinal de Lyon et lui fut remise par l'intermédiaire du Père Eymard, l'heureux instrument de la Providence. Monseigneur l'Archevêque de Lyon ne pouvait qu'être favorable à ce projet. Le 5 décembre 1850, il porta donc un décret définitif :

Vu le Bref apostolique qui nous investit des facultés nécessaires pour spécifier et désigner les privilèges spirituels demandés pour le Tiers Ordre de Marie et accordés par le Saint-Siège, Nous déclarons le dit Tiers-Ordre établi, orga-

nisé et canoniquement institué, à partir de dimanche por-
chain, 8 décembre.

Sept ans après, la Règle en fut également approuvée
par une Ordonnance du même Cardinal. Le Tiers Ordre
de Marie avait ainsi son organisation parfaite. Cette
approbation apostolique en faisant une œuvre de l'Église,
les âmes étaient vraiment encouragées à venir en toute
confiance s'abreuver à cette source nouvelle de bénédictions.

Oui, c'était une source nouvelle. A des temps différents le Souverain Pontife jugeait qu'on pouvait offrir
des remèdes nouveaux. Pour les besoins actuels des âmes,
il était légitime de présenter des asiles mieux appropriés
aux circonstances.

C'est ce que comprenait le Saint Curé d'Ars. Lui-
même Tertiaire de Marie, il recommandait volontiers
aux fidèles de se faire agréger au Tiers Ordre, fondé par
son saint ami le Père Colin. Cependant, comme le zèle
du Père Eymard attirait à la maison-mère une grande
affluence de personnes, le Père Colin, toujours épris
d'humilité, de silence et de modestie, eut peur d'un trop
grand retentissement et ne voulait pas porter ombrage
à MM. les curés. Le Père Eymard, du reste devait,
comme Visiteur, parcourir les maisons déjà fondées et fut
bientôt désigné comme Supérieur au collège de la Seyne.
Le Tiers Ordre fut donc confié au Père Favre ; et, sous
sa direction, il continua à faire, parmi les personnes du
monde, beaucoup de bien sans provoquer trop de bruit.
En effet ce Tiers Ordre de Marie ne demande point à ses
membres de pratiques et d'assujettissements trop oné-
reux. Il n'impose ni vœux ou obligations de conscience,
ni costume particulier, ni œuvre spéciale de zèle. Le

Père Fondateur aimait mieux en laisser le choix à l'attrait de chacun. En harmonie avec tous les devoirs d'état ou de position, le Tiers Ordre ne réclame comme pratique de pénitence que le sacrifice spontané des vanités et des plaisirs dangereux du monde ; comme exercices de piété, il prescrit peu de prières vocales et une courte méditation, chaque matin.

Mais avec cette organisation d'un fonctionnement si simple, il offre à tous ses membres les moyens d'arriver dans le monde à un idéal de perfection. En demandant de vivre de la vie de la Très Sainte Vierge et de reproduire ses vertus, il propose la plus haute sainteté, celle qui repose sur la pratique de l'humilité et de l'esprit intérieur. Quand on fait profession de reproduire la perfection de la Très Sainte Vierge, on s'engage à viser bien haut : Elle était si pure et si sainte ! Mais aussi l'on s'engage à réaliser cette ascension d'âme dans le calme, la paix et la douce charité. Marie elle-même savait si bien tempérer par le voile de la modestie le rayonnement de ses vertus.

En retour de ces prières et de ces sacrifices, la Société de Marie promet aux membres du Tiers Ordre une large part aux mérites de toutes ses œuvres, c'est-à-dire aux travaux de ses éducateurs, de ses missionnaires, et surtout de ses apôtres en Océanie. Elle a obtenu les faveurs et les indulgences nombreuses, concédées par le Saint-Siège au Tiers Ordre lui-même. Elle garantit surtout aux Tertiaires une protection spéciale de Celle dont ils deviennent à un titre particulier les serviteurs et les enfants.

Quelle plus douce assurance? Quelle plus ferme garantie de salut? Plus que jamais, à une époque où l'on a un si grand besoin de vivre dans la confiance, cette dévotion à la Très Sainte Vierge se présente comme le moyen providentiel de ranimer la piété des fidèles.

Le Tiers Ordre du R. P. Colin répond à cette aspiration des âmes : « En se rappelant constamment, suivant « ses paroles, que par un choix gracieux de la Sainte « Vierge, ils sont devenus membres de la famille de Marie, « Mère de Dieu, que son nom a formé leur nom de Ma-« ristes », les Tertiaires sont autorisés à compter sur sa protection spéciale, à travailler sans découragement et à espérer la grâce de la persévérance, promise au vrai serviteur de Marie (1).

Avec l'exposé succinct des origines du Tiers Ordre de Marie, nous avons achevé l'histoire des fondations du Père Colin, pendant son administration de Supérieur Général. Il est cependant un dernier projet, dont il importe, pour être plus complet, de dire quelques mots. Bien qu'il n'ait pas reçu sa pleine réalisation, il prouve, du moins, avec quelle intensité le vénéré Fondateur travaillait à la gloire de Dieu, mais surtout quelle était la richesse de sa vie intérieure.

Les saints sont toujours des hommes de prière et d'oraison. Malgré l'ardeur de son tempérament, le R. P. Colin avait, lui aussi, le culte de cette vie de recueillement et de silence et, s'il l'avait pu, il aurait cédé à son attrait pour la contemplation.

Il n'est donc point étonnant qu'il ait songé à organiser

------

(1) Le Tiers-Ordre de Marie comprend : Les membres simplement associés, c'est-à-dire appartenant au Tiers-Ordre d'une manière individuelle et privée. — 2° Les membres groupés en fraternités, avec réunions et exercices réguliers et suivis.

Outre ces deux classes, le zélé Fondateur en a établi deux autres sous le titre de *participants*. Elles comprennent : *a)* Les enfants qui ne sont pas encore nés et qui par conséquent n'ont pas encore reçu la grâce du Baptême. — *b)* Les pécheurs notoires.

Pour être admis au nombre de ces participants, il suffit que le nom soit inscrit dans un registre spécial.

encore une branche de religieux, voués aux exercices de la vie contemplative, et au culte spécial du Très Saint Sacrement.

Un jour, en 1841, à Belley, il exposait familièrement son idée :

Il s'agirait, disait-il, de former encore une autre branche, qui serait pour les laïques instruits. On recevrait dans cette communauté ceux qui voudraient se retirer du monde, même ceux qui auraient été mariés et qui seraient veufs. Combien parmi eux ont ce désir, mais ne peuvent supporter la vie des Trappistes et des Chartreux ! On y recevrait aussi les gens du monde qui voudraient faire une retraite.

Les Prêtres Maristes qui voudraient passer là quelque temps, uniquement occupés de Dieu et de leur âme, ceux qui voudraient consacrer le reste de leur vie à se préparer à la mort, pourraient aussi y venir. Enfin les Supérieurs pourraient y envoyer ceux de leurs sujets qui seraient exposés à quelque danger. Dans cet abri, ils retrouveraient la paix, la force et la ferveur, tandis qu'autrement, ils perdraient leur vocation, sortiraient de la Société, et tomberaient peut-être dans le désespoir et la damnation.

Plus tard, sa pensée se précise. Il va jusqu'à prévoir les grandes lignes de la règle à faire suivre, le temps consacré à la prière, à l'oraison, aux travaux manuels, au silence. Puis il lui semble que cette maison de Retraite contemplative doit être avant tout un foyer d'adoration et d'amour envers la Sainte Eucharistie.

« Oh ! mes chers confrères, s'écria-t-il, à la Retraite de « 1853, je désirerais que Dieu vous donnât à tous et à « chacun en particulier les mêmes sentiments qu'il « m'inspire, de faire de cette maison une maison de prière, « où aurait lieu l'Adoration Perpétuelle. » Ce culte pour la Sainte Eucharistie fut en effet l'une des grandes dévotions de sa vie.

Un premier essai de cette vie contemplative fut fait dans le diocèse de Moulins, à Marcellange, dans une propriété offerte par le R. P. Viennot. Mais cette maison, peu adaptée à pareille destination, fut vendue et, quelques années plus tard, en 1850, le R. P. Colin transporta son œuvre dans une autre résidence, à Notre-Dame de la Neylière, près de Saint-Symphorien-sur-Coise, dans le diocèse de Lyon.

Cette fois, le vénéré Fondateur croyait avoir trouvé la maison de son goût. Ce lieu lui paraissait vraiment prédestiné, et dès lors il songea à y établir sérieusement la branche contemplative de la Société de Marie. « Je « reçois, disait-il, des lettres d'Évêques, qui me félicitent « de cette œuvre, et à qui il tarde de la voir commencer. « Je ne sais comment ils l'ont su. »

Aussi, sans plus de retard, il mit tout en œuvre pour réaliser sa fondation. Le dimanche, 16 mai 1852, sept Pères Maristes et cinq Frères coadjuteurs se mirent en retraite. On devait observer un silence rigoureux, s'interdire la lecture des journaux, tenir le Chapitre chaque jour, comme dans les grands Ordres monastiques, et surtout se distribuer les heures de la journée pour adorer le Saint Sacrement.

Là seraient appelées les âmes désireuses de se soustraire aux dangers du monde et de se donner sincèrement à Dieu.

En même temps ce serait un lieu de retraite pour les religieux maristes, fatigués de leur apostolat. On se reposerait sous le regard de Dieu et le Patronage de Notre-Dame de Compassion ; puis, chacun reprendrait son travail avec un zèle nouveau.

N'était-ce pas déjà un peu l'œuvre des Retraites fermées, dont le Vénérable Fondateur avait pressenti l'extrême importance pour renouveler la vie chrétienne et religieuse dans l'âme des fidèles et des prêtres? Pour cette œuvre de prière il avait même obtenu du Souverain Pontife Pie IX une bénédiction spéciale et de riches indulgences.

Mais malgré ce succès, l'heure de la Providence n'était point venue. Le Père Fondateur dut renoncer à cette œuvre, suspendre son fonctionnement et ajourner son exécution définitive à des circonstances plus favorables. L'homme de Dieu sait toujours interpréter la volonté de son Maître. Il ne s'opiniâtre point dans ses vues personnelles. Quand il a semé une idée féconde, il croit avoir rempli sa mission d'apôtre et laisse volontiers à d'autres le soin et la consolation de cueillir le fruit de son propre labeur.

CHAPITRE X

DÉMISSION DU R. P. COLIN

L'administration du R. P. Colin, comme Supérieur Général, avait été pendant dix-huit années singulièrement active et féconde. Que d'œuvres n'avait-il pas créées, toutes conformes à l'esprit de la Très Sainte Vierge et pour la gloire de son Divin Fils.

Malgré ces résultats consolants, le pieux Fondateur aspirait à être déchargé de ses fonctions. Il s'en croyait absolument indigne. Comme tous les serviteurs de Dieu, il redoutait les honneurs, leur éclat, leur fascination et, plus qu'un autre, il ambitionnait la retraite dans le silence et la modestie.

Déjà, en 1839, il avait cru pouvoir réaliser son désir. Mais les instances unanimes de ses confrères et les sollicitations de Mgr Devie l'obligèrent à abandonner son projet.

Il le reprend en 1843, et en 1845 il réunit un conseil d'anciens profès pour examiner mûrement la question. Malgré ses instances, tout projet de démission est écarté ; mais pour le soulager au milieu des multiples embarras de son gouvernement, on consent à lui choisir un auxiliaire. Ce dernier avec le titre de Vice-Supérieur ou simplement de Provincial serait son délégué *ad universas causas*.

Le choix tomba sur le R. P. Lagniet, Supérieur de la Résidence de Notre-Dame de Verdelais. Cette mesure ne fut-elle point assez efficace pour décharger suffisamment le Vénérable Fondateur? Peut-être bien. Quoi qu'il en soit, ses sollicitudes restaient toujours accablantes. Il ne voulait laisser en souffrance aucun des intérêts spirituels de ses religieux. Puis surtout il ne perdait pas de vue la grande affaire des Constitutions à rédiger d'une façon définitive, pour assurer le plein fonctionnement de la Société de Marie.

Comment concilier ce travail long et minutieux avec les soucis d'un gouvernement général?

Aussi, en 1847, annonça-t-il à tous les confrères réunis pour une retraite générale, son dessein très ferme « de se « soustraire à ses préoccupations ordinaires et de s'occuper « de la Règle ».

Sans doute, avec son humilité habituelle, il s'effrayait de cette mission à remplir. « Qui suis-je, disait-il, pour « faire, pour bâtir? Il faut qu'il n'y ait pas un seul mot « de l'homme, que tout vienne de Dieu et de la Sainte « Vierge. » Mais il en comprenait la nécessité et voulait absolument se mettre à cette rédaction.

Une fois encore les circonstances furent plus fortes que sa volonté. Les événements de 1848 ne lui permirent pas d'abandonner la direction effective de la Société. Plus que jamais au contraire, il lui fallut parer à des difficultés inattendues, et cette période d'agitation aggrava encore, avec ses soucis, l'état précaire de sa santé. On ne savait vraiment pas comment au milieu de cette complexité d'affaires, il pouvait conserver sa vigueur de direction.

C'est alors qu'il songea plus que jamais à régler le mode d'élection du Supérieur Général de la Société, fit agréer ce projet par les membres réunis à la retraite de 1851 et le soumit à l'approbation du Saint-Siège.

Une fois muni de cette approbation, à titre provisoire, il envoya, le 12 janvier 1854, une circulaire pour annoncer à tous ses religieux son intention de se démettre de sa charge. Cette fois, sa résolution était irrévocable.

On ne lira pas sans émotion les passages importants de ce document. Ils révèlent, de façon si éloquente, la grandeur et la simplicité de cette âme de Fondateur :

Bien chers et bien-aimés Confrères. La dix-huitième année court depuis que, par le suffrage de nos premiers Pères, je fus appelé à diriger la Société naissante et à lui imprimer l'esprit de Marie, notre auguste Mère et Patronne.

Il est inutile de dire quelle fut l'impression profonde qui pénétra mon âme, lorsque je me vis chargé d'une semblable tâche ; cette impression a été constante et je n'ai cessé depuis de désirer ardemment de voir la Société confiée à d'autres mains.

Si pendant ce laps de temps, de nombreuses consolations sont venues soutenir mon courage et ranimer ma confiance, je dois le dire et je le dis avec bonheur, je les ai puisées, la plupart du temps, dans votre docilité, votre humilité, votre dévouement et le bon esprit qui vous anime ; mais plus ce sentiment de vos vertus, de votre obéissance me pénètre, plus aussi je me sens pressé du désir de voir à votre tête un homme selon le cœur de Dieu, un homme plus capable de vous servir de modèle et de guide.

Le bien de la Société, l'intérêt de chacun de vous demandent une direction régulière, uniforme, constamment soutenue. Or, vu mon âge et mes nombreuses infirmités, ce travail ne m'est plus possible. Je me croirais donc coupable devant Dieu et devant vous, si je différais de remettre entre vos mains une supériorité dont je ne puis plus remplir les devoirs.

Ne pensez pas qu'en vous demandant un successeur, je ne veuille plus m'occuper de vous : jusqu'à mon dernier soupir, tous les mouvements de mon cœur seront pour vous, et toutes mes pensées, mes occupations, pour la chère Société de Marie. Si Dieu me laisse encore quelques jours sur cette terre d'exil, je désire les employer à revoir et à retoucher nos règles. Ce service important, jamais je ne pourrai le rendre à la Société si je reste plus longtemps Supérieur.

Intimement persuadé que, cette fois, mes vœux seront compris et entendus, je vous conjure, bien chers Confrères, au nom de la Sainte Vierge, de ne jamais perdre de vue les exemples et les vertus de cette auguste Reine qui vous a honorés de son nom et vous a adoptés, d'une manière si spéciale, pour ses enfants privilégiés... Montrez plus que jamais dans cette circonstance que vous êtes les enfants de Marie, que vous vous regardez tous comme des frères qui s'aiment et se respectent mutuellement, et sont animés des mêmes sentiments de paix et de concorde.

En agissant avec cet esprit d'abnégation et cette admirable simplicité, le R. P. Colin croyait si bien accomplir la volonté de Dieu qu'il disait plus tard : « Depuis cette démarche, mon cœur se trouve au large dans ma poitrine. »

On comprend toute la gravité, toute la solennité du Chapitre général, convoqué en cette même année 1854, au milieu de semblables circonstances, sous la présidence du R. P. Favre, Provincial.

Par un sentiment de délicatesse qui ne saurait surprendre, le R. P. Colin se contenta d'assister aux premières séances de cette assemblée capitulaire. Il tenait à inculquer une dernière fois, en réunion plénière, à ses religieux, l'amour de Marie, l'attachement à sa Société et la pratique des vertus religieuses.

Puis, cette mission remplie, il remit au président du Chapitre sa démission cachetée et se retira dans sa maison de prédilection, à la Neylière.

Ce fut un jour solennel que celui où le R. P. Favre lut aux Pères du Chapitre la démission officielle de leur Fondateur. On était au 9 mai. Après avoir indiqué à nouveau les graves motifs de sa détermination, après avoir remercié et félicité ses religieux de leur excellent esprit, il s'exprimait ainsi :

Pour la gloire de Dieu et l'honneur de Marie, notre Mère, pour le bien général de la Société et l'acquit de ma conscience, je donne purement et simplement ma démission de ma *susdite* Supériorité.

COLIN.

Fait à Lyon, le 7 mai 1854.

A cette lecture, l'émotion fut à son comble, mais l'on comprit que cette fois il était inutile d'insister et le lendemain fut désigné pour être le jour de l'importante nomination de son successeur.

Comme on pouvait le prévoir, le R. P. Favre fut élu Supérieur Général de la Société de Marie.

Alors on assista à des scènes touchantes, à la faveur desquelles se manifesta, de la façon la plus expressive, l'esprit de la Très Sainte Vierge dans cette assemblée des premiers religieux.

Pendant qu'une douce joie accueillait la nomination du nouvel élu, le Très Révérend Père Favre, se sentant accablé d'un pareil fardeau, tomba à genoux en versant d'abondantes larmes.

Son premier mouvement fut de réclamer les prières spéciales de ses religieux et un pèlerinage au sanctuaire de Notre-Dame de Fourvière pour la Société de Marie et son nouveau Supérieur Général.

Puis dans la hâte qu'il avait de revoir le R. P. Colin, il lui écrivit pour lui rappeler sa promesse, et l'inviter à revenir à Lyon. Le vénéré Fondateur, heureux de témoigner toute sa déférence au nouvel élu, accourt sans retard, et c'est alors une touchante rivalité entre le Père et le fils, un empressement réciproque à se prodiguer les témoignages les plus expressifs de respect et d'attachement. Tous les deux se précipitent aux genoux l'un de l'autre, tous les deux sollicitent une bénédiction, mais c'est le

R. P. Colin qui doit céder aux instances du nouveau Supérieur. Rien ne peut amoindrir son prestige de Fondateur ; c'est à lui de bénir, c'est à lui de présider la table, c'est à lui d'animer les séances du Chapitre par ses recommandations et ses conseils, c'est à lui d'en assurer le couronnement dans une exhortation suprême où il fait passer tout son cœur et mieux encore toute son âme :

Chers Confrères, disait-il, vous avez une belle carrière, un magnifique horizon s'ouvre devant vous. Vous voyez à votre tête la Reine du Ciel qui, à la fin des temps, veut vous honorer de son nom béni. Quel est celui d'entre vous qui ne verrait pas une protection spéciale de Marie, dans le développement de notre Société? Nous serions les seuls, à ne pas nous en apercevoir ; on le proclame partout autour de nous. Mais que loue-t-on le plus en vous? Votre bon esprit. C'est à ce point qu'on dit : « Oh ! s'ils le gardaient toujours ! Mais ils le gâteront en grandissant. » Non, mes chers Confrères, nous le garderons fidèlement avec le secours de Marie. Elle compte sur vous. Vous êtes les pierres fondamentales ; demeurez donc fermes, inébranlables.

Je finis par où j'ai commencé : Aimez vous tous les uns les autres ; soyez simples comme la colombe, prudents comme le serpent. Ne voyez que Dieu et jamais la créature, autrement vous gâteriez toutes vos œuvres ; vous mêleriez la boue avec l'or. Si vous ne réussissez pas, pourquoi vous tourmenter? Vous avez Marie, prenez son avis. Un domestique dans l'embarras prend conseil de son maître et de sa maîtresse ; allez donc à la Sainte Vierge ; tenez-la par la main ; elle vous conduira, apaisera l'orage, vous mettra en marche, et puis..., en avant !

Comme ces dernières paroles traduisent fidèlement son âme d'apôtre : *Aimez-vous ! En avant !* Ardeur de charité, ardeur de zèle, cette double flamme doit embraser le cœur de tout Mariste, tendre comme une mère, fort comme le diamant.

Le R. P. Colin terminait ainsi par un acte exemplaire d'humilité et par un appel à la confiance sa longue et active administration. Pour lui, il allait s'enfermer dans la solitude aimée de la Neylière, il allait rentrer dans l'ombre, pendant qu'au dehors on admirait de plus en plus cette magnanimité de caractère. « Le R. P. Colin, disait à ce sujet un vrai serviteur de Dieu, le R. P. Colin a imité les saints dans son administration ; il les imite dans sa retraite, et ce sera, un jour, un nouveau saint que l'Église placera sur ses autels, ou je serais bien trompé. »

Des actes de cette nature exercent un prestige inévitable. Aussi ne sommes-nous point surpris qu'un prêtre de Saint-Sulpice ait fait la réponse suivante à un jeune homme qui l'interrogeait sur sa vocation : « Il y a une « Société toute nouvelle encore, dont le siège est à Lyon. « Le Fondateur qui était en même temps Supérieur « Général vient de faire accepter sa démission et il vit « parmi ses confrères comme un simple religieux. L'esprit « de Dieu est là ; allez-y. »

TROISIÈME PARTIE

**Le Vénérable P. Colin à la Neylière :
Travail des Constitutions. — Ses vertus.
Ses derniers moments.**

CHAPITRE PREMIER

LE TRAVAIL DES CONSTITUTIONS

La Neylière ! Cette résidence située près de Saint-Symphorien-sur-Coise, diocèse de Lyon, au milieu d'une population franchement chrétienne, dans une région sereine où l'âme goûte le charme de la campagne avec la beauté d'un horizon privilégié, fut toujours la maison de prédilection du R. P. Fondateur. Il y trouvait ce qui répondait à ses aspirations les plus chères, la paix, le recueillement et la solitude. Si la cure de Cerdon fut son Bethléem, la maison de Belley son Nazareth, la Neylière fut son Thabor. La maison était pauvre, très simplement aménagée, et dans ce bâtiment d'apparence si modeste, il y avait un coin plus isolé encore, avec deux petites cellules, de dimensions étroites, au fond d'un corridor obscur.

C'est là que désormais le R. P. Colin se cacha au monde pour travailler sous le regard de Dieu, plus près de lui, en l'honneur de sa Très Sainte Mère. Il allait se consacrer tout entier à l'œuvre capitale et délicate des Constitutions de la Société de Marie.

Oui, c'était une œuvre délicate, car l'on sait quelle

en est l'importance pour la vie d'une Société ! Ses règles en sont l'âme, comme elles sont l'expression même des sentiments personnels du fondateur. Ne forment-elles pas comme le code, comme le résumé d'Évangile d'après lequel doivent vivre et se sanctifier, pour être jugés un jour sur ce programme, tous les membres d'une famille religieuse ?

On se rappelle qu'à l'époque de son séjour à Cerdon, de 1816 à 1819, le R. P. Colin avait reçu de vives lumières du ciel sur la Société de Marie. D'après ces indications providentielles, il **avait** rédigé des notes abondantes : ce fut son premier manuscrit, précieux entre tous, présenté au Nonce Apostolique à Paris en 1822.

Ce premier projet, ainsi qu'il lui fut répondu par un prêtre de Saint-Sulpice, convenait moins à des hommes qu'à des anges. Il dut donc modifier son premier travail, et termina sa seconde rédaction en 1832, à l'époque de son premier voyage à Rome. Sans vouloir solliciter alors ni un examen ni une approbation du Saint-Siège, il trouva cependant, à cette source de la vie catholique, des lumières dont il se servit pour élargir ses connaissances. Pour la première fois il avait pu lire alors les Constitutions de saint Ignace. Il y puisa quelques idées qui répondaient à son plan, les adopta avec empressement, mais tint par-dessus tout à les harmoniser avec le caractère de ses religieux, selon l'esprit très spécial de la Société de Marie.

Une fois que les œuvres diverses qu'il s'était proposées comme but de son apostolat furent sérieusement organisées, il jugea le moment venu de soumettre les Constitutions ainsi rédigées à un examen approfondi. Les confrères, groupés autour de lui, furent chargés de ce travail de révision. On était en 1842.

Après une étude des plus sérieuses, ce texte fut approuvé par un vote unanime. Mais cette approbation des siens ne lui parut pas suffisante. Il voulut la faire confirmer par le jugement même de quelques évêques. Muni alors de tous ces encouragements, il entreprit une seconde fois le voyage de Rome.

A ces démarches diverses, on reconnaît son esprit de prudence et d'humilité. Il avait une crainte si profonde de faire prévaloir, en quoi que ce soit, des sentiments personnels.

Une fois à Rome, il sollicita encore l'examen de ses Règles par quelques personnages éminents, en particulier par le R. P. Rozaven, religieux jésuite d'une haute compétence. Ce dernier ayant fait un rapport nettement favorable, le R. P. Colin se disposa à présenter son manuscrit à la Sacrée Congrégation par l'intermédiaire du cardinal Castracane, dont l'appui bienveillant était acquis au vénéré Fondateur et à ses idées.

C'est alors qu'une seconde fois il s'arrêta au moment où il allait, semble-t-il, toucher au but. Avec sa prudence habituelle, il jugea qu'il n'était pas opportun de pousser plus loin ses démarches. Avant de recevoir l'approbation de la Congrégation Romaine, il voulait obtenir la confirmation de l'expérience. Le cardinal Castracane eut un moment de surprise, en face de cette attitude. Cependant il se rendit à ses observations et lui remit son manuscrit. De retour à Lyon, le vénéré Fondateur, toujours soucieux d'éviter tout empressement, communiqua aux principaux Pères de la Société, son travail sur les Constitutions, avec les modifications de détail suggérées par ceux qu'il avait consultés à Rome. Mais convaincu encore de l'imperfection de ce manuscrit, il défendit de le répandre dans la Société, de le commenter en public et finit même par demander à tous ceux qui en avaient une copie de déchirer toute la partie relative au gouvernement de la Société : à ses yeux elle était trop imparfaite.

C'est à cette époque qu'il obtint d'être déchargé du lourd fardeau de l'administration générale de la Société de Marie.

Il allait donc enfin, dans la solitude de la Neylière, achever son œuvre de législateur. Hélas ! que de sollicitudes devait lui causer encore la réalisation de ce travail ! Pour transmettre la vie à ses enfants, le Père de famille serait condamné à passer par la plus douloureuse épreuve.

Soudain en effet l'obscurité envahit son âme. D'une part, il se faisait une idée de plus en plus haute de son travail : donner une Règle de vie à une armée d'apôtres ; il voyait avec une évidence croissante la beauté de son idéal religieux, de l'esprit de Marie, suivant lequel devait se former la légion de ses fils ; d'autre part, il ressentait avec une intensité croissante l'impuissance du langage humain à exprimer toutes ses lumières ; puis, il vint à perdre la conviction où il avait toujours été de sa mission divine pour fonder la Société de Marie et lui donner ses Constitutions ; enfin il en arriva à cet état de désolation complète qui lui faisait croire à l'abandon de Dieu, dans son rôle de Fondateur, pour le punir de ses péchés. C'était une torture de conscience dont il était obsédé, et pendant de longues années, il resta sous le poids accablant de cette épreuve.

Dans ce désarroi moral, l'humble Fondateur n'était plus capable de travailler à la rédaction des Règles. Sous la pression de ces idées attristantes il alla même jusqu'à livrer aux flammes son précieux cahier de 1822, aussi bien que les autres papiers concernant les Constitutions, ou pouvant donner de sa personne quelque opinion avantageuse.

Le retard qui résulta de tout ceci ne fut point seulement une torture pour son âme, mais aussi une cause de trouble dans la Société. Petit à petit le malaise se glissait dans les cœurs, et au dehors même on se demandait ce que c'était que cette Société sans Règles définitives.

Dans ces conjectures attristantes, l'idée naquit de rédiger un sommaire de Règles fondamentales : ce fut l'œuvre du Chapitre de 1858, et sur sa demande, par un Décret du 15 juin 1860, le Saint-Siège approuva pour six ans ce projet provisoire. Ces six années furent une période de crise douloureuse. Les uns, persuadés que le Père Fondateur n'arriverait point à rédiger ses Constitutions voulaient que la Règle provisoire, rédigée par le R. P. Favre, fût enfin corrigée ou complétée pour être soumise à l'approbation définitive du Saint-Père. Les autres s'obstinaient saintement à croire qu'il valait mieux encore attendre l'heure de Dieu. Pour eux, les Constitutions du Père Colin étaient seules l'œuvre de la Sainte Vierge.

Ils avaient confiance que le saint Fondateur triompherait de son accablement et accomplirait enfin la partie essentielle de sa mission.

De part et d'autre, on le pense bien, les intentions étaient excellentes ; mais malgré tout, de pareilles divergences entretenaient le trouble dans les esprits.

Lorsque arriva l'année 1866, le R. P. Colin n'avait pu encore rédiger les Constitutions de sa famille religieuse et cependant on était parvenu au terme de l'approbation provisoire donnée par le Saint-Siège. Est-ce que les alarmes précédentes n'allaient point renaître au détriment de la paix générale et de l'esprit d'union?

Le Chapitre général de 1866 comprit ce qu'il y avait de critique dans cette situation. Le vénéré Fondateur lui-même se décida à quitter sa solitude de la Neylière pour apparaître au milieu de ses enfants et leur apporter le puissant réconfort de ses encouragements. Il y eut alors des scènes touchantes entre le R. P. Colin et son vénéré successeur. L'échange de leurs souhaits et de leurs bénédictions, l'émotion de leur langage produisirent chez tous une impression profonde. Alors le Chapitre, comme par acclamation, vota la motion suivante :

Le Chapitre s'associant pieusement à la pensée du T. R. Père Supérieur Général s'en remet comme lui au T. R. Père Fondateur pour la rédaction de nos Règles, et il attend comme un des plus beaux jours de la Société celui où elle pourra recevoir de sa main paternelle ces Règles si désirées, après qu'elles auront été acceptées par le Chapitre et définitivement approuvées par le Saint Siège.

Ensuite, sur la demande du R. P. Colin, il décréta que les Règles approuvées provisoirement par le Saint-Siège auraient force de loi en attendant la conclusion du travail du Vénérable Fondateur. Il accéda enfin à son désir d'avoir des auxiliaires pour l'aider dans cette œuvre de longue haleine et quatre Pères furent désignés pour être ses aides et ses secrétaires.

Cette heureuse conclusion mit fin à la rude épreuve du Serviteur de Dieu. Son âme débordait de joie et de reconnaissance en constatant l'indissoluble union de ses fils et il donnait à ce Chapitre, remarquable entre tous, son couronnement, par ce double conseil, gage de vitalité pour sa Société naissante :

Attachons-nous *totis viribus et totis visceribus* au Saint-Siège. Soyons toujours avec Rome. Inspirez cet esprit à tous les membres de la Société...

Et maintenant, mettez-vous tous dans le cœur de votre Supérieur. Je m'y mets le premier. Je le répète: Le vieux se fond dans le nouveau.

Cette simplicité fait songer aux scènes qu'on trouve dans la vie des grands moines d'Occident : tant il est vrai que, sous le souffle de Dieu et l'inspiration de sa grâce, le sublime jaillit du cœur des saints comme l'eau d'une source vive.

Avec quelle ardeur le R. P. Colin, de retour à la Neylière se remit donc à ce travail, l'œuvre en définitive de toute sa vie ! Cependant pour lui comme pour ses auxiliaires, les Pères Jeantin et David, la grande difficulté était de savoir de quels matériaux ils allaient se servir pour construire cet édifice de la Règle. Dans son humilité, avons-nous dit, le vénéré Fondateur avait détruit son premier cahier de Cerdon, avec tous ses autres manuscrits, il ne fallait pas qu'on fût tenté d'avoir une bonne opinion de lui.

On essaya bien avec les notes d'un maître des novices, avec la Règle des Sœurs Maristes (il l'avait rédigée, comme pour se faire la main, en arrivant à la Neylière), avec la Règle provisoire et les communications verbales du Fondateur, d'établir un texte conforme au texte primitif. Aucune rédaction ne lui paraissait satisfaisante.

On se trouvait dans cette impasse lorsque deux fragments importants de la Règle primitive échappés à la destruction générale, furent remis entre les mains des deux secrétaires.

Grande fut la joie du R. P. Colin. Il reconnut de suite ses idées primitives, et désormais le travail de la rédaction allait être singulièrement simplifié. Fondateur et auxiliaires — ses deux compagnons de prédilection — se mirent à l'œuvre comme avec enthousiasme.

Avec quel esprit de foi, avec quelle habitude de la prière et quelle désappropriation de lui-même il rédigeait ses articles ! Celui qu'on pourrait appeler le point central de ses Constitutions, article sur l'esprit de la Société de Marie, lui coûta une peine spéciale ; voilà pourquoi sans doute il en fit précéder la rédaction d'une touchante prière :

« O Très Sainte Vierge, comment pourrons-nous parler
« de votre esprit, si vous ne daignez vous-même, nous
« inspirer? Il faut donc que vous ne considériez nulle-
« ment notre indignité et que vous nous dictiez vous-
« même en quelque sorte chacune des paroles que nous
« allons écrire. »

« Il me dicta ensuite, dit son secrétaire, avec beaucoup
« de peine, quelques phrases détachées et quelques lam-
« beaux de phrases. A bout de forces il me dit : Dieu ne
« veut pas que je vous en dicte davantage. Essayez
« d'arranger tout cela ; je reviendrai tout à l'heure. »

Or on avait traduit quelques lignes qu'il avait dictées en français sur ce sujet. Tout cela combiné avec un alinéa de son ancien manuscrit, où l'esprit de la Société était parfaitement rendu, suffit pleinement pour la rédaction de l'article « *De Societatis spiritu* ». Quand on lui en fit la lecture, il n'y trouva rien à changer. Voici la traduction de cet article fondamental :

DE L'ESPRIT DE LA SOCIÉTÉ

«Les Religieux Maristes n'oublieront jamais que par un choix gracieux ils sont de la famille de la Bienheureuse Marie, Mère de Dieu, qu'en s'appelant Maristes, ils portent son nom et qu'ils l'ont choisie dès l'origine pour leur modèle, pour leur première et perpétuelle Supérieure.

Si donc ils désirent être et sont vraiment les enfants de cette Auguste Mère, ils s'appliqueront constamment à aspirer et à respirer son esprit, qui est un esprit d'humilité, d'abnégation propre, d'union intime avec Dieu et d'ardente charité envers le prochain. Ainsi ils s'efforceront d'imiter Marie dans leurs pensées, dans leur langage et dans toutes leurs œuvres ; sinon ils seraient des fils indignes et dégénérés.

« C'est pourquoi s'attachant aux pas de leur Mère, ils seront absolument étrangers à l'esprit du monde, c'est-à-dire dépouillés de toute ambition des choses de la terre, et vides de toute recherche personnelle ; ils s'étudieront à se renoncer entièrement en toutes choses, ne cherchant nullement leurs intérêts, mais uniquement ceux de Jésus-Christ et de Marie, se considérant comme des pèlerins et des exilés sur la terre, comme des serviteurs inutiles et le rebut de tous ; ils useront des choses de ce monde comme n'en usant pas ; ils éviteront avec soin dans leurs édifices, leurs habitations, dans leur manière de vivre, dans toutes leurs relations avec les autres hommes, tout ce qui ressentirait le faste, l'ostentation, le désir de la considération personnelle, aimant à être inconnus et mis au-dessous de tous, sans feinte ni duplicité. En un mot, qu'ils procèdent partout avec un si grand esprit de pauvreté, d'humilité, de modestie, de simplicité de cœur, un tel mépris de la vanité et de toute ambition mondaine, qu'ils unissent enfin l'amour de la solitude et du silence et la pratique des vertus cachées avec les œuvres de zèle, de telle sorte que bien qu'ils puissent s'adonner aux divers ministères qui ont pour objet le salut des âmes, cependant ils paraissent toujours comme inconnus et cachés au monde. »

Telle est cette page particulièrement chère aux Religieux Maristes. Ils y voient à juste titre le résumé des pensées du R. P. Colin sur cette milice nouvelle, destinée à travailler sous l'étendard de la Très Sainte Vierge, dans le champ du père de famille.

Elle présente de la façon la plus expressive ce que le pieux Fondateur appelait souvent l'antipode de l'esprit du monde. C'est avec cet esprit que, dans ces derniers temps, les nouveaux apôtres devaient s'élancer à la conquête des âmes.

Il y eut également une idée fondamentale qu'il s'efforça de mettre en relief, l'attachement absolu à Rome, à son Pontife, à ses doctrines. Il tenait beaucoup à insister sur cette soumission filiale de ses fils envers le Saint-Siège. « Nous vivons, disait-il, dans un temps d'indé-« pendance. On fronde toutes les autorités ; on craint « d'être trop soumis au Pape. Nous, nous devons donner « l'exemple de la soumission la plus entière et du plus « grand dévouement. »

Aussi, chose très particulière et peut-être unique dans les Constitutions religieuses, il assignait comme troisième fin de la Société de Marie celle « d'enseigner et de défendre « avec un zèle particulier la foi de l'Église Romaine dans « toute son intégrité et sa pureté ».

Voilà pourquoi il recommanda toujours à ses fils de puiser la science sacrée aux sources les plus pures de l'Église de Rome et dans les auteurs les plus approuvés ; plus tard il exigea toujours que les journaux reçus dans les diverses maisons de sa famille religieuse fussent parmi les plus ardents à défendre les doctrines romaines, et pour exprimer cet inviolable attachement il trouva cette formule heureuse : « On croira tout ce que Rome croit, rejetant tout ce qu'elle rejette et de la même façon qu'elle, tolérant tout ce qu'elle tolère, tenant enfin le

Siège Apostolique comme l'invincible rempart contre toutes les erreurs et tous les schismes. »

Dans ce même ordre d'idées et comme si cette première règle d'absolue soumission entraînait logiquement la seconde, il tint beaucoup aussi à accentuer la déférence des Religieux Maristes pour les Évêques :

Je tiens, disait-il à ses premiers confrères, en 1838, à ce qu'il y ait une soumission entière aux Évêques. Nous sommes des troupes auxiliaires. Les Évêques et les Curés, voilà le corps de l'Église. La Société doit faire le bien sans bruit. En un mot, l'esprit de la Société c'est l'esprit de la Sainte Vierge.

Bientôt le travail de cette rédaction des Règles fut achevé. Le 7 décembre 1869, aux premières Vêpres de l'Immaculée Conception, il avait fini son œuvre. Le lendemain, il déposa le manuscrit sur l'autel, célébra une messe d'action de grâces, et put dire en toute vérité : « *Opus consummavi !* »

Restait à faire accepter ces Constitutions par le Chapitre et à les faire approuver par le Souverain Pontife. Ce ne fut que le 6 mai 1870, par une lettre touchante adressée à tous ses enfants, qu'il offrit à la Société le précieux volume. « Tout me dit, ajoutait-il, que ma mis-« sion est accomplie, et que je n'ai plus qu'à me préparer « à la mort. Pour vous, bien chers confrères, lisez ces « Règles, pénétrez-vous de plus en plus de l'esprit que « je me suis efforcé d'y exprimer. J'ose espérer que vous « y rencontrerez les véritables dispositions dont Marie, « notre Auguste et Très Sainte Mère, veut que tous les « membres de sa petite Congrégation soient animés. »

Ainsi terminait-il le travail commencé en 1816. Pendant plus de cinquante ans, il avait été l'objet de ses réflexions, de ses prières et de ses expériences.

Il est facile de deviner avec quelle sainte joie la Société accueillit cette nouvelle. De suite le R. P. Favre convoqua un Chapitre général, fixé au mois d'août 1870. La terrible guerre de cette année, malgré les désastres du premier mois, n'empêcha pas l'ouverture et les premières séances de cette assemblée capitulaire. Le texte des Constitutions fut revisé avec l'ardeur la plus sainte et la plus sérieuse attention.

Mais la révolution du 4 septembre interrompit ce travail et il ne fut repris qu'en janvier 1872, dans la résidence de Sainte-Foy. Le R. P. Colin put venir lui-même assister aux dernières séances. Profonde fut l'émotion de tous lorsqu'ils virent le vénérable vieillard faire son entrée dans la salle capitulaire, soutenu par un de ses enfants. Mais la scène fut plus émouvante encore lorsqu'on entendit ses dernières paroles, entrecoupées par d'abondantes larmes : « Que toute la Société, dit-il avec son « expression ordinaire, reçoive la Règle, non comme « l'œuvre du Chapitre, ni comme l'œuvre de celui qui a « été l'instrument de la Sainte Vierge, mais comme la « règle de la Sainte Vierge elle-même. »

Ces paroles, il devait les répéter encore à la troisième session du Chapitre, au mois d'août de la même année : « Oui, je le répète, c'est Marie qui a tout fait ; elle est « notre Fondatrice, c'est d'Elle que nous devons toujours « dépendre comme de notre première et perpétuelle « Supérieure. »

On aime à remarquer cette insistance. Elle donne à de telles Constitutions un caractère plus touchant et une autorité plus grande. En les lisant chaque religieux a le sentiment qu'il entend la voix de sa Mère.

Le Chapitre général termina son travail de revision le 1er septembre 1872 et nomma deux de ses membres, chargés de porter à Rome ces précieuses Constitutions, pour en solliciter l'approbation canonique.

Malgré la gravité des événements qui se déroulaient à Rome à cette époque, les deux messagers partirent et purent accomplir leur mission. Ils furent accueillis d'abord avec une extrême bienveillance par Pie IX. En apprenant que ces Constitutions avaient été élaborées depuis 1816 : « Voilà donc, s'écria-t-il avec admiration, « plus de cinquante ans qu'elles sont à l'épreuve. Bien ! · « Bien ! » Puis il ajouta : « L'affaire est terminée de « votre côté, maintenant elle commence pour moi. »

L'examen, comme on le pense, s'en fit de la façon la plus sérieuse. Mgr Luca, prélat éminent, fut chargé de ce travail par le Cardinal Préfet de la Sacrée Congrégation. En remettant le manuscrit revisé et annoté, il put dire en toute sincérité que si l'on pouvait faire un examen plus solennel, on n'en ferait pas de plus exact.

Lorsqu'il rendit compte de ses observations personnelles aux deux délégués, il tint à leur dire qu'il avait été particulièrement frappé de quatre choses : l'esprit évangélique et surnaturel qui transpire dans ces pages, l'attachement très prononcé au Saint-Siège et à ses maximes, une dévotion à la Sainte Vierge extraordinaire, et même, ajoutait-il, on pourrait peut-être bien dire qu'on en parle trop souvent, enfin une rédaction très satisfaisante.

Ces observations étaient de bon augure. Le 28 février 1873 en effet, Pie IX, après avoir entendu la lecture du rapport et des corrections proposées (1) prononça résolument l'approbation définitive de ces Règles, sans autre formalité.

C'était pour la Société de Marie une faveur insigne,

____

(1) Trois numéros seulement sur quatre cent cinquante furent retranchés. Puis la Sacrée Congrégation rétablit certaines règles que, par déférence pour le Chapitre, le P. Colin avait supprimées.

et pour le R. P. Colin, en particulier, la consécration la plus précieuse de ses efforts, de son long travail, et, l'on pourrait dire, de sa vie tout entière.

Aucun acte ne devait lui causer plus de joie. La petite Société de Marie recevait donc du Pontife de l'Immaculée Conception le document qui serait désormais sa lumière, sa force et sa vie.

La nouvelle de cette approbation privilégiée provoqua un réel enthousiasme parmi tous les membres de la famille religieuse. Aussitôt, le T. R. Père Favre convoqua les membres du dernier Chapitre pour promulguer les nouvelles Constitutions. Le Vénérable Fondateur s'y était rendu. Mais l'état de sa santé ne lui permit pas d'assister aux séances. Du reste, rien ne se faisait sans qu'il en fut instruit. Cela même était trop pour ses forces ; et il fût résolu que le saint vieillard serait reconduit à la Neylière. Au moment du départ on assista à une scène vraiment belle.

Tous les Pères se pressèrent autour de lui pour le retenir quelques instants encore et recevoir sa bénédiction. Il leur dit : « Je vous quitte et c'est sans doute pour « la dernière fois en ce monde. Je n'en suis déjà plus, de « ce monde. Mais vous y êtes, vous, et cela me suffit. Vous « continuerez l'œuvre de la Sainte Vierge. C'est une vraie « satisfaction pour moi de vous dire combien je suis « heureux de voir le bon esprit qui vous anime. J'ai vu « au milieu de vous le Saint-Esprit, j'ai vu la Sainte « Vierge. Souvenez-vous que nous l'avons reconnue pour « notre vraie et unique Fondatrice, et que nous l'avons « choisie pour notre première et perpétuelle Supérieure. « Elle est au gouvernail de la barque qui conduit tous ses « enfants au port. »

Alors d'une voix plus éteinte : « Mes enfants, conti-

« nua-t-il, j'ai tort de vous appeler de ce nom, vous êtes
« mes Pères ; mais vous me pardonnerez. Aimons la
« Sainte Vierge ! Par Elle nous aimerons Jésus. Soyons
« petits à nos propres yeux, soyons humbles, imitons
« Celle dont nous portons le nom. »

Puis, cherchant la main d'un Père pour l'aider à se
lever : « Laissez-moi me mettre à genoux, ajouta-t-il. Je
« veux que vous me bénissiez tous. Vous êtes la Société
« de Marie ! »

Mais déjà les Pères étaient à genoux eux-mêmes et
demandaient sa bénédiction. Contraint de rester assis,
il s'inclina en répétant : « Bénissez-moi donc. Accordez-
« moi cette consolation.

« — Oui, mon Père, lui répondit-on. Nous bénissons
« votre voyage ! Nous prions que Dieu vous conserve ! »

Alors pleurant de plus en plus : « Je vous demande
« pardon de tous les mauvais exemples que je vous ai
« donnés, de toutes les peines que je vous ai faites !
« Priez pour que le bon Dieu me pardonne. Allons, mes
« enfants, bénissez-moi ! »

Les enfants au contraire résistent et réclament sa
bénédiction. Alors, levant les yeux au ciel, il appelle
« sur eux, leurs ministères, leurs parents, amis et bien-
« faiteurs, et spécialement sur les membres du Tiers
« Ordre, les bénédictions du Dieu tout-puissant, Père,
« Fils et Saint-Esprit, de la Très Sainte Vierge, de saint
« Joseph, de tous les Anges et de tous les Saints ». C'était
sa manière ordinaire de bénir. Il y ajouta cette fois
« la bénédiction du Sacré Cœur de Jésus ».

Chacun vint alors, malgré ses résistances, lui faire
bénir le volume des Constitutions et le recevoir de ses
mains. Puis on l'embrassa en silence.

Toutefois la remise solennelle de ces Règles fut renvoyée à l'issue même de la Retraite qui se fit à Sainte-Foy, sous la présidence du Très Révérend Père Supérieur Général. Pouvait-on entourer de trop de solennité cet acte important ? Il marque la conclusion d'une période admirable et féconde, celle des origines. Il inaugure l'existence de la Société pourvue désormais de tous les organes nécessaires pour vivre et se développer.

Chacun vint donc recevoir le volume de ses Constitutions des mains mêmes du Très Révérend Père Supérieur Général, faisant pour ainsi dire au nom du Fondateur cette remise sacrée. Heureux fils du Père Colin ! Ils étaient vraiment transportés et le Père, lui, arrivé visiblement au terme de sa carrière, avait le droit de répéter les paroles de l'Apôtre :

Voilà que je m'en vais, et le temps de ma dissolution est proche. J'ai combattu le bon combat. J'ai achevé ma course. J'ai gardé la foi. Il ne me reste plus qu'à recevoir la couronne de justice que Dieu, le juste juge, me réserve et non seulement à moi-même, mais à tous ceux qui attendent et chérissent son avènement. (II Timoth, IV, 6.)

CHAPITRE II

LES VERTUS DU PÈRE COLIN : SON HUMILITÉ.
LE CARACTÈRE DE CETTE VERTU

Lorsque dans une famille les enfants se voient menacés de perdre un père ou une mère, ils sont préoccupés du désir de fixer plus profondément dans leur âme le souvenir de ceux qu'ils ont tant de raisons d'aimer. Ils contemplent leur physionomie avec une attention plus affectueuse. Ils cherchent à se rappeler toute la série des événements de l'histoire familiale ; avec un soin plus jaloux encore ils veulent ne rien oublier des vertus dont le spectacle les a si souvent réconfortés.

N'est-ce pas un sentiment de cette nature que nous éprouvons en parvenant au terme de cette histoire? Aussi voulons-nous, une dernière fois, dans un coup d'œil d'ensemble, envisager la physionomie morale de notre vénéré Fondateur. Il nous semble qu'en retraçant ainsi l'image de ses vertus, nous saisirons d'une manière plus ferme la beauté de cette âme privilégiée.

Les disciples de saint Ignace passent assez communément pour être les religieux de l'obéissance. Saint Ignace désirait une Société de « Chevaliers ». Pour chacun d'eux la règle devait donc apparaître comme le mot d'ordre divin, auquel on se plaît à vouer un culte d'ardente soumission. « *Perinde ac cadaver* », cette formule si souvent répétée traduit en termes quelque peu rigides la pratique de la mort à soi-même. Entre les mains de son Supérieur, le religieux devient, sous cette inspiration, l'instrument le plus docile, capable des fortes initiatives parce qu'il obéit uniquement à la volonté de Dieu. Ainsi s'expliquent les grandes œuvres et l'influence de la Société de Jésus. C'est une armée d'avant-garde. Elle reçoit une direction et, comme d'instinct, poussée par le mot du chef, « en avant ! » elle court au but désigné. Quand on est lancé à l'assaut, on ne discute point les ordres.

Pour le Père Colin, la vertu maîtresse, celle qui attira toujours ses prédilections et s'offre à l'esprit de tous ses fils comme l'explication de sa vie et de son œuvre, c'est avant tout l'Humilité ! Il est impossible de songer au Vénérable sans évoquer immédiatement son culte pour cette vertu mariste. Toute sa vie, il en avait contemplé l'idéal dans l'intérieur de Nazareth. Les paroles de Marie « *Respexit humilitatem ancillæ suæ* », lui semblaient une devise d'honneur, d'incomparable beauté. Les affirmations de son divin Fils « *discite a me quia mitis sum et humilis corde* », étaient à ses yeux le mot d'ordre de l'apôtre et, de ce double enseignement, il s'était fait une théorie religieuse qu'il se plut à réaliser lui-même, pour la transmettre plus sûrement à ses fils.

Nous avons vu qu'il avait eu de bonne heure l'idée très nette de la Société de Marie. Il l'avait aperçue comme une réalité vivante. Sous une dictée mystérieuse, il devait remplir plus tard, à Cerdon, les pages d'un volumineux cahier où s'entassaient les matériaux, destinés à former les Constitutions de sa Société future. Ces règlements n'étaient extraits d'aucun livre : « Je n'avais d'autre secours, disait-il plus tard, que ce que l'Évangile nous a laissé sur la vie de la Sainte Famille, à Nazareth, et sur les premières Missions des Apôtres. » Il était vraiment Fondateur.

Or, chose étrange, ou du moins pieuse habileté d'une âme éprise d'obscurité, il trouve le moyen de rester d'abord au second plan. C'est au projet d'un autre, au projet de l'abbé Courveille qu'il est heureux de donner son adhésion. « Dès que l'abbé Courveille manifesta le projet d'une Société de Marie, racontait-il plus tard, je me dis : Voilà qui te va ! Et je m'unis à eux. » Il paraissait content, suivant une judicieuse remarque, « de voir « le rêve divin tout proche de passer dans les faits, sans « que lui-même eût besoin de se mettre en avant, sans que « lui-même fût requis pour être le flambeau sur lequel le « rêve resplendirait ». (G. Goyau.)

Dans une autre circonstance, revenant sur ces premiers événements, il mettait en relief, sans s'en douter, la profondeur de cette humilité. « Je pus ainsi, dit-il, m'en « occuper sans avoir l'air d'être créateur. »

Cette parole n'est-elle point révélatrice? Il est des âmes qui ne redoutent pas l'éclat du premier rang. Lui, malgré la certitude des desseins de Dieu, il fuyait devant le rayonnement inévitable de sa vocation. Son rôle exigeait qu'il parût ; toutes ses aspirations tendaient à l'effacement dans l'obscurité.

Cependant le jour allait venir où il ne pourrait échapper à cette désignation de Fondateur. Mais alors comme il proteste contre tout sentiment, même imperceptible, de gloire : « Fondateur, Fondateur ! » Il ne faut appeler aucun homme fondateur de ceci ou de cela ; « il n'y a que Dieu seul qui soit fondateur », ou encore, « il n'y a pas d'autre fondateur chez nous que la Très Sainte Vierge ».

Ingénieux à s'abaisser comme d'autres à se grandir, il trouvait dans ce titre de Fondateur le moyen de s'affermir dans la conviction de son néant. Est-ce que Dieu ne choisit pas pour faire de grandes choses ce qu'il y a de plus misérable, « *infirma mundi* »? « C'est parce que « j'étais le plus indigne de tous que la Sainte Vierge

« s'est servie de moi. » Il avait donc raison à ses yeux de s'abaisser et c'est en toute sincérité qu'il disait, comme le faisait avant lui saint Vincent de Paul : « Jamais on ne « me méprisera autant que je le mérite, autant que je « me méprise moi-même ; je me regarde comme un « malheureux devant Dieu. »

Faut-il s'étonner qu'avec de telles dispositions, avec cette passion du mépris de lui-même, il ait voulu, à certaines heures, s'ensevelir dans l'oubli, dans la solitude? « Le désert s'étendait devant son rêve, et de tout l'élan « de son humilité, effrayée par les visites intimes de Dieu, « il aspirait à cette vie d'anéantissement. »

Il n'est point étrange non plus que portant au dedans de lui-même cet idéal de l'humilité, il ait conçu sa Société comme quelque chose de petit et de caché. C'est la vie de Nazareth qu'il s'efforce de reproduire et il veut en inspirer le culte à tous ses fils. « Or Nazareth, c'est bien le dernier mot de l'humilité, c'est le silence, c'est l'effacement total, c'est l'oubli, c'est le tombeau. »

Sans doute, la pratique des vertus cachées s'alliera chez ses religieux avec les œuvres de zèle et la flamme de l'ardente charité. Mais s'il veut des savants et même des thaumaturges, il faut qu'ils ne fassent pas de bruit. Obscurité, anonymat, néant, ces termes traduisent avec exactitude son ambition pour les siens. C'est dans ce cadre sans rayonnement qu'il se plaît à placer longtemps à l'avance l'œuvre à laquelle il consacrera toute sa vie.

Oui, toute sa vie fut marquée de l'empreinte de cette humilité virginale.

C'est sous la direction d'un autre, dans l'humble paroisse de Cerdon, comme vicaire de son frère, qu'il commencera le travail de ses Constitutions. Pendant cinquante ans, il gardera sur leur origine une excessive sobriété de détails. Quand il aura cédé à la nécessité de parler, il s'en repentira comme d'une action coupable. « Hélas ! j'en dis trop, s'est-il écrié en sanglotant ; je vais « avoir bien des remords ; j'aimerais mieux dire mes « péchés ! »

Puis, comme s'il voulait s'excuser d'avoir tenté ce travail de rédaction : « Jamais, dit-il, je n'aurais eu la « témérité d'écrire des constitutions, si je n'y avais été « forcé par une puissance supérieure à la mienne. » Heureuse révélation, grâce à laquelle ses fils ont le droit de vouer au texte même de leur Règle un culte de profonde vénération.

Il semble d'ailleurs que la Très Sainte Vierge ait voulu répondre à ses désirs, en marquant les débuts de sa Société d'une humilité extrême.

Ses quatre premiers compagnons, les premiers Maristes, sont d'humbles prêtres comme lui, sans prestige extérieur, et le Vénérable Fondateur reconnaît lui-même le caractère étrange de ces débuts. « Nous étions là, disait-il « plus tard, quatre pauvres prêtres qui n'étions pas de « fameux hommes... Nous n'étions guère propres qu'à « être foulés aux pieds. »

Ils n'avaient même pas une demeure personnelle. Mgr Devie avait logé cette communauté naissante dans son petit séminaire de Belley. Ils étaient relégués dans des chambres considérées jusque-là comme peu habitables ; c'était vraiment l'étable de Bethléem avec son obscurité et même ses rebuts. Mais le Père Colin ne s'en plaignait pas. De ce séjour quelque peu humiliant et pénible à la nature, il disait avec bonhomie : « Ce sont encore les « plus belles années de ma vie. »

Cette première étape était en effet en pleine harmonie

avec ce qu'il avait toujours rêvé. Aux yeux du monde, comment se glorifier d'une fondation aussi modeste?

Mais voici qu'une nouvelle épreuve vient mettre en relief son humilité. A la mort de M. Pichat, Supérieur du petit séminaire, Mgr Devie, nous l'avons vu, n'hésite point à placer le Père Colin à la tête de la maison. On devine ce que fut cette nouvelle pour le pauvre missionnaire. Il se débat contre cette perspective ; les objections à faire se présentent en foule à son esprit. Il les expose en toute simplicité et s'il est obligé de se rendre à l'ordre de son évêque, il n'en appellera pas moins cette nomination la plus grande épreuve de sa vie.

Il semble vraiment que le titre de Supérieur n'ait point été fait pour lui. C'est ainsi qu'au moment solennel où l'on dut procéder pour la première fois à l'élection d'un supérieur général, il n'eut pas même la pensée qu'on pût songer à le nommer. Cette idée ne lui était point entrée dans l'esprit malgré la prédiction qu'on lui en avait faite. Aussi très simplement, ne pourrait-on pas dire très naïvement, il avait trouvé naturel qu'avant l'élection, on imposât, pour celui qui serait nommé, l'obligation de ne pas refuser sa charge. Tant il s'imaginait peu que son nom serait proclamé à l'unanimité par ses premiers confrères.

Il dira même un jour que, s'il avait jamais pu deviner le résultat de cette élection, il n'aurait pas eu le courage de fonder sa Société. En face de la réalité, il ressentit une véritable stupeur et presque de l'effroi, ce furent les vraies douleurs de l'agonie, selon son expression. « Je « sentais en moi, disait-il, une opposition si forte contre « cette charge que je serais allé je ne sais où pour y « échapper. Toute mon âme était brouillée. Je disais bien « cependant : Mon Dieu, que votre volonté soit faite !

« Mais je me forçais pour le dire et il me semblait que ce
« n'était pas de bon cœur. » Puis, comme un simple séminariste, il va confier les angoisses de son âme à son ancien
Directeur, M. Cholleton, et ce n'est qu'après une réponse
formelle de ce saint prêtre qu'il sent s'apaiser en lui cette
tempête morale.

Avec une répugnance si instinctive pour le supériorat,
ce n'est pas lui qui songea jamais à s'installer dans cette
fonction comme dans un poste de repos. Loin de son
esprit, la pensée de rester longtemps à la tête des siens.
Il veut bien leur consacrer toute son activité, toutes les
tendresses de son cœur ; mais il voudrait avoir la consolation de le faire dans une cellule de religieux, bien caché
aux regards des hommes. C'est ainsi qu'à diverses reprises,
aux Chapitres de 1839, 1843, 1845, 1847, il supplia ses
confrères de le décharger de son fardeau. Rappelons-nous
surtout la scène de 1845, alors que, à la fin de la Retraite,
après la Consécration à la Sainte Vierge, il vint lui-même
inopinément se jeter au pied de la statue de Marie pour
lire à son tour une Consécration émue :

Vierge Sainte, s'écria-t-il en fixant sur la Sainte Vierge un
regard d'inexprimable tendresse, voici à vos pieds le plus
faible, le plus misérable de vos enfants. Il vous reconnaît
pour sa Mère, son Avocate et sa Souveraine. Il dépose entre
vos mains tout ce qui le concerne, sa vie, son emploi, son
éternité. Il vous demande pardon de ses nombreuses infi-
délités et ingratitudes, comme aussi il demande pardon à
vos enfants, ses confrères, des mauvais exemples qu'il leur
a donnés, des peines qu'il leur a faites. Il se reconnaît indigne,
Vierge Sainte, et il en fait ici publiquement l'aveu, il se
reconnaît indigne et incapable d'être au milieu d'eux votre
représentant, votre lieutenant. O la meilleure des mères,
accordez-lui la grâce que d'autres lui refusent, agréez qu'il
se démette entre vos mains de son emploi, de sa charge et

qu'il choisisse pour le remplacer et conduire cette chère famille qui vous appartient, le glorieux saint Joseph, votre auguste Époux !

Rarement, avouons-le, l'humilité inspira un langage plus pénétrant et plus fort. Le pieux fondateur parlait de l'abondance de son cœur et les sanglots dont presque chaque mot était entrecoupé prouvaient assez la force et la sincérité de sa vertu. Il était humble jusque dans les moelles de l'âme.

Cependant un jour vint où l'on déféra à son pieux désir. Il fut autorisé à prendre sa retraite. Alors, dans ses adieux au Chapitre de 1854, comme s'il voulait révéler le fond de son cœur, et léguer à tous un programme testamentaire, il se met, entre autres recommandations, à faire l'éloge de l'humilité. Avec quels termes émus il la prêche ! Avec quelle précision de doctrine il l'expose !

Il y a deux domaines, celui de Dieu et celui de la créature. Le domaine de Dieu c'est l'être, le domaine de la créature, c'est le néant. L'humilité nous fait entrer dans notre domaine qui est le néant ; l'orgueil nous pousse à entrer dans le domaine de Dieu, en voulant être quelque chose, et ainsi à empiéter sur ce qui lui appartient inviolablement, exclusivement. Restons chez nous. Le domaine de Dieu est infini ; le nôtre qui est le néant est aussi infini. Qui pourra en découvrir les limites? Pour moi, je suis plus que jamais entré dans mon domaine ; j'y suis heureux ; je m'y promène tout à mon aise, sans en toucher les bornes et sans y rencontrer ni jaloux ni compétiteurs.

Cette déclaration faite, après l'élection de son successeur, le très Révérend Père Favre, il se retira ou plutôt s'ensevelit humblement dans la solitude de la Neylière. Cette résidence lui plaisait d'une façon spéciale par son cachet de simplicité et de pauvreté. A vivre ainsi dans la retraite, dans le recueillement et le silence, il éprouvait une consolation intime. Heureux de causer avec les Frères coadjuteurs, de semer au milieu d'eux quelques réflexions joviales, il réalisait enfin dans une certaine mesure son rêve de vie cachée. Qui donc, en dehors de ses fils spirituels, qui donc soupçonnait son rôle de Fondateur? Là, dans une vallée solitaire, à l'ombre du clocher de la petite paroisse de Pomeys, en dehors des voies de grande communication, il était bien mort au monde. Le dernier chapitre de son histoire allait donc s'achever, comme il l'avait toujours désiré, par l'immolation de toute gloire extérieure. Inconnu avant, inconnu après, ces deux mots dans lesquels il résumait toute son existence, devenaient ainsi la traduction exacte de sa carrière. Petit vicaire de Cerdon, humble religieux de la Neylière, il fermait le livre de sa vie apostolique comme il l'avait commencé, dans le tressaillement surnaturel d'une âme, éprise jusqu'au bout des charmes et de la grandeur de l'humilité.

Dominé par le culte de cette vertu, le pieux Fondateur se faisait un devoir d'en recommander sans cesse autour de lui la pratique. C'était l'objet le plus habituel de ses entretiens. Il y revenait avec une douce insistance et nul ne pouvait écouter les conseils du Serviteur de Dieu sans être saisi d'une émotion profonde. Les saints ont le privilège de faire passer leur âme dans les mots les plus simples ; à les entendre, on se sent toujours éclairé, transformé. Ce sont des semeurs de toutes les saisons et leur semence ne reste jamais stérile.

« Connaissez bien votre néant, aimait-il à dire. Tant
« que vous vous croirez capable de quelque chose, vous
« ne serez pas propre aux choses de Dieu. La grâce de
« l'apostolat est une grâce bien dangereuse, si l'on n'a

« beaucoup d'humilité. Imitez l'humilité de saint Fran-
« çois Régis. Pensez que vous n'êtes rien, que vous ne
« pouvez rien. Ce n'est pas une fiction, mais une vérité.
« Grande simplicité. Soyez content d'être dans le mépris. »

Avec un rare bonheur d'expressions, il révélait ainsi
le fond de son âme. « Ah ! que la misère de l'homme est
« donc grande, s'écria-t-il un jour. Je pense quelquefois
« que l'homme est un petit infini, un petit infini en misère,
« en bassesse, en amour-propre. Il est impossible d'en
« trouver le fond. »

Voilà pourquoi il craignait pour les siens jusqu'à l'éclat
de la sainteté. « Oui, certes, disait-il, la Société produira
« des saints mais on ne les connaîtra pas. » Et dans cette
exaltation en faveur de l'humilité, il allait jusqu'à éprouver parfois le désir que la cause du Père Chanel n'aboutît
pas, de peur que les Maristes n'en fussent trop fiers.

Dans ce même esprit d'opposition aux moindres
atteintes de l'amour-propre, il redoutait pour les prédicateurs les illusions de la vanité. « Si j'entendais dire
« d'un membre de la Société qu'il est grand prédicateur,
« c'est pour lui que je tremblerais. » Et alors il conseille
de sacrifier toujours l'attitude, la mise extérieure, les
relations, ce qui pourrait être trop éclatant, pour préférer
la simplicité et la modestie. Nul ne devait l'ignorer :
« Si un jour ou l'autre, la Société venait à se prévaloir
« de sa science, je crierais aussi bien fort : Que les Maristes
« s'efforcent donc de rester à leur place ! Leur place c'est
« le néant ».

Loin de lui, la pensée d'une sotte concurrence avec les
autres : « Je ne voudrais pas que les Maristes fussent seuls
« dans un diocèse. Je regarderais cela comme un malheur
« pour nous. Il faut qu'un corps se tienne dans l'humilité,
« qu'il soit bien persuadé qu'on pourra se passer de lui

« et qu'il voie à droite et à gauche d'autres religieux
« prêts, s'il venait à manquer, à le remplacer du jour au
« lendemain. »

Il aimait à dire : « Si dans un endroit on demandait
« notre Société et si je savais qu'une autre y ferait du
« bien, je ne voudrais pas y envoyer les nôtres, et je céde-
« rais la place à l'autre compagnie. Alors, au moins nous
« aurions le mérite de l'humilité. »

Ainsi dans ses entretiens il traçait à chacun le programme à suivre selon cet esprit : aller en avant au secours
des âmes, se dépenser de toutes ses forces ; puis, le temps
du travail achevé, se retirer, sans regard en arrière ; se
recueillir un instant et courir ailleurs pour recommencer,
avec le même oubli de soi-même, uniquement l'œuvre de
Dieu. Tout pour les intérêts du Maître ; rien pour la gloire
de l'instrument.

« Si jamais le monde parle de la Société, qu'il ne parle
« que de notre modestie et de notre humilité. Ne cher-
« chons jamais à avoir de la gloire devant les hommes...
« L'humilité doit être la vertu distinctive de la Société.
« Que nous serions insensés, stupides, si nous nous attri-
« buions quelque chose. Ah ! mon Dieu ! défions-nous
« bien de nous-mêmes ! »

Ce culte de l'humilité n'était point seulement une
estime et une sympathie de paroles. Rien de plus étranger
à son caractère, que l'art d'exposer des théories incon-
sistantes, sans applications pratiques. Pour lui, il ne
comprenait pas l'amour de l'humilité sans la recherche
des humiliations : cette doctrine solide, crucifiante à la
nature, il la propageait avec force.

« Si lorsqu'on vous dit quelque chose de rude et d'humi-
« liant, si lorsqu'on vous fait endurer quelque injure,
« vous y êtes trop sensible, vous avez tort ; ce n'est

« pas ce que Dieu veut ! Il en faut arriver dans le mépris
« de soi-même jusqu'au point d'être très joyeux intérieu-
« rement de souffrir des humiliations. »

Et ailleurs, il tient le même langage : « Quand vous
« recevrez quelque bonne humiliation, vous devrez être
« fort joyeux... Oh ! attachons-nous bien aux humilia-
« tions ; aimons-les ; mettons notre consolation à les
« embrasser. »

Est-il étonnant dès lors qu'il ait tenu à inscrire dans ses
Constitutions ce programme de l'Humilité? Le chapitre
consacré à l'éloge de cette vertu est un vrai chant d'enthousiasme s'échappant de son cœur. Sous ses paroles
on sent le désir intense du Fondateur de communiquer
à tous les religieux une véritable ardeur d'émulation dans
la recherche de cette vertu, pour ainsi dire familiale.

« Prêtres de la Société de Marie, leur dit-il, rappelez-
vous toujours et avant tout les avantages de l'humilité.
Par le mépris et la défiance de soi-même, elle favorise
l'esprit de prière et la confiance en Dieu : *Ad Deum
totam convertit fiduciam* — elle incline vers la charité
et la douceur, puisqu'elle garantit contre l'estime exagérée
de soi-même : *omnibus mitis efficitur* — elle provoque
les libéralités de « Celui qui résiste aux superbes et donne
« sa grâce aux humbles ». — Elle assure la paix de l'âme
en dépouillant de toute peste d'ambition. Elle favorise
enfin la pratique de l'obéissance à Dieu et aux hommes
et conduit ainsi à la grandeur, à la victoire : *viam ad
exaltationem aperit.* »

C'est donc de toutes leurs forces — *totis virium nervis* —
que les Maristes, suivant l'esprit de leur Fondateur,
devront travailler à se dépouiller d'eux-mêmes. Pieusement excités par les exemples de leur Mère et de son
divin Fils, ils deviendront, sous l'influence de cette

vertu, les instruments des miséricordes divines envers le prochain : *idonea divinarum misericordiarum instrumenta erga proximum*. Qu'aucun sacrifice ne les effraie pour acquérir cette richesse d'âme. Puisque l'humiliation est la voie directe pour acquérir l'humilité — *quum autem humiliatio sit via ad humilitatem* — qu'ils ne reculent point devant l'humiliation et sachent avec une parfaite égalité de caractère accepter, selon les circonstances, les blessures d'amour-propre.

Alors la Société de Marie, solidement établie sur un fondement aussi sûr, pourra espérer de perpétuels accroissements sous le regard de Dieu : les tempêtes des passions dépravées ne triompheront jamais de sa résistance. (Const. N° 444.)

Encore une fois, le saint Fondateur se sent à l'aise dans l'exposé de cette doctrine. N'est-elle pas en effet le simple et lucide développement de sa maxime favorite, inscrite au chapitre même de l'esprit de la Société : « *Ignoti et* « *quasi occulti in hoc mundo esse videantur* »?

Inconnus, cachés dans le monde : avec cette devise, fixée au cœur, les Maristes auront toujours la science de l'apostolat le plus fécond. L'esprit d'humilité est le pivot même de toutes les œuvres confiées à la Société du Père Colin. Il ne s'est point lassé de le dire : « La Société est « appelée à produire un bien immense : il faut qu'elle soit « fidèle à sa vocation ; soyons petits ; *ignoti et occulti.* »

Si l'on voulait savoir enfin à quelle source le vénéré Fondateur avait puisé cet amour de l'humilité, il faudrait parler sans doute de l'influence exercée par l'un de ses livres de chevet, le traité de l'*Amour du Mépris de Soi-Même*, du Père Franchi, religieux italien du XVIIIe siècle. Dans ces pages étranges, véritable programme de combat, aussi méthodique que passionné, pour dépister l'orgueil humain avec ses innombrables variétés, le Père Colin avait trouvé un puissant encouragement pour travailler à l'anéantissement personnel.

Mais nous dirons encore plus volontiers qu'il apprit cette science à l'école de Nazareth. C'est de la Sainte Famille, plus que du Père Franchi, qu'il fut avant tout le disciple fidèle. Il le répète sans cesse, Nazareth est le centre où il va prendre son mot d'ordre, le foyer où il allume sa flamme d'apôtre, le sanctuaire où il reçoit pour la direction de sa petite famille les inspirations providentielles. C'est là qu'il découvre dans toute sa richesse et sa fécondité l'esprit de la Société de Marie. C'est là qu'il en étudie les nuances virginales. De cette étude, par cette contemplation, œuvre du cœur plus encore que de l'esprit. il est vraiment sorti le Chevalier de l'Humilité.

CHAPITRE III

L'HUMILITÉ DU PÈRE COLIN : LE RAYONNEMENT DE CETTE
VERTU. FRUITS DE FORCE MORALE, DE PAUVRETÉ,
DE SIMPLICITÉ, DE BONTÉ, DE PIÉTÉ

On croit assez communément que cette vertu de l'humilité, si éminente dans notre vénéré Fondateur, ne se concilie guère avec l'énergie et la magnanimité. Ceux qui se défient constamment d'eux-mêmes sont-ils capables de grandes entreprises? Les vertus, soi-disant d'ordre passif, permettent-elles de gouverner les hommes?

Il suffit de réfléchir quelques instants sur la vie du Père Colin pour trouver la réponse à cette question.

Aucune âme plus humble que la sienne, et cependant jamais il n'a reculé devant les obstacles et la grandeur même de son œuvre. Certes, il lui fallait une énergie peu commune pour oser, modeste vicaire de campagne, entreprendre la fondation d'une congrégation religieuse, pour oser traiter une si grave question avec les autorités ecclésiastiques, avec les cardinaux de la cour romaine, avec les représentants du gouvernement français, pour entamer parfois de délicates et rudes discussions avec ses supérieurs ecclésiastiques, quand, dépassant leurs droits, ils mettaient en échec sa mission de Fondateur, reconnue par le Saint Siège.

Que dire d'un homme qui, en vertu de son titre de Fondateur et de Supérieur, envoie d'autres hommes, des prêtres, des évêques, à la conquête des âmes, dans les Missions les plus lointaines, les plus inexplorées? Ce n'est point là le geste d'un hésitant. De quelle fermeté ne doit pas être muni ce chef d'entreprises religieuses, que la complexité même des affaires n'arrête jamais?

Le vénéré Fondateur comprenait sans peine la nécessité de cette vigueur morale. « Quand les choses sont certaines, « disait-il un jour, je marche d'un pas ferme... Grâces à « Dieu, si j'ai bien des misères, je n'ai pas la peur des « hommes, ni des créatures. »

En plus d'une circonstance, il sut le prouver. Un jour même il racontait qu'il avait été obligé une fois, une seule fois, de recourir à une mesure de rigueur contre un religieux désobéissant. « Un archevêque, ajoutait-il, a voulu « me faire revenir sur mes pas, tout le monde s'y est mis ; « mais tout a été inutile. » C'est que, il le comprenait fort bien, et il le disait avec la même netteté, « il faut « faire parfois des choses qui sont désagréables à tout le « monde, et il faut les poursuivre avec persévérance, « autrement on ne fait rien ».

Nous avons donc le droit de répéter que, sous des dehors modestes, le Père Colin eut une âme vaillante. Son humilité ne comprima aucune de ses énergies. Elle fut toujours en lui une vertu virile ou mieux encore une vertu d'apôtre. Ce n'est point à l'impuissance, à l'inertie qu'elle condamne jamais. Son point de départ est le mépris de soi-même, mais son terme est l'ardeur de la confiance et la sainte audace du ministre de Dieu. Faut-il s'étonner dès lors que ce soit une vertu féconde? La vie du Père Colin attesta cette fécondité.

Durant les dix-huit années de son supériorat, dirons-nous avec l'un de ses biographes, il vit « la Société de « Marie multiplier en France les fondations ; il entendit « les évêques le réclamer sans cesse pour diriger des grands « séminaires, des pèlerinages ou des maisons d'enseigne- « ment ; il assista dans leur épanouissement les Sœurs

« Maristes, il centralisa dans ses timides et puissantes
« mains l'apostolat de l'Océanie. Il connut la joie très
« ardemment souhaitée de voir les missions des Maristes
« donner à l'Église un Martyr, le Bienheureux Chanel,
« en même temps qu'elles donnaient à la France une
« colonie, la Nouvelle-Calédonie, et à la Société même
« une leçon perpétuelle de souffrance et d'action ; il
« obtint enfin de Rome, sans autres artifices que sa sim-
« plicité et sa bonhomie, l'institution d'un Tiers Ordre
« de Marie, grâce auquel on verrait à la fin des siècles ce
« qu'on avait vu au début du christianisme, une multi-
« tude de croyants ne formant qu'un cœur et qu'une âme ;
« et de même que le Bref de Grégoire XVI sur la Société
« de Marie avait ouvert à cette Société l'infini de l'espace,
« de même il semblait au Père Colin qu'après le Bref de
« Pie IX sur le Tiers Ordre, ce groupement aurait devant
« lui l'infini du temps (1). »

Est-il surprenant dès lors, quand on examine avec
attention dans le Père Colin cet équilibre ou plutôt cette
harmonie des vertus, que le Père Lacordaire ait pu porter
sur son compte ce jugement significatif : « Voilà un homme
comme il n'en paraît plus dans le monde. »

Si la vigueur et la force de caractère, si l'énergie dans
l'initiative ne semblent point à première vue découler de
l'humilité, du moins il est d'autres nuances morales qui
surgissent toujours en plein relief, sous le rayonnement
de l'oubli et du mépris de soi-même ; l'amour de la pauvreté, la simplicité sont d'ordinaire la parure des humbles.
Ne sont-elles pas une autre manière de pratiquer l'abnégation personnelle et de se maintenir dans l'effacement?

Aussi ne sommes-nous pas étonné que le Père Colin

____

(1) G. Goyau, *op. cit.*, p. 29.

ait eu pour l'une et l'autre de ces vertus un culte de prédilection. Ce fut donc un « pauvre » dans toute la force du terme. Sans doute, il n'avait pas demandé à la contemplation de Bethléem, comme le Vénérable Père Chevrier, l'idéal de ce dépouillement. Même dans la sainteté, il redoutait les nuances trop accentuées — il tenait si énergiquement à repousser loin de lui tout éclat de mérite ! Son cadre était Nazareth ; c'est là qu'il restait en contemplation pour traduire ensuite dans sa vie toute la beauté de cet intérieur, pauvre et simple à la fois.

Il disait un jour avec sa vigueur d'expression habituelle : « La pauvreté est le meuble le plus utile quand on sait s'en servir. »

Il sut s'en servir, de la première à la dernière heure de sa vie sacerdotale et religieuse. Tout dans son existence en porte l'empreinte : demeure, vêtements, mobilier, nourriture. C'est au milieu des privations de tout genre qu'il entreprit avec ses premiers compagnons, mortifiés comme lui, ses missions dans le pays si pauvre du Bugey.

Mis à la tête du petit séminaire de Belley, il n'abandonna rien de ses prédilections. On l'avait obligé à prendre la chambre réservée au supérieur. Il la trouvait trop belle et trop spacieuse et, s'il ne put la refuser, il obtint du moins que désormais le parquet n'en fût plus ciré.

Qui n'a connu sa modeste cellule dans l'humble maison dite des Capucins? C'était une chambre petite, étroite, plus incommode que les autres, et encore à l'époque de la Retraite générale de 1841, il était heureux de la céder à un autre, pour habiter, au dernier étage, la chambre d'un professeur. Pieuse industrie, toujours inspirée par le désir de vivre plus pauvre et plus caché : *Ignotus et occultus.*

On sait que pendant les vingt dernières années de sa vie,

il résida à la Neylière. Or ce qui lui plaisait avant tout dans cette résidence, c'était sa pauvreté. L'humble Fondateur y occupa deux cellules ; mais elles étaient si petites, si dénuées de tout ornement, l'ameublement en était si sobre qu'on se demande si saint François d'Assise lui-même aurait pu rêver un réduit plus misérable. C'était plus que le dénuement de Nazareth.

Quand il se rendait dans une autre résidence de la Société, on avait la juste préoccupation de lui assurer un appartement convenable ; parfois même on comptait sur la faiblesse de sa vue pour pouvoir lui faire accepter une chambre moins pauvre.

Mais son amour de la pauvreté le rendait bien vite clairvoyant pour découvrir ce qu'il considérait comme un luxe : « Non, non, disait-il un jour, en refusant l'offre de ses confrères, pas là ! » C'est que là, il avait aperçu, au lit et aux fenêtres, des rideaux !

Il suffisait d'ailleurs de voir sa soutane pour deviner ses goûts de pauvre. Il aimait à porter celles qu'avaient laissées les missionnaires d'Océanie, et s'ingéniait le plus souvent pour n'avoir pas à prendre du neuf. Un jour qu'il recommandait d'éviter les dépenses inutiles, il montra sa propre soutane : « Elle n'a pas été faite pour moi, dit-il ; je n'aime pas à commander des soutanes neuves pour mon usage. J'ai cependant dû consentir à ce qu'elle fût raccommodée, car il faut être propre ; la propreté est une vertu. » Il poussait si loin cet esprit de dénuement qu'à l'époque de son deuxième voyage à Rome, en 1842, il fut obligé, pour partir, d'emprunter à son frère sa paire de chaussures.

Agir comme les pauvres : sous l'influence de cette pensée, il tenait à se rendre les plus humbles services et fit un devoir à ses religieux d'adopter ce genre de vie, conforme à l'esprit même de Nazareth. Il était tellement attaché de cœur à ces pratiques que, sur la fin de sa vie, il eut de la peine à accepter les adoucissements exigés par son grand âge et ses infirmités. Il voulut même, en plein Chapitre général, s'excuser de recevoir les soins particuliers d'un Frère coadjuteur. On aurait dit que cette exception lui causait des scrupules. « Je crains de « donner par là un grand scandale à la Société ; j'en « demande pardon aujourd'hui et je vous conjure de « prendre la chose en bonne part. »

Nul, il faut bien le reconnaître, n'était tenté de lui en adresser le moindre reproche. On admirait au contraire sa façon de prêcher d'exemple à ses confrères ; on recevait avec émotion ses avis réitérés sur ce point capital. Il est à remarquer d'ailleurs qu'il savait trouver la note juste pour apprécier la pauvreté extraordinaire pratiquée par quelques saints, sans vouloir recommander aux prêtres de la Société de Marie autre chose qu'une tempérance parfaite et le respect des convenances ordinaires, par égard pour ceux avec qui l'on vit. Mais ce qu'on ne pouvait oublier, c'était l'accent de sainte indignation, avec lequel il protestait en toutes circonstances contre l'esprit « bourgeois », ce mot figurant à ses yeux l'antipode de la vie mariste. Il le lançait avec une vigueur qui n'avait d'égale que l'énergie de sa voix quand il employait le mot « château » pour caractériser les maisons trop belles et trop confortables. Son horreur pour l'esprit du monde lui inspirait ainsi de saintes colères. L'apôtre de la pauvreté trouvait d'instinct une éloquence vigoureuse qui faisait taire tous les contradicteurs.

Aussi rêvait-il parfois pour la Société d'une organisation qui coupât court à tout envahissement de l'esprit de cupidité. On croirait entendre saint François d'Assise

prêchant la sainte pauvreté : « Voici comment je vou-
« drais, disait-il, commencer un établissement de Maristes :
« porter avec moi-même mon bréviaire et quarante francs
« pour acheter les premiers ustensiles de ménage. Quand
« nous avons pris pied à Lyon, nous n'avions presque rien ;
« on se servait d'essuie-mains grossiers en guise de ser-
« viettes. Eh ! Messieurs, c'est encore le plus beau temps,
« c'est alors qu'on est le plus heureux ! »

A ce point de vue la résidence de la Neylière lui paraissait la plus belle des résidences. On y était parfois si loin
de la vie bourgeoise ! « Les jours que je viens de passer
« dans cette maison sont les plus beaux de ma vie. Un
« jour, nous nous sommes trouvés sans vin ; on a mis
« pompeusement les pots à eau sur la table. Or, quand
« j'ai vu cela, la gaieté m'a pris ; et moi, qui n'ai jamais
« ces idées-là ailleurs, je me suis mis à trinquer avec les
« Frères. Nous avons ri de tout notre cœur ; nous étions
« contents ; c'était une petite fête ! » Cette disposition
du vénéré Fondateur n'est-elle pas charmante, aussi
bien que cette réflexion originale sur le détachement des
richesses : « Pourquoi nous inquiéter au sujet de nos
« besoins? Moi, quand je n'ai rien et que je n'ai pas de
« dettes, je suis en paix. J'ai toujours cinq châteaux, cinq
« choses qui ne me manqueront jamais : les grandes routes,
« les prisons, les hôpitaux, les églises et les cimetières. »

Cependant celui qui prononçait de telles paroles eut
souvent, par les soins de la Providence, des ressources
considérables à sa disposition. Mais pour lui l'argent
n'avait pas d'autre valeur que sa relation avec les œuvres
de Dieu. Jamais l'ombre d'un sentiment de convoitise
ne se glissa dans son cœur.

Cet homme, toujours si empressé à se mettre aux anti-
podes de l'esprit du monde, devait donner encore l'exem-

ple d'une simplicité parfaite. Plus on se détache de soi-même, plus on a le secret de se présenter devant ses semblables avec une aisance de tous les instants. C'est là encore une nuance de l'esprit d'humilité.

L'amour du mépris de soi-même garantit contre toute recherche dans l'attitude et le langage. Comment pourrait-on être tenté d'affectation quand on ne songe jamais à se mettre en évidence? Il est impossible de ne point reconnaître ce trait saillant dans la physionomie du Père Colin. Un de ses biographes nous dit avec raison : « Tout « était simple en lui ; son maintien, ses habits, sa dé- « marche, son langage respiraient la simplicité, le naturel, « la candeur. »

Rien n'est plus expressif à ce sujet que les récits mêmes du saint Fondateur. Il faut l'entendre raconter de quelle façon se passèrent ses entrevues avec les Gouvernants de Paris et les Cardinaux de Rome. Ce n'est pas lui qui cherchait à en imposer par de grands airs : « A Paris ! « moi ! Jugez donc ! J'avais un front ! Mais ce n'était « pas par goût naturel. Je savais bien moi, pauvre vicaire « de campagne, que je n'étais pas à ma place ! »

Cependant, ce pauvre vicaire, cet humble fondateur était partout reçu avec une extrême bienveillance. « Je « sais que chez les Cardinaux et en général à Rome, dans « mon voyage, c'est à cause de ma simplicité qu'on était « le plus content de moi. On disait : Il est bien simple « et bien franc. » C'est qu'en effet « il allait chez les Cardinaux tout bonnement » et ces princes de l'Église, toujours sensibles aux procédés surnaturels, ne pouvaient qu'écouter avec le plus vif intérêt l'exposé de ses projets. On avait bientôt pour le saint Fondateur une vénération profonde. « C'est un de ces hommes, disait de lui le car- « dinal Castracane, comme on n'en rencontre presque

« plus de nos jours ; c'est le *vir simplex ac reclus* dont
« parle la Sainte Écriture. M. Colin est un saint. »

De fait il eut toujours une instinctive répulsion pour
toute duplicité. Les procédés empreints d'une ombre
même de finesse lui semblaient inadmissibles. Puisque
le prêtre a mission de traiter les intérêts de Dieu avec les
hommes, son devoir est d'apporter dans cet exercice
d'honneur une loyauté sans reproche. « En traitant les
« choses de Dieu, disait-il, point de finesse ; du tact, de
« la prudence, oui ! mais qu'on ne soupçonne pas de la
« finesse en nous. La finesse est du diable. »

Aussi était-il pleinement autorisé à recommander cette
conduite à tous ses religieux. « Messieurs, disait-il un jour
« à ses premiers confrères, soyons bien simples, bien
« simples. Ce qui attache à nous, c'est la simplicité. Un
« curé disait à nos missionnaires : Vous êtes sept ici qui
« faites moins de bruit qu'un tel qui était tout seul, il
« y a quelque temps. Ce prêtre a redemandé les Maristes. »

En voulant donner à ses religieux ce trait de physionomie, il songeait sans doute à la Vierge de Nazareth.
La simplicité est ce qu'il y a de plus pur dans les vertus,
et par elle l'apôtre travaille de son mieux sans ambition
et sans éclat.

Nous ne voudrions pas, à propos de l'humilité du Père
Colin, rappeler en détail chacune de ses qualités morales.
Mais l'on avouera sans peine que la simplicité et l'amour
de la pauvreté en constituent le rayonnement habituel
et qu'il faut bien parler encore de son extrême bonté,
si l'on veut compléter, d'après sa vertu fondamentale,
le portrait du saint Fondateur. Notre-Seigneur Jésus-
Christ n'a-t-il point rapproché dans sa physionomie
cette double expression comme pour nous en faire comprendre l'harmonie nécessaire? *Mitis et humilis corde.*

Les saints, dans la mesure où ils sont humbles, sont des copies vivantes de la bonté du Maître.

Oui, à son exemple, le Père Colin eut toute l'aménité, toute la tendresse du bon Pasteur. Supérieur et Fondateur, il semblait avoir, à l'image de la Très Sainte Vierge elle-même, un fonds inépuisable de bonté ! Elle se manifeste sous toutes les formes, dans ses lettres, ses instructions, ses causeries, ses procédés. Délicatesse de cœur, tendresse presque maternelle, égards et attentions toujours pleines d'aménité, rien de ce qui peut faire plaisir aux autres et susciter une impression de joie ne lui est étranger. Est-ce que l'habitude d'aimer Dieu de toute son âme ne prédispose pas à envelopper le cher prochain, comme disait saint François de Sales, d'une atmosphère perpétuelle de délicate affection? Qu'elles sont admirables les intuitions des saints pour deviner les besoins des âmes et leur apporter, à l'heure providentielle, la ressource des paroles qui charment et qui consolent !

Ces sentiments affectueux, le Père Colin les avait pour tous, pour les Frères comme pour les Pères, « pour les jeunes comme pour les anciens ».

Lui qui est si dur pour lui-même, il ne veut pas qu'on souffre dans son entourage. S'il entend au réfectoire une lecture qui dénote une poitrine fatiguée, il interrompt le lecteur. Comment pourrait-il prendre son repas, avec cette pénible préoccupation ? On lui raconte qu'un de ses professeurs au Scolasticat travaille avec excès. Sans hésiter il lui procure le délassement d'un long voyage en Angleterre. Faut-il regarder à la dépense, quand il s'agit pour un père de soulager l'un de ses fils?

Ses prescriptions pour les malades sont à ce point de vue particulièrement expressives. C'est une sollicitude spéciale à leur égard qu'il recommande aux membres

de sa Société. Pour eux la charité, l'affection la plus sincère et la plus bienveillante doit inspirer le courage et
rendre tous les services. Bien plus, il ne faut rien
omettre de ce qui peut procurer un peu de consolation et
de soulagement. Puis, par-dessus tout, que la délicatesse
du cœur apprenne à surmonter les répugnances instinctives de la nature. Autour du malade point d'impatience,
d'ennui, d'irritation. C'est d'un visage souriant qu'il
faut aborder leur couche, à cette heure surtout, ils ont
besoin d'être visités, réconfortés en frères.

Tous ceux qui ont approché du Père Colin, sont restés
sous le charme de cette bonté ; ils ont subi avec ravissement l'ascendant d'une charité aussi parfaite. Les
enfants, en particulier, le connaissaient bien, et n'est-ce
pas parce qu'ils se sentaient profondément aimés, que les
élèves du petit séminaire de Belley se plièrent si docile-
ment à sa direction?

Avec quel cœur en effet il sut se donner à cette œuvre,
pendant toute la durée de son supériorat ! S'il est au
milieu de ses élèves, il les suit dans tous les détails de leur
vie ; rien de ce qui les intéresse ne lui est étranger. S'il
est loin de Belley, il se plaît à correspondre avec « ses
enfants », et dans ces lettres de réponse aux vœux de
fête et de nouvel an on sent circuler une âme vraiment
débordante de tendresse surnaturelle. « Mes chers enfants,
« écrivait-il le 12 janvier 1841, j'ai reçu la lettre que vous
« m'avez écrite, à l'occasion du premier jour de l'an ; le
« retard involontaire que j'ai mis à y répondre tenait
« mon cœur dans une espèce de souffrance. Je le soulage
« réellement aujourd'hui en vous l'ouvrant tout entier.
« A la lecture plusieurs fois réitérée de votre lettre,
« témoignage précieux pour moi de votre bon souvenir,
« tous mes vieux sentiments de tendresse pour vous, tous

« mes vieux désirs de votre bonheur se sont réveillés en
« mon âme avec une vivacité nouvelle. J'ai cru me retrou-
« ver subitement au milieu de vous et vous voir tous
« serrés autour de moi, comme autrefois, m'exprimant
« avec franchise et naïveté vos vœux de bonne année. En
« vous considérant, je voyais en vous les membres et les
« frères de Jésus-Christ, les enfants chéris de la plus
« tendre des Mères, l'auguste Marie, les héritiers du
« royaume céleste, l'espérance de l'Église. Les vœux
« les plus ardents se pressaient pour vous dans mon cœur,
« qui ne pouvait suffire à vous bénir. Je vous embrassais
« et en vous embrassant, ce même cœur disait à chacun
« de vous : Soyons sage, mon cher enfant, jusqu'à notre
« dernier soupir ; soyons fidèle jusqu'à la mort à Jésus
« et à Marie. Craignons par-dessus tout le péché. »

On le voit, c'était leur âme qu'il aimait, qu'il voulait
absolument gagner à Dieu. Pour cet apostolat, il se mettait à la disposition de tous, et plusieurs fois par semaine
consacrait à leur direction un temps précieux, disputé
déjà par les travaux multiples de son œuvre de Fondateur.

Bien plus, il a pour le soin de leur corps, pour leur santé,
des attentions de mère. Au cours d'une épidémie, en 1831,
c'est sa propre chambre qu'il veut réserver aux malades,
il la transforme en infirmerie, il reste au chevet de chacun,
il prépare lui-même tisanes et potions, il veille la nuit,
il se consume vraiment à leur service. Est-ce qu'on peut
songer à ménager ses forces quand on aime? Aussi brûlait-
il d'allumer la même flamme de dévouement dans le
cœur des maîtres. « O mon Dieu, quelle belle œuvre que
« l'éducation des enfants ! Il n'est rien de si pénible,
« rien qui demande autant de tact. Oui, j'ose le dire,
« il en faut plus que pour conduire les grandes per-

« sonnes. Mais aussi rien de plus méritoire, rien de plus
« grand. »

Et sous l'étreinte de l'émotion, il ajoutait : « Mais,
« Messieurs, dites-moi : les aimez-vous, les enfants? Pour
« Dieu, en vue de Dieu, les aimez-vous? »

Si le vénéré Fondateur eut pour ses enfants du petit
séminaire de Belley une pareille affection, on n'aura point
de peine à deviner de quelle tendresse, plus délicate
encore, il entoura les missionnaires d'Océanie. C'est
bien dans ses relations avec eux qu'il révéla surtout les
richesses de son cœur.

On sait à quels travaux il se condamna, durant toute
sa vie de Supérieur, en faveur de ses chères missions.
Sollicitudes et recherches de tout genre, nombre incalculable de lettres adressées aux absents, démarches
innombrables, voyages entrepris auprès du Saint-Siège,
il n'épargna rien pour donner la véritable preuve de
l'amour, c'est-à-dire pour se dépenser sans mesure au
service de ses fils de prédilection. Il oubliait alors les
ménagements exigés par la faiblesse de sa santé, et c'est
dans une circonstance de ce genre, par dévouement pour
ses missionnaires, qu'il n'hésita point à se présenter
devant le Pape, en s'appuyant sur le bras d'un confrère.
Visiblement ému à l'aspect de ce précoce vieillard, le
saint Pontife Pie IX lui témoigna lui-même une bienveillance toute paternelle.

A leur départ, aux adieux solennels, ou quand il s'agissait de leur donner pour l'embarquement la bénédiction
suprême, il éprouvait une émotion inexprimable. On
dut même bientôt trouver le moyen de lui éviter d'aussi
fortes secousses, tant elles étaient capables de mettre
ses jours en danger. Saintes larmes du père, elles permettent de mesurer la vivacité de tendresse que nous

révèle de façon si édifiante l'histoire des saints. L'amour de Dieu ne dessèche jamais le cœur. Il en fait jaillir, au contraire, comme des sources d'affection auxquelles s'alimente une puissante et éternelle jeunesse d'âme.

Ainsi, quand le pieux Fondateur recevait des lettres d'Océanie, il lui arrivait souvent de ne pouvoir, à cette lecture, contenir ses larmes et même ses sanglots. Avec quelle effusion, lui-même, il tenait à traduire les sentiments de son cœur. Certaines pages, par leur accent de tendresse surnaturelle, font songer aux lettres si brûlantes de saint Bernard. Ah ! que n'était-il point disposé à faire pour leur témoigner son affection !

C'est ainsi que, malgré ses répugnances et après avoir dérouté souvent ses solliciteurs, il consentit enfin, à se faire photographier, parce qu'on lui fit adresser cette demande par les missionnaires d'Océanie. Sous cette forme on était sûr d'avance que la cause serait gagnée. Il était bien quelque peu fâché d'avoir commis un pareil acte de faiblesse. Mais il s'en excusait avec une candeur charmante... « Ce sont, disait-il, ces enfants de l'Océanie « qui demandent ma photographie... S'il y a de la vanité, « ajoutait-il en riant, l'Océan lavera tout. »

Il n'était pas jusqu'aux documents officiels qui ne fussent empreints de cette exquise sensibilité. Après avoir adressé aux missionnaires d'Océanie, en 1840, les plus judicieuses observations et tracé leur programme de vie apostolique, comme s'il voulait se dédommager d'avoir trop longtemps employé le langage du Supérieur, il veut laisser libre cours aux effusions de son cœur, en les désignant par leur nom avec la plus aimable simplicité : « Très cher Père Servant, nous avons reçu plusieurs de « vos lettres, elles nous ont édifiés. J'ai aussi reçu les « vôtres, bien cher Père Baty, avec le plus grand plaisir.

« Et vous, cher Père Épalle, vous ne nous avez encore dit
« que deux mots. Votre frère est toujours à Saint-Cha-
« mond ; il se porte bien ; je l'ai vu, il n'y a pas longtemps.
« Votre lettre, Père Viard, a été lue en l'église de la Guillo-
« tière ; elle a fait verser des larmes, etc., etc... Et vous,
« mes bien-aimés Frères Michel, Élie, Florentin et autres,
« dont les noms ne me viennent pas, je vous embrasse
« tendrement, en Jésus et Marie. Soyez pieux, dociles,
« courageux : la vie est courte, employez-la bien. Enfin,
« je vous laisse tous, les Pères et les Frères, dans les cœurs
« embrasés de Jésus et de Marie ; et je suis avec la plus
« sincère affection, bien chers Pères et Frères, votre
« très humble et très obéissant, Jean Colin, Supérieur. »

Chacun autour de lui savait combien il s'associait aux
travaux et aux souffrances de ses religieux, isolés parfois
dans ces îles inexplorées du Pacifique. Aussi dès que les
nouvelles étaient inquiétantes, on s'ingéniait pour gra-
duer les émotions. Hélas ! avec ce père si aimant, c'était
souvent peine perdue. Plus on prenait de précautions,
plus son imagination lui représentait avec force les
risques probables et il en devenait malade lui-même.

« Ces précautions me tuent, disait-il, car elles me font
« souffrir tous les malheurs que j'imagine. J'aimerais
« mieux qu'on me dît tout de suite : Un tel est malade,
« un tel est mort. »

Il avait donc bien raison de dire : « Je souffre vingt fois
« plus qu'eux. Je reçois dans mon cœur tous les coups
« qu'on leur porte, et comme je le leur ai écrit, je souffre
« même des maux qu'ils n'endurent pas, parce que mon
« cœur qui les aime craint des maux qu'il imagine. Le
« jour et la nuit, je souffre pour eux. Mon âme n'est pas
« troublée, mais alors tous mes nerfs sont agités. Je ne
« manque pas de me tourner vers le bon Dieu et je lui

« dis : *Sit nomen Domini benedictum !* Je ne pourrais pas
« y tenir, ni vivre, si je n'écartais ces choses-là en me
« jetant avec elles, en me perdant dans le sein de Dieu. »

On appréciera aisément la sensibilité de cette âme tout
à la fois si forte et si tendre, en se rappelant de quelle
émotion le vénéré Fondateur fut secoué par la nouvelle
de la mort tragique de Mgr Épalle.

Les Pères étaient alors réunis pour la retraite annuelle.
Tenant en mains la lettre qui lui annonçait ce lugubre
événement, il se contenta d'abord de dire : « Je viens de
« recevoir la confirmation de la nouvelle annoncée par
« les journaux de Sydney. C'est le Père Chaurain qui
« m'écrit, je vous ferai lire sa lettre bientôt. Il n'y a qu'un
« seul Martyr. Le Père Frémont, malgré sa blessure, va
« bien. » Ainsi, au premier moment, il était resté maître
de lui, il s'était contenu. Mais lorsqu'à la visite du Saint
Sacrement, après le repas, il commença un *Pater* pour le
vénéré défunt, sa voix s'altéra, il ne put continuer.
Enfin quand il voulut une seconde fois demander la
récitation d'un *Pater* et d'un *Ave* pour ceux qui accom-
pagnaient Mgr Épalle, il éclata en sanglots, impuissant
à rien dire. N'était-ce point le cas de répéter les paroles
évangéliques : « Voyez comme il l'aimait ! »

Si la mort des missionnaires avait un tel retentissement
dans l'âme du Père Colin, on s'expliquera avec quelle
exultation de la plus sainte des joies il saluait le retour
du Visiteur, envoyé dans ces îles pour réconforter les
missionnaires.

Nous croirons aisément l'un de nos chers Anciens, nous
disant, lui aussi, avec une émotion visible : « Jamais
« ceux qui en furent témoins n'oublieront la scène tou-
« chante qui eut lieu, quand le Père Poupinel, Visiteur
« général des Missions d'Océanie, revenu en Europe, se

« présenta dans la chambre du saint Fondateur. Dès qu'on
« le lui eut annoncé, sa voix éclata en sanglots d'atten-
« drissement, et sans attendre le secours de personne, le
« saint vieillard presque aveugle s'élança les bras étendus,
« en s'écriant : Mon petit, mon petit ! Longtemps il le
« tint pressé sur son cœur sans pouvoir proférer une parole.
« Il semblait insatiable de l'embrasser et de le couvrir
« des témoignages de sa tendresse paternelle. »

Oui, cette scène est de celles qu'on ne peut oublier :
il faudrait avoir l'âme bien sèche, pour ne pas tressaillir
à la simple évocation de cette pieuse rencontre. Elle
rappelle si fortement les scènes semblables de la vie
monastique. La grâce ne tue point la nature. Elle l'élève,
elle la transfigure, et sur la terre, souvent assombrie,
elle fait goûter les joies rayonnantes et pures de la cité
où l'on aime.

Ainsi que nous avons essayé de le comprendre, dans les
âmes privilégiées, les vertus s'enchaînent avec une admirable harmonie. Chez le Père Colin, du foyer de son
extrême humilité rayonna une triple flamme d'amour,
l'amour de la pauvreté et de la simplicité, et l'amour des
âmes par une charité intarissable d'apôtre.

Il n'y a pas lieu d'en être surpris. Quand on a triomphé
de soi-même par le culte du mépris personnel, on n'a
point de peine à dominer son cœur pour le mettre au
service des autres, on arrive aisément au dédain de la
richesse et l'on aime à se présenter devant le monde sans
aucune parure d'emprunt.

Faut-il ajouter en dernière analyse qu'une âme de
cette trempe se trouve à l'aise sur les sommets de la
vie de foi et de piété? Elle n'est si douce envers les hommes,
elle n'est si forte contre le monde et ses vanités, que parce
qu'elle est pleinement unie à Dieu. Disons-le donc sans

avoir à le prouver longuement, le vénéré Fondateur trouva dans la vivacité de sa foi l'origine et le couronnement de ses autres vertus. Elle était vraiment la lumière et l'aliment de sa vie. Comme il agissait uniquement pour Dieu, sans retour d'amour-propre, sans considération d'intérêt personnel, il mettait en Lui toute sa confiance. Aussi pouvait-il dire : « Je voudrais que ceux « qui sont chargés des maisons d'éducation, des grands « séminaires, traitassent beaucoup plus avec Dieu qu'avec « les hommes... L'attachement à la volonté de Dieu, c'est « le ciel de la terre. Rappelez-vous bien que vous devez « conduire votre maison par la prière. »

Sur ce thème, il parlait avec une chaleur, avec une conviction dont chacun était pénétré. On ne pouvait s'empêcher d'être saisi par la sincérité de son accent. Quand il affirmait, avec l'exemple des saints, que la simplicité de la foi est le moyen d'opérer des miracles on était tenté de se demander s'il ne trouvait pas dans sa propre histoire la confirmation de ce principe, tant il apportait de flamme à recommander cet esprit surnaturel.

N'était-ce point en s'inspirant de ces pensées qu'à certaines heures d'abandon où il révélait le fond de son cœur, il disait en riant : « Je serai Supérieur Général tant qu'on « voudra, pourvu que je sois le bâton de la Sainte Vierge « et qu'elle tienne le bâton et qu'elle dirige tout. »

Aimable badinage, où il laissait percer tout à la fois son extrême confiance et son habitude de substituer à son action personnelle la direction même de sa Divine Mère.

Avec la même jovialité, il disait un jour, au milieu du repas, au réfectoire : « Messieurs, je vais publier un décret « qui aura trois articles :

Article premier. — L'homme ne peut rien par lui-même.

Article second. — L'homme peut tout par la prière, parce que Dieu a tout promis à la prière ; mais les dons de Dieu méritent bien qu'on les lui demande.

Article troisième. — On fera pendant huit jours une heure d'adoration, chaque jour.

« Puis, d'un ton pénétré : « Messieurs, dit-il, soyons « hommes de prière. Nous ne ferons rien sans cela. Je vou- « drais pouvoir me faire entendre de tous les membres de la « Société et leur recommander à tous la fidélité à la prière. « C'est là le point capital pour nous tous. »

Foi et prière, ces mots revenaient sans cesse sur ses lèvres, parce que son âme était remplie de l'esprit de Dieu : « En moi parle Jésus-Christ », disait saint Paul. Le prêtre surnaturel doit pouvoir en toute sincérité répéter ces paroles de l'Apôtre.

Elles sont tout le programme de la vie sacerdotale. C'est ce programme que le Père Colin s'efforçait de réaliser pour lui et de transmettre, véritable mot d'ordre, à tous les prêtres de la Société de Marie.

CHAPITRE IV

DÉVOTION DU R. P. COLIN ENVERS LA TRÈS SAINTE VIERGE

Dans la vie du Fondateur de la Société de Marie, on serait surpris de ne point trouver une mention spéciale de sa dévotion envers la Très Sainte Vierge. C'est donc pour répondre à ce sentiment intime de tous les lecteurs que nous écrivons ce chapitre.

Que dire en effet de la dévotion du Vénérable Colin, envers la Mère de Dieu, la Vierge Marie? Le mot le plus éloquent et le plus exact sur ce sujet a été prononcé par le saint Curé d'Ars. Un jour qu'un Père Mariste lui demandait simplement s'il connaissait le Père Colin? « Oh ! oui », répondit-il. Puis il leva les yeux au ciel et s'écria dans un pieux enthousiasme : « O mon Dieu, qu'il aime donc la « Sainte Vierge ! Oh ! comme il l'aime ! »

Ces paroles sont pour ainsi dire le résumé de toute la vie du saint Fondateur. Toutes ses démarches, toutes ses initiatives, toute son œuvre fut inspirée par cet amour. N'était-ce point chez lui comme une passion dominante, s'il est permis de donner à cette expression un sens favorable? Disons mieux : c'était dans cette âme privilégiée un don spécial, fait d'une grâce de choix, en harmonie avec son titre de Fondateur. Pour transmettre aux religieux de sa petite famille l'esprit de la Sainte Vierge, il lui fallait bien cette dévotion particulière, à un degré éminent, sorte de flamme destinée à embraser tout un foyer. On n'exagère rien en disant qu'elle fut l'âme de sa vie et qu'elle donna à sa physionomie de Fondateur son expression la plus caractéristique. Il vécut de cet amour, il vécut pour cet amour. Dans ce culte de tous les instants se concentrait tout ce qui appartient à l'admiration, au respect, à la tendresse, à la reconnaissance, à la confiance ; tour à tour, il cédait à chacun de ces sentiments, et son âme si délicate vibrait d'elle-même, toutes les fois que les circonstances lui permettaient d'entrevoir le sourire maternel et l'aimable intervention de cette Mère de Dieu.

A son nom seul, il éprouvait comme un transport de joie. La vue de son image lui dilatait le cœur. Si l'on faisait devant lui un récit des grâces dues à son intercession, c'étaient des élans d'amour et de reconnaissance qu'il ne pouvait maîtriser.

Il n'était pas rare de l'entendre alors, d'une voix tremblante et entrecoupée de sanglots, lui adresser la parole ; et ces improvisations vraiment sublimes semblaient comme un écho du ciel sur la terre. Un jour, pendant qu'un confrère lui racontait un trait de protection de la Sainte Vierge à l'égard d'un enfant, tout à coup il tendit les deux bras vers une statue de Marie qui était en face de lui, en s'écriant avec larmes : « La voilà, la voilà, votre Mère! »

On connaissait autour de lui ce don d'attendrissement, et l'on ne se faisait point faute de le provoquer. Le cantique, dont le refrain bien connu commence par ces mots : « Au ciel, j'irai la voir un jour », avait le privilège de lui arracher de douces larmes. Pour ce motif, ses jeunes religieux lui demandaient parfois la liberté de le chanter autour de lui. Mais après quelques couplets, force était bien de s'arrêter. Son émotion était trop vive.

Qu'elles sont donc belles les âmes des saints, avec cette puissance de sentiments ! Ils savent aimer les choses de Dieu avec un élan de tendresse qu'explique seule la vivacité de leur foi. Eux du moins savent voir déjà ce que nous, plus imparfaits, nous n'apercevons qu'à travers un voile d'obscurité. Derrière ces ombres, nous restons insensibles; en face de la lumière, dans ces visions du ciel, ils se sentent transportés.

C'est ce que l'on pouvait constater, à certains jours de fête de la Très Sainte Vierge, chez le saint Fondateur. Lorsque les scolastiques de Belley, groupés autour de sa statue, chantaient leurs cantiques avec cet élan du cœur que justifie si bien le triomphe d'une Mère, le Père Colin se tenait là, immobile, devant l'image de Marie. C'était la contemplation de l'extase, on aurait dit qu'il souriait à l'aspect de son visage. Parfois, au contraire, il se retirait pour se cacher dans un coin et pleurer à son aise. N'était-il point au comble de la joie, puisqu'il entendait louer la Vierge Marie et par ses enfants?

Que de scènes de ce genre nous pourrions détacher de sa vie pour faire ressortir l'éminente dévotion du saint Fondateur ! Que de douces supplications, empreintes de confiance et de simplicité lui suggérait, suivant les circonstances, ce culte de filial attachement. Que de pieuses industries il mettait en œuvre pour entretenir avec cette Mère du ciel un commerce de tous les instants !

Tantôt il avait pour la prier des expressions d'une éloquence familière : « Très Sainte Vierge, ah ! je vous en « prie, ne vous montrez pas à moi. Autrement, j'embras- « serais vos pieds avec tant de force, qu'il faudrait néces- « sairement ou que vous restiez avec moi, ou que vous « m'emportiez avec vous ! »

Tantôt c'était le cri ardent de la plus ardente invocation :

O mes enfants, disait-il en bénissant ses religieux, je vous place tous dans le cœur de Marie, votre Mère. Ah ! entrez-y si avant, soyez-y si bien enfermés que vous n'en puissiez jamais sortir. Mais si, par malheur, vous veniez à quitter cet asile, ah ! daigne cette bonne Mère courir après vous, vous reprendre et vous faire rentrer dans son sein maternel !

Que dire de cette pieuse coutume du saint Fondateur, aimant à composer, chaque matin, sa litanie particulière, avec les titres donnés à la Très Sainte Vierge par les fidèles dans l'univers entier. Il passait ainsi de Notre-Dame de Fourvière, de Notre-Dame de Lourdes, de Notre-Dame de la Salette jusqu'aux autres noms, empruntés aux pèlerinages d'Italie, d'Espagne, etc. et terminait par une invocation favorite, Notre-Dame de la Neylière, priez pour nous. C'était la vierge de sa résidence et comme s'il avait eu besoin de l'intéresser davantage aux moindres événements de sa vie quotidienne, avec une simplicité d'enfant, il invoquait encore Notre-Dame de la Grande-Chapelle, de la Bibliothèque, du Réfectoire, sans oublier Notre-Dame de l'Étang et de la Grande-Allée.

On aime à surprendre dans ces âmes, si intimement unies à Dieu, ces jeux de la dévotion. Ces détails fixent une physionomie morale. On comprend mieux que pour monter aux cimes de la perfection, à côté des voies escarpées, il y a encore les petits sentiers où la fatigue est moins à craindre, parce qu'on chemine à l'ombre sous l'éclat tempéré de la lumière.

Pénétré d'un culte aussi profond envers la Très Sainte Vierge, le Père Colin s'efforça de marquer de cette empreinte mariale la vie organisée de ses religieux. A l'aube de la journée, comme au moment du repos du soir, c'est par le « *Salve Regina* », la récitation de trois *Ave Maria* et le « *Sub tuum* » qu'ils doivent saluer leur Mère ou prendre congé d'elle. Aux enfants mêmes des collèges dirigés par sa Société, il tient à inculquer la même habitude.

La statue de Marie doit se trouver pour ainsi dire partout, sur les passages, à l'entrée des résidences ; mais il sera de règle que, à la porte du Père Supérieur, et au-dessus de sa place au réfectoire, elle apparaisse comme la gardienne de la maison et la véritable dépositaire de l'autorité. De par les Constitutions elle est la première Supérieure. Ses fêtes seront célébrées avec une filiale allégresse, et si dans les collèges il s'agit de réjouir les enfants par la faveur d'un congé, on choisira de préférence ces dates pieuses pour allier le nom de la Très Sainte Vierge à la joie de ces promenades exceptionnelles. C'est d'elle qu'il faut prendre le mot d'ordre pour tout diriger, pour se sanctifier, pour se renouveler, chaque année, par les retraites dans la ferveur religieuse. Ces périodes de rénovation seront toujours couronnées par une consécration spéciale à cette Vierge bénie. Il semble même que le pieux Fondateur ait légué réellement à ses fils le secret de trouver les accents du langage le plus tendre pour toucher ce cœur de Mère et l'intéresser à chacune de leurs œuvres.

D'ailleurs, ils se feront un devoir de l'associer sans interruption à tous leurs travaux. Qu'ils s'adressent aux fidèles des paroisses, qu'ils élèvent et instruisent les enfants dans les collèges, qu'ils évangélisent les sauvages dans les îles d'Océanie, c'est toujours avec son nom sur les lèvres, son souvenir dans le cœur, et mieux encore le charme de son esprit, qu'ils devront se présenter à tous. Leur titre de « Mariste » sera l'auréole perpétuelle qui donnera son prestige à chacune de leurs démarches ; ils ont le devoir de ne l'oublier jamais.

Pour arriver à ce but, pour faire aimer et honorer cette Mère si admirable, le Père Colin ne cessait de multiplier les observations, de recommander son esprit. Il étudiait dans le cœur même de la Très Sainte Vierge les principes de perfection qu'il avait mission, comme Fondateur, de transmettre à ses fils. « Le cahier dont je me suis servi pour écrire les Constitutions était le cœur de la Très Sainte Vierge. Voilà mon seul cahier, » disait-il un jour. Précieuse confidence, grâce à laquelle on a pu croire selon toute vraisemblance qu'il avait été favorisé de lumières spéciales pour réaliser le type du parfait Mariste. « Quand je « suis embarrassé, je me place au milieu de la maison de « Nazareth, et là, je vois tout ce que j'ai à faire... *Inconnu* « *et caché dans le monde,* toute la Société et ses Constitu- « tions me sont apparues dans ces paroles. »

De pareils témoignages de la part d'un homme si peu disposé à laisser découvrir les grâces de choix, réservées à la vertu des saints, légitiment la fierté de ses religieux. Ils ont bien raison de penser avec un saint orgueil que leur Fondateur n'était point pour la Très Sainte Vierge un serviteur ordinaire.

Aussi avec quelle force il pouvait insister sur le devoir de la prière et de la confiance, lui qui s'était servi de cette confiance même pour fonder la Société de Marie, malgré les obstacles. Il semblait même attristé quand il croyait découvrir quelque infidélité à cet égard.

Un jour, un de ses confrères ayant besoin d'une soutane avait eu la pensée de demander à son évêque l'argent nécessaire, car les ressources de la Maison lui paraissaient trop insuffisantes.

Le saint Fondateur l'apprend et en éprouve une vive contrariété. « C'est vrai, disait-il, en rapportant ce fait ; mais je serais allé aux pieds de la Sainte Vierge, et je lui aurais dit : « Vierge Sainte, c'est un de vos enfants qui a « besoin d'une soutane. Il me faut 60 francs, tout de suite, « tout de suite. » A l'accent de sa parole, on comprit qu'il n'avait point le moindre doute sur le succès de la prière.

Sans doute il avait fait plus d'une fois l'expérience de son efficacité. C'est donc dans ce même esprit qu'il pouvait dire encore en 1841, au moment où de lourdes charges pesaient sur la Société :

Ayons confiance, Messieurs, Dieu n'est pas avare ! Oh ! quand ce n'est pas par ambition, mais uniquement pour accomplir sa volonté qu'on se charge, il vient toujours à notre secours. On tire sur moi d'Océanie des billets de 10.000 francs. Eh bien ! je dis à la Sainte Vierge : C'est vous qui l'avez voulu ; payez, et elle paye. Quand nous achetâmes la maison de Lyon, nous n'avions rien. C'était une acquisition d'environ 200.000 francs. Nous nous emparâmes des chambres en y jetant des médailles, et moi je me mis à genoux et je dis à la Sainte Vierge : « C'est votre maison. Maintenant, il faut la payer. » Au bout d'un an et demi nous ne devions plus rien.

En 1848, il eut encore l'occasion de recevoir une preuve de cette protection maternelle. « Ce ne sont pas de vains « titres que ceux que nous avons inscrits, disait-il ». Et il faisait allusion aux formules, placées au-dessous de la statue de la Très Sainte Vierge et de celle de Saint Joseph, *Hujus Domûs Regina, Hujus Domûs Custos*. « Les émeutiers sont allés deux fois visiter les missionnaires du diocèse ; les Jésuites et les Capucins ont disparu de Lyon ; nous seuls sommes encore sur pied. » Il ordonna alors de. mettre les médailles de l'Immaculée Conception à toutes les portes et fenêtres de la maison.

On est parfois tenté d'envier aux saints le privilège d'une pareille confiance, lorsqu'on assiste à de tels prodiges. Il est mieux cependant de s'humilier soi-même et de reconnaître qu'en imitant leurs exemples, on diminuerait la somme de ses insuccès et de ses préoccupations. Rien de plus net en effet que le programme du Père Colin :

Toute notre confiance, disait-il, doit être en Marie, qui ne nous abandonnera pas. Quelles que soient nos nécessités, c'est à Elle seule que nous devons recourir. Elle viendra toujours à notre secours.

Elle seule ! Toujours à notre secours ! Les saints ont le secret de trouver les plus belles devises, avec la forme la plus simple. N'est-ce pas parce qu'ils ont l'ambition apostolique d'en faire des maximes de direction? Qui donc pourrait se refuser à adopter une règle, si attirante dans sa simplicité?

Il lui arrivait encore de donner à cette confiance une forme plus générale et plus expressive ; c'est lorsqu'il présentait la Société de Marie elle-même, comme une arche de salut, offerte par la Providence de Dieu aux générations contemporaines, pour recueillir les naufragés du monde. Sur ce thème, ses instructions, ses causeries, prenaient aisément un caractère de fermeté qui s'imposait à l'attention des auditeurs.

Mes enfants, savez-vous bien ce que c'est que le monde, disait-il aux jeunes Maristes? C'est un vaisseau qui brûle. Or regardez ces chaloupes qui se détachent d'un navire embrasé, afin d'arracher les passagers à l'incendie et de les conduire au rivage. Ces chaloupes sont l'emblème des Sociétés religieuses que Dieu envoie au secours des chrétiens. Vous êtes entrés dans la barque de la Sainte Vierge ; soyez en paix, elle ne fera pas naufrage. Mais ayez bien soin de tourner le dos au monde, à ce vaisseau qui brûle misérablement. Tenez vos yeux attachés sur le rivage où Marie vous conduit, et surtout gardez-vous bien de quitter votre barque ; autrement je ne réponds pas de vous. Aux jours de Noé, disait-il dans une autre circonstance, toute chair avait corrompu sa voie. Cela n'est-il pas vrai maintenant? Toutes les vérités sont atteintes, l'homme semble avoir parcouru le cycle de toutes les erreurs. Eh bien ! Marie en fondant notre Petite

Société a prétendu construire une arche qui voguerait sur les eaux de ce nouveau déluge et qui irait recueillir et sauver les élus.

Sa confiance allait même plus loin encore. Persuadé que la fondation de la Société de Marie était due à une inspiration de tendresse et de miséricorde de sa divine Mère, il gardait la conviction que la vocation à cette congrégation religieuse était un signe certain de prédestination. Malgré sa réserve et sa prudence habituelles, il était très affirmatif sur ce point. « J'ai la confiance, disait-il en 1838, à « Belley, dans une causerie familière, j'ai la confiance que « tous ceux qui mourront dans la Société seront prédes- « tinés. » Et aux objections qu'on pouvait lui faire sur cette assurance, il répondait : « Ceux que la Sainte Vierge « verra refuser de répondre à sa tendresse maternelle et « marcher avec obstination à leur perte, Elle saura bien « les jeter dehors. »

Etre Mariste, être prédestiné : de telles paroles allaient au cœur de ses enfants, entretenaient la ferveur et doublaient le courage. Aussi nous comprenons l'émotion d'un de ses religieux, présent à cet entretien, et disant plus tard en rapportant ses paroles : « Je ne saurais dire la joie que j'en ressentis. »

Au terme de ce chapitre où nous avons plus que jamais le regret et presque le remords d'avoir à peine esquissé la physionomie de ce vrai serviteur de Marie, nous aimons à redire la parole du Curé d'Ars, son contemporain : « Le « Père Colin, oh ! il aime la Très Sainte Vierge ! »

Ce culte, il le ramena toujours à trois éléments essentiels: vivre en commerce intime avec Elle, contempler, près de son cœur, l'attrayant et sublime spectacle de ses vertus, puis transmettre aux âmes le fruit de ses méditations, pour former autour de sa Mère un cortège d'enfants, une couronne d'imitateurs, dignes de sa tendresse.

Le vrai Mariste doit rivaliser de vertus avec la Vierge de Nazareth. Qui donc oserait dire que le Père Colin n'a pas été un vrai Mariste?

CHAPITRE V

ESPRIT DE SAGESSE ET DE MODÉRATION

On s'imagine facilement que les saints sont des exagérés; que perdus dans la contemplation des choses divines, ils n'ont point le sens des choses de ce monde et sont peu capables de garder la juste mesure. Ridicule préjugé de ceux qui ferment les yeux à la lumière et ne veulent point rendre à la vertu l'hommage d'une juste admiration.

Pour peu qu'on réfléchisse, on comprendra que les clartés surnaturelles projettent leur rayonnement sur les actions quotidiennes les plus simples. Les saints ont toujours été les meilleurs guides; et si l'on est loyal, on aimera à proclamer au contraire la sagesse des « hommes de Dieu ».

N'est-ce point ce qu'il est facile d'admirer dans la vie du Père Colin? Un des traits les plus frappants de cette physionomie rayonnante d'humilité, c'est la pondération de son jugement. Que de fois nous avons été saisis par la justesse de ses observations ! Il nous semble qu'il y a là un mérite éminent qu'il est indispensable de mettre en relief, si nous voulons donner une idée exacte de son caractère.

Cette sûreté de vues est d'autant plus admirable que rien dans sa vie ne l'avait préparé à ce rôle difficile de Fondateur. En vertu même de sa mission il est appelé à organiser une œuvre souverainement complexe. Que de rouages à faire mouvoir, que de détails à prévoir pour les missions, pour les collèges, pour les prédications en France. Que de questions à traiter avec les personnages les plus divers, dans le monde civil comme dans le monde religieux. Que de problèmes à résoudre pour triompher de tous les obstacles disséminés sur son chemin.

Et cependant, si l'on examine les choses de près, on reconnaîtra qu'à travers cette multitude d'occupations et de décisions à prendre, il a su se garantir contre les écueils de l'exagération et rencontrer en toutes circonstances la note la plus juste et la plus harmonieuse. Sa parole était toujours si modérée qu'on ne pouvait s'empêcher de rendre hommage à la rectitude de cet homme d'une pénétration parfaite. Dans les choses de la nature, le génie est celui qui découvre, comme d'instinct, la solution des problèmes difficiles. Ses illuminations spontanées mettent en clarté les questions longtemps obscures ; c'est un révélateur de lumière.

Pourquoi n'userait-on pas du même terme pour désigner les révélateurs de lumière morale, prompts à dissiper les ténèbres de l'âme et à trouver les solutions qui pacifient les consciences?

Il suffit de parcourir les phases principales de la vie du P. Colin pour lui reconnaître ce mérite et constater la pondération de son jugement.

Quand il donne à ses missionnaires ses instructions pour les diriger dans leurs prédications à travers la France, on sait avec quelle insistance il leur recommande l'esprit surnaturel, l'humilité, la simplicité, le mépris de la gloire humaine, l'horreur même pour tout ce qui ressent la recherche et le faux éclat. Avant tout, que ses prédicateurs soient des apôtres, uniquement préoccupés du salut des âmes.

Mais ne croyons point que, pour arriver à ce but, il néglige les moyens raisonnables. Il comprend la nécessité de la science et l'on aime à recueillir des lèvres du saint Fondateur les affirmations les plus précises sur se sujet :

Oui, disait-il en 1846, pour faire le bien aujourd'hui, il faut plus d'instruction qu'avant la Révolution. On peut même dire qu'aujourd'hui la connaissance des sciences est nécessaire pour la chaire. Autrement il peut arriver qu'on avance sur ces matières des choses hasardées qu'on aura lues dans un livre et que les récentes découvertes ont dépassées... Quant au style, il importe d'autant plus de le soigner que de nos jours les personnes du monde tiennent à honneur de bien écrire. Messieurs, soyons simples, mais soyons aussi tout à la fois des hommes de Dieu et des hommes instruits. Si, dans l'apostolat, vous négligez l'une ou l'autre de ces conditions, nous ne ferez rien de solide. (Espr. 210.)

Si on lui objectait que des saints, comme le Curé d'Ars, ne visaient point à cette correction de langage, il savait répondre avec un bon sens parfait : « Ce sont là des « hommes extraordinaires : ce n'est pas la règle... je le « répète, ce n'est pas par leur langage incorrect que ces « hommes sont nos modèles. »

Aussi dans cet ordre d'idées, il voulait qu'on prît tous les moyens pour assurer cette science indispensable. S'il recommandait avec force la pauvreté, il avait soin de faire exception pour les bibliothèques. « Il faut des livres, « disait-il ; qui veut la fin, veut les moyens. C'est une « économie mal entendue que de ne pas acheter des livres.»

Le souci même de la vie cachée ne l'empêchait pas de désirer que les Maristes composent des livres utiles. La modestie et l'humilité, loin d'éteindre la flamme du zèle, l'entretiennent et l'excitent. Les saints n'ont point de peine à s'oublier dans les triomphes de l'apostolat. Ils se réservent le travail et la peine, et font remonter à Dieu seul la gloire de leurs succès.

Cet homme, ennemi de l'esprit du monde, mais ennemi pour le guérir, avait la juste intelligence de son siècle. « Aujourd'hui, disait-il, le mal est monté à la tête. Nous « vivons dans un siècle d'orgueil et de folie. » Aussi voulait-il lui opposer comme remède le genre simple de ses missionnaires. « Il faut guérir cet esprit par notre sim- « plicité, par notre humilité. En chaire, ne paraissons pas « vouloir dominer ; autrement nous éloignerons. L'homme « est plus que jamais jaloux de sa liberté et de son indé- « pendance. » N'y a-t-il pas vraiment dans ces paroles une preuve de ce tact avec lequel il découvre les symptômes cachés du mal et lui applique les remèdes les plus opportuns?

Avec la même pondération, il réglait la question si délicate des vocations religieuses et sacerdotales. Le zèle suggère parfois des procédés d'audace, auxquels il n'aimait point à se rallier. « Ne cherchons point à faire des « vocations, disait-il ; mais recevons et soignons celles « que Dieu nous envoie. La Sainte Vierge ne force per- « sonne à son service ; elle invite seulement, comme une « bonne et tendre Mère. »

Que dire encore de ce désintéressement avec lequel il tranchait les questions les plus susceptibles d'entraîner une réponse favorable aux intérêts de sa Société? Un jour, un prêtre lui avoua que, songeant à la vie religieuse, il hésitait entre les Jésuites, les Lazaristes et les Maristes et le pria de lui donner très franchement son avis. « Eh « bien, lui répondit le Père Colin, puisque vous voulez « que je vous dise ce que je pense, entrez dans la Com- « pagnie de Jésus. Notre Société est encore jeune et ne « fait que de naître. Les Jésuites sont un corps ancien, « bien établi et bien constitué. Faites-vous Jésuite. » Cette réponse du saint Fondateur produisit l'effet contraire. Ce fut la Société de Marie qui eut dès lors la préférence de l'interrogateur.

Aucun ministère ne permit peut-être d'apprécier le jugement du saint Fondateur plus que celui de l'éducation dans les collèges. Lorsque le moment fut venu de tracer le règlement des maîtres, employés dans ces délicates fonctions, on n'eut qu'à codifier les observations de détail du Père Colin.

Il n'avait point à faire ressortir la grandeur de cette œuvre. Son auditoire était toujours disposé à comprendre ses lumineuses paroles :

O mon Dieu, quelle belle œuvre que l'éducation des enfants ! Je me suis même demandé si, dans la Société, nous ne ferions pas le vœu de nous consacrer au ministère de l'éducation. Il n'y en a pas de plus excellent. Par lui on contribue avec Dieu à faire un homme... Il faut former son cœur, son esprit, son caractère, sa vertu, etc... Tel est le rôle de l'éducation. C'est comme une seconde création.

Mais comme il insiste sur la nécessité de la science, pour prémunir ses religieux contre le préjugé de ceux qui croient à la trop grande facilité de ce ministère et se dispensent de préparation, sous prétexte qu'ils ont affaire à des enfants :

Aujourd'hui une maison où l'instruction ne sera pas cultivée ne pourra se soutenir. Je veux faire une école normale pour nos professeurs. Il faut la science. Ah ! voilà quelques années que je le répète assez pour qu'on n'en perde jamais la mémoire. Travaillons avec ardeur ! Quelle belle vocation ! Être les athlètes de la foi, les défenseurs de la vérité !

Avec quel tact surtout il comprenait ce maniement des âmes, ces âmes des jeunes, avec leurs impressions si vives et leurs inégalités déconcertantes. Pour elles, il faut des précautions d'une tendresse maternelle, toujours éveillée, toujours prudente. Pas d'excès dans les observations. « La fonction d'un éducateur n'est pas de gronder sans « cesse, mais de former et cultiver les cœurs. Efforçons- « nous de leur inspirer la franchise et la simplicité. La « plupart de ceux qui se perdent dans les collèges ou ail- « leurs se perdent par défaut de franchise. »

Pas de rigueur excessive dans les réprimandes. « Il faut « en passer beaucoup aux enfants ; en adressant des « reproches à tout propos, on lasserait... il faut savoir pas- « ser sur beaucoup de petites misères. Les enfants n'of- « fensent pas toujours Dieu en se laissant aller à ces petits « défauts. »

Il demandait encore qu'on étudiât le caractère des enfants et la manière de les prendre. « En général, fai- « sait-il observer, il faut bien qu'ils sachent que nous avons « une grande bonté ; mais il faut bien aussi qu'ils la voient « enveloppée d'une grande fermeté. »

L'âme de cet éducateur n'était point en effet une âme trop sensible. Lui qui inclinait visiblement vers les tem- péraments de l'indulgence, affirmait avec la même pré- cision les droits de la fermeté .« Il y a des caractères, « répétait-il, qu'on ne peut dominer que par une grande « autorité ; il faut qu'ils sachent qu'ils trouveront une « âme ferme comme un roc. Une maison où il ne se trouve « point d'homme qui ait du nerf, personne qui sache « réprimander fortement, est une maison où tout va de « travers. Ce n'est pas manquer de douceur que d'être « ferme. »

Il savait trouver la note juste pour s'adresser au Gou- vernement français et solliciter sa sympathie en faveur des missionnaires Maristes d'Océanie. N'est-on pas frappé de la dignité de langage avec laquelle il s'adressait au maréchal Soult, alors Président du Conseil :

Il sera glorieux pour la France, disait-il, de rendre à ces peuples le bienfait qu'elle reçut jadis ; et son commerce en retirera des avantages très considérables dont jouissent presque uniquement les Anglais et les Américains. Je ne puis me le dissimuler, M. le Duc, j'ai éprouvé une vive joie en apprenant que Votre Excellence avait porté un regard d'intérêt et de protection sur les Missions catholiques et notamment sur celles d'Océanie. Elle a compris qu'il est bien permis d'attacher à la France ces peuples infidèles en leur faisant du bien, et de les rendre en quelque sorte français en les rendant catholiques.

Lorsque le capitaine Marceau voulut fonder au profit des missions « la Société française de l'Océanie », le vénéré Fondateur se plut à en marquer avec la même netteté les sérieux avantages :

Elle facilitera, disait-il, le transport des Missionnaires et leur procurera pendant la traversée une compagnie religieuse et honnête ; elle les soutiendra au milieu de leur isolement par l'espérance d'être visités et secourus, à des époques plus ou moins rapprochées ; elle fournira aux Vicaires apostoliques l'occasion de visiter les diverses stations de la Mission, de transporter des Missionnaires dans de nouveaux archipels ; elle introduira, surtout dans les îles nouvellement converties, les objets de première nécessité ; elle sera enfin l'auxiliaire, le soutien des Missionnaires, qui ne seront plus considérés, par suite des odieuses calomnies des ministres de l'erreur, comme des aventuriers sans aveu et sans crédit, et les insulaires s'habitueront à respecter le pavillon de la France qu'on leur a dit si souvent être une nation impuissante.

Nous ne pouvons nous empêcher d'admirer cette sûreté d'appréciation du saint Fondateur et la facilité avec laquelle il rencontrait les formules les plus heureuses pour traduire sa pensée. Bien souvent aussi ce langage, inspiré par la plus ferme sagesse, revêtait un accent de véritable éloquence. Est-ce que par exemple son âme d'apôtre ne passe point tout entière dans cette péroraison aux Dames lyonnaises qu'il voulait gagner à l'œuvre du capitaine Marceau?

Enfin, je le dirai sans crainte, le succès de la Société d'Océanie, si importante et si nécessaire, dépend entièrement de votre concours. Les autres villes de la catholicité, accoutumées à considérer Lyon comme le foyer du zèle apostolique, n'accueillent les entreprises qui ont pour but de porter l'Évangile au milieu des infidèles qu'autant que les Lyonnais les forment ou les approuvent. Par conséquent, que Lyon ne prenne pas une part active à l'œuvre qui est l'objet de votre réunion, la France, la chrétienté tout entière refuse d'y contribuer ; un sentiment de défiance s'empare de tous les cœurs et la Société providentielle dont je parle est morte en naissant. Pour nous, nous ne pouvons offrir aux pauvres insulaires de l'Océanie que le sacrifice de nos parents, de nos amis, de notre patrie, avec nos sueurs, notre sang, notre vie ; c'est là tout ce que nous pouvons donner. C'est à vous, Mesdames, de faire le reste.

Que de pages ne pourrait-on pas citer encore où brille cette rectitude de jugement, telles ses observations, par exemple, sur les projets présentés par Mgr Pompailler et par Mgr Bataillon pour l'organisation des missions dans l'Océanie ; telle encore son instruction sur la charge de vicaire apostolique dans les missions étrangères. La S. Congrégation de la Propagande avait en si haute estime la sagesse du vénéré Fondateur qu'elle s'en remettait d'habitude à son appréciation.

Dans ses rapports fréquents avec les membres de la Propagation de la Foi, dans les relations annuelles qu'il leur transmettait, c'était toujours la même modération de langage, avec le ton de la plus exacte déférence, également éloigné de la familiarité et d'une obsequiosité maladroite.

Au terme de son compte rendu de 1846, le Vénérable Fondateur s'exprimait ainsi :

Cette œuvre des Missions n'est pas la nôtre, ni celle des Vicaires Apostoliques, mais bien plutôt la vôtre. Ce sont les deniers que vous avez la bonté de nous allouer qui transportent les Missionnaires, qui les empêchent de mourir de faim, qui élèvent partout, dans ces îles, de modestes chapelles, à la gloire du vrai Dieu, qui fournissent quelques vêtements et quelques instruments d'art et d'agriculture aux insulaires, et jettent parmi eux les principes d'une prochaine civilisation et l'éternel bonheur qu'ils ne devront qu'à vous et aux Associés de la Propagation de la Foi.

Le bon sens est vraiment la grande lumière de la vie. C'est pour ce motif que le Père Colin, dont la foi ardente soutenait encore la ferme raison, sut voir clair au milieu de ce dédale de difficultés. Il allait simplement, droit devant lui, et cette simplicité resta toujours la garantie et l'auxiliaire de sa sagesse.

CHAPITRE VI

LE R. P. COLIN A LA NEYLIÈRE : DERNIÈRES ANNÉES.
SA MALADIE. SON ADMIRABLE MORT

La santé du Vénérable Fondateur avait toujours été plus ou moins précaire. C'était souvent à force d'énergie qu'il restait à son poste, sans vouloir rien diminuer de ses travaux.

Mais dès le début de 1875, ses forces déclinèrent visiblement. Le saint vieillard avait terminé son œuvre et désormais il allait se préparer à la mort.

Des désordres dans la région du cœur et des poumons commencèrent à se manifester d'une façon inquiétante. Son entourage en était justement alarmé. Puis les douleurs d'entrailles dont il avait souffert toute sa vie s'aggravèrent encore et il avait beau les supporter avec une souriante sérénité, l'affaiblissement de ses forces était général. Il avait de plus en plus grand peine à se mouvoir : bras et jambes lui refusaient leur service.

Il était le premier à se rendre compte de cette faiblesse.

Mes quatre-vingt-trois ans bientôt finis, écrivait-il, le 22 avril 1873, par la main d'un secrétaire, l'extrême faiblesse de ma vue qui m'interdit même de lire quelques lignes en gros caractères, la perte de la mémoire, une faiblesse de tête qui m'empêche de poursuivre toute affaire sérieuse, l'impuissance de mes autres membres qui me refusent leurs services, tout annonce que je ne suis pas éloigné de la fin de ma carrière et que vous devez tous me regarder actuellement comme hors de service.

Malgré tout, il aspirait encore à suivre les exercices de la communauté, et ce n'était pas sans émotion qu'on voyait ce vénérable vieillard se traîner péniblement pour se rendre à un exercice de règle.

Obligé enfin de rester dans sa très modeste cellule, il avait soin de recommander que pour ses repas on ne lui offrît rien en dehors de ce qui était servi à la table commune. Jusqu'au bout, il gardait ce souci de la vie simple, comme s'il avait peur, même dans sa maladie et son extrême vieillesse, d'occuper trop spécialement l'attention de son entourage.

On devine que tous ses moments de répit, au milieu de ses continuelles souffrances, étaient consacrés à ses pratiques religieuses et à des lectures qu'on lui faisait dans l'Écriture Sainte et la Vie des Saints.

Sa dévotion d'alors était empreinte d'un caractère d'aimable simplicité, plus accentué que jamais. Sa pensée était tout entière pour la Société de Marie : « Je m'en « vais emporter, disait-il, dans mon cœur deux amours : « l'amour de la Sainte Vierge et l'amour de la Société de « Marie. »

Il se plaisait à multiplier les invocations à la Sainte Vierge, pieuse industrie d'une âme habituée à associer le nom de sa Mère aux moindres détails de son existence.

Sa dévotion à saint Joseph se manifestait avec cette même forme d'abandon filial. Il lui recommandait, dans une consécration ardente, tous les intérêts qui lui étaient chers et l'on ne peut lire sans attendrissement cette formule du Vénérable Fondateur, récitée chaque matin, pendant le mois de mars 1875.

Saint Joseph, je vous confie la Société de Marie, mon cœur, le cœur du Père Favre, le cœur du Supérieur de la Maison, le cœur de mon jeune homme (c'est ainsi qu'il désignait son Frère infirmier) et puis le cœur de tous les Maristes. Toutes les œuvres de tous les Maristes, saint Joseph, sont à vous, prenez-en soin !

La véritable piété sait animer le langage dont elle se sert pour converser avec les saints, nos protecteurs du ciel. Les voir, leur parler, avec la simplicité de l'enfant, leur confier les désirs, les préoccupations, les joies et les tristesses de chaque jour, n'est-ce point la vraie manière de comprendre et de pratiquer la communion de saints? On n'est rapproché que dans la mesure où l'on échange ses émotions personnelles ; les militants de la terre ont besoin, pour trouver dans la prière une force de combat, de s'adresser aux triomphateurs de la vraie Patrie, comme à des héros vivants. Plus on leur donne de réalité, plus la prière est fervente, parce qu'elle jaillit du cœur, comme le cri de l'enfant en détresse vers un protecteur aimé.

L'année 1875 fut une année de Jubilé Universel. Le saint Fondateur était trop attaché à toutes les directions de Rome pour négliger une faveur de ce genre. Avec une simplicité d'enfant, il demanda à son confesseur de lui fixer par écrit toutes les conditions de cette précieuse indulgence.

Comme l'affaiblissement du Vénérable Fondateur s'accentuait toujours davantage, on crut le moment venu de lui faire prendre des dispositions suprêmes. Ses fils désiraient conserver près d'eux ses restes mortels, quand il aurait rendu sa belle âme à Dieu.

Il n'était point facile d'aborder cette question. N'allait-on pas se heurter au refus du Fondateur, décidé à ne demander pour lui aucune mesure d'exception?

Cependant, quelques jours avant sa mort, comme il répétait sa formule habituelle :

Je suis à la fin de ma carrière, j'ai fini ma mission, on en profita pour lui dire : « Cependant, mon Père, il vous reste encore une chose à faire. — Laquelle? » reprit-il vivement, et en se soulevant un peu, pour mieux entendre celui qui lui parlait. Il croyait sans doute qu'on allait lui indiquer une omission importante dans son œuvre de Fondateur. « Ce serait, lui répondit son interlocuteur, de déclarer que lorsque Dieu vous aura retiré de ce monde, vous voulez être inhumé au milieu de vos enfants. — Oh ! s'écria-t-il en sanglotant et en cherchant la main de celui qui parlait ainsi, oui, oui, c'est bien là le désir de mon cœur. »

Alors on lui parla de la Neylière. N'était-ce point là qu'il avait plus d'une fois manifesté le désir de reposer, en attendant la résurrection générale? Alors ressaisi par le sentiment de l'abnégation religieuse, il répondit bien vite : « Non, non, où l'on voudra ! »

Où l'on voudra ! Cette expression n'était point suffisante pour permettre d'établir un acte légal. Il fallut donc revenir à la charge et le R. P. Colin promit alors de déférer à tous les désirs de ses enfants. Ce qui ne l'empêcha pas de répondre d'abord par une aimable plaisanterie au notaire qui le questionnait. « Voulez-vous être inhumé « dans votre propriété de la Neylière? — Je veux être « enterré au Paradis, » murmura en souriant le saint vieillard. Puis il déclara sérieusement que, pour son âme, son désir était qu'elle fût admise au ciel et que, pour son corps, sa volonté était qu'il fût enseveli à la Neylière, au milieu de ses enfants.

A partir de cette époque, ses forces déclinèrent progressivement. Cette existence s'éteignait de jour en jour, dans le recueillement et le silence. De loin en loin, quelques invocations, quelques formules de prières, quelques élans du cœur vers la Très Sainte Vierge en interrompaient la trame, toujours modeste et régulière.

Le 11 novembre, on crut sage de lui administrer les derniers sacrements; le Père Eugène Colin, son neveu, remplit cette douloureuse et chère mission, sans qu'il fût possible néanmoins de lui donner le saint Viatique. Tous les Pères de la Communauté formaient une couronne auprès du lit du vénéré Fondateur. Grande était l'émotion. Sur la demande qui lui fut adressée de bénir la Société de Marie, il essaya de tracer un signe de croix. Il était trop faible, pour l'esquisser complètement, et seule la main d'un confrère lui permit d'achever ce signe de bénédiction.

Le 12 et le 13, au milieu de vives souffrances, il continua cet acte suprême du dépouillement définitif, aucun trouble n'altérait sa physionomie. D'avance, il avait pris toutes ses précautions pour s'assurer, à cette heure décisive, les secours les plus réconfortants. Au Frère coadjuteur, plus spécialement chargé de veiller sur lui, il avait recommandé, quand viendrait le moment de l'agonie, de lui faire baiser un Crucifix, apporté de Rome, et enrichi des indulgences d. la bonne mort. On devait jeter sur lui beaucoup d'eau bénite et son confesseur était chargé de lui donner *in extremis* une dernière absolution.

Saintes et pieuses précautions du juste qui veut mourir dans le baiser du Seigneur !

Le dimanche soir, le 14 novembre, toute la Communauté se réunit autour de son lit et l'on récita les prières liturgiques pour la recommandation de l'âme.

Enfin, le lundi matin, vers sept heures et demie, la respiration devint plus faible et plus intermittente. Les Pères de la Maison s'empressèrent d'accourir auprès de leur vénéré Fondateur. Une dernière absolution lui fut donnée. On récita les litanies de la Sainte Vierge, on reprit quelques-unes des prières de la liturgie ; puis il y eut un dernier souffle ; la bouche du mourant se ferma. Il avait cessé de respirer et ses fils, douloureusement émus, ne pouvaient plus qu'appeler à la rencontre de leur Père les saints du ciel et les anges du Seigneur. Le pieux Fondateur de la Société de Marie avait achevé sur la terre son admirable mission.

Autour de R. P. Colin, exposé dès la première heure à la vénération spontanée des fidèles, dans cette vallée solitaire de la Neylière, ce coin ignoré de la France, il y eut quelques lueurs de gloire humaine.

Le grand publiciste chrétien, Louis Veuillot, fit connaître à tous les lecteurs de l'*Univers* la vie et la mort du Fondateur de la Société de Marie, si belles dans leur simplicité. En toute sincérité, il pouvait dire :

Le T. R. P. Colin, prêtre, vient de mourir. Sa longue et féconde vie a été si cachée qu'on peut dire que personne, en quelque sorte, ne l'a vu. Il n'a rien été dans le monde. Ses enfants ont connu leur père, tous n'ont pas connu l'homme. Mais il laisse une œuvre qui durera encore et qui sera encore pleine et éclatante de vie lorsque ses contemporains et la plupart de leurs œuvres, un moment si fortes et si retentissantes, auront disparu pour jamais.

Les démarches nécessaires pour obtenir que la dépouille mortelle du pieux Fondateur fût ensevelie dans l'enclos de la Neylière, exigèrent un certain temps. Le double cercueil ne put être définitivement clos que le vendredi, 19 novembre, cinq jours après le décès.

Pendant cette période funèbre, le service mortuaire avait été célébré, avec toute la solennité possible, par sa famille religieuse. Le R. P. Poupinel, premier assistant et chargé, à ce titre, des missions de l'Océanie, avait dit la sainte messe, ne fallait-il pas que le souvenir de ses chers missionnaires planât ainsi au-dessus de celui qu'on

avait appelé le Père de l'Océanie centrale? Puis le
T. R. Père Supérieur Général, en donnant l'absoute, avait
adressé au nom de tous l'adieu suprême au Père de la
famille religieuse. Enfin, de toute la région voisine, on
était accouru, avec un irrésistible élan.

Dans ces paroisses chrétiennes chacun avait le pressentiment qu'un vrai serviteur de Dieu, émule du Curé
d'Ars, allait devenir désormais le protecteur de la région.

Épilogue.

Aux siècles du moyen âge, on aurait appelé le Père Colin
« le Chevalier de Notre-Dame ». Contentons-nous de dire,
à notre époque, qu'il a été le « bon et fidèle serviteur de
la Très Sainte Vierge ».

De toute sa vie se dégage un parfum de piété qu'on aime
à respirer. Cette dévotion si filiale, donne à sa physionomie une expression particulière et c'est bien, croyons-
nous, par un dessein tout spécial de la Providence que
cette existence, admirable de simplicité, s'est déroulée au
dix-neuvième siècle, appelé justement le siècle de Marie.
Pour perpétuer ce culte viginal et assurer aux âmes des
grâces plus faciles à recueillir, le Père Colin a fondé la
famille des Maristes. Ce nom, gracieux comme celui de
leur Mère, lui a semblé la désignation toute naturelle de
ses enfants. Il leur a légué cet héritage en souhaitant qu'ils
y voient toujours un titre de noblesse.

Pour lui, après avoir rempli ce rôle, il a voulu, semble-
t-il, rentrer dans l'ombre et presque dans l'oubli. Qui donc,
en dehors de sa famille religieuse, connaîtra la résidence
de la Neylière, où repose, sous la sauvegarde de ses fils,
sa dépouille mortelle?

Cependant quatre ans plus tard, pour mieux conserver
sa mémoire, on déposait ses restes dans la chapelle qu'on
venait d'élever sous le vocable de la Très Sainte Vierge.

Le 5 août 1879, fête de Notre-Dame des Neiges, fut
encore pour le saint Fondateur un jour de triomphe relatif. Belle et imposante fut cette cérémonie funèbre. Elle

se déroula devant de nombreux assistants, sous la présidence même du T. R. P. Favre, général de la Congrégation. La voix d'un de ses fils, le Père Mangeret, professeur de rhétorique à l'Institution Saint-Joseph de Montluçon, exalta une dernière fois les vertus du Père. Enfin, sous une simple dalle de pierre, on déposa son cercueil et l'inscription qui rappelle cette sainte mémoire se termine par cette touchante formule : « *Pater, ora pro filiis*. Père priez pour vos enfants ! »

Cette demande d'intercession est un hommage anticipé que les religieux de Marie ont tenu à rendre à la vertu éminente de leur Fondateur. Si le Père Colin semble avoir été avide de silence, eux du moins, ont le droit de lui souhaiter cette gloire de la sainteté. Peuvent-ils oublier que la Très Sainte Vierge elle-même, malgré la profondeur de son humilité, n'a pas craint d'allier la perspective de ses triomphes futurs : *Beatam me dicent omnes generationes*, à son titre de servante du Seigneur.

Or il semble que ce vœu soit déjà en partie exaucé ; car l'Église a commencé à glorifier l'humble serviteur de Marie. Le 9 décembre 1908, Sa Sainteté Pie X a signé le décret canonique qui a permis d'introduire sa cause de Béatification et de l'appeler Vénérable.

N'est-ce point le témoignage le plus authentique d'une sainteté qui s'impose à l'admiration de tous? Aussi est-il légitime de croire que les mérites du Fondateur expliquent, par dessus tout, les bénédictions répandues sur sa famille religieuse.

Oui, elles sont visibles ces bénédictions. Malgré les entraves apportées à son développement par des lois persécutrices, la Société de Marie s'est répandue et prospère non seulement dans son pays d'origine, mais dans une grande partie de l'Europe, en Amérique et en Océanie.

Elle possède cinq maisons en Italie, sans parler de la maison généralice, transférée à Rome, centre de son action. En Espagne, en Belgique, en Hollande, en Allemagne, elle fait de continuels progrès. Depuis 1889, l'Angleterre et l'Irlande forment une province distincte avec des collèges et des résidences en voie de prospérité. Les deux provinces des États-Unis comptent, avec quatre maisons de formation, vingt et une résidences ou paroisses, deux missions et quatre collèges. Au Mexique, la Chapelle de Notre-Dame de Lourdes et l'Institut franco-anglais de Sainte-Marie contribuent puissamment à maintenir à Mexico l'influence française. Enfin la province de Nouvelle-Zélande et la province d'Océanie avec six vicariats et une préfecture apostolique ont une vitalité croissante que fait ressortir, chaque année, le nombre progressif des conversions.

Malgré cela, la Société, fondée par le Vénérable Père Colin, aimera toujours à s'appeler la « Petite Congrégation — *Minima Congregatio* ». Fidèle à sa double devise : « *Ignoti et occulti* — inconnus et cachés », « Aimer Marie et la faire aimer », elle sera plus sûrement l'arche de salut où les âmes peuvent venir s'abriter en toute sécurité, pour se sanctifier en travaillant à la gloire de Jésus-Christ et à l'honneur de sa très Sainte Mère.

TABLE

TROISIÈME PARTIE

LE VÉNÉRABLE P. COLIN A LA NEYLIÈRE : TRAVAIL DES
CONSTITUTIONS. SES VERTUS. SES DERNIERS MOMENTS.

LYON. — IMP. EM. VITTE, 18, RUE DE LA QUARANTAINE. — 1351.

A LA MÊME LIBRAIRIE

Doctrine spirituelle, vertus et esprit du Vénérable J.-Cl. Colin. 1 vol. in-12 de 660 pages.

Pensées du Vénérable Colin extraites de ses instructions. In-12, 72 pages.

Vie du Bienheureux Pierre-Louis Chanel, *Prêtre mariste et premier martyr de l'Océanie,* par le R. P. NICOLET, 4e édition illustrée. In-8 raisin de XII-308 pages.

Marcellin Champagnat, *Prêtre mariste, fondateur de l'Institut des Petits Frères de Marie (1789-1840),* par Mgr LAVEILLE, vicaire général de Meaux. In-8º de 438 pages orné d'un portrait.

Les premiers Missionnaires des Samoa (archipel des Navigateurs) par le R. P. MONFAT S. M. , nouvelle édition illustrée. In-8º raisin de VIII-336 pages.

Dix années en Mélanésie, étude historique et religieuse par le Même, nouvelle édition illustrée. In-8º raisin de 300 pages.

Les origines de la foi catholique dans la Nouvelle-Zélande. Les Maoris, étude historique avec vues, portraits et cartes, par le Même. In-8 de 414 pages.

Les Tonga ou Archipel des Amis et le R. P. Chevron, étude historique et religieuse par le Même. In-8 de XVI-478 pages.

Chez les Méridionaux du Pacifique par le P. SOANE MALIA, missionnaire de Tonga. In-8º, abondamment illustré, de XVI-328 pages.

Une page de l'Histoire des temps héroïques de Calédonie, et le sanctuaire de l'Immaculée-Conception par le R. P. PIONNER. In-8º de 176 pages.

Vingt-cinq années d'apostolat aux Iles Salomon méridionales, par Mgr RAUCAZ. In-8º raisin. Très nombreuses illustrations.

L'héritage d'un évêque d'Océanie par Mgr J. BLANC, vicaire apostolique de l'Océanie Centrale. In-8º de 316 pages orné de 22 illustrations hors texte.

Notes ethnologiques sur les populations indigènes des Nouvelles-Hébrides, par Mgr Victor DOUCERÉ, S. M. In-8º, de 60 pages, sur papier glacé enrichi de très curieuses illustrations.